La démobilisation politique

Ce livre est le troisième de la série « Pratiques politiques » dirigée par Frédérique Matonti.

Déjà parus :

Olivier Masclet, *La Gauche et les cités. Enquête sur un rendez-vous manqué*, 2003.

Éric Agrikoliansky et Isabelle Sommier (sous la direction de), *Radiographie du mouvement altermondialiste*, 2005.

Illustration de couverture : AFP / Laura Boushnak.
Maquette de couverture d'après François Féret

La démobilisation politique

Sous la direction de Frédérique Matonti

Jean-Louis Briquet, Annie Collovald,
Jean-Gabriel Contamin, Bastien François,
Julien Fretel, Rémi Lefebvre,
Jean-Baptiste Legavre, Emmanuel Pierru,
Bernard Pudal, Frédéric Sawicki

Série « Pratiques politiques »
La Dispute

ISBN : 2-84303-109-5

Introduction

Frédérique Matonti

Le projet de ce livre est né au lendemain du 21 avril 2002. Du résultat bien sûr, mais surtout de ses commentaires. Un certain nombre de thèmes ont été en effet déclinés, le soir même du premier tour de l'élection présidentielle, et constamment repris ensuite. Éditorialistes, sondeurs et professionnels de la politique se sont accordés pour assimiler les électeurs d'extrême gauche et ceux d'extrême droite, unifiant ainsi un tiers des électeurs sous l'étiquette de «populistes», pour souligner que les «bastions ouvriers» (et donc les classes populaires et les chômeurs) avaient basculé vers les candidats «autoritaires», pour déplorer qu'un tiers encore des électeurs se soient abstenus ou aient voté blanc, pour juger que ces deux tiers d'électeurs ensemble ne se reconnaissaient plus dans le système politique démocratique, et pour diagnostiquer enfin que c'était là le produit de la crise de la politique. Parmi de nombreux autres, l'éditorial de Serge July dans *Libération*, le 23 avril, intitulé symptomatiquement «La fracture politique», explique ainsi qu'un «tiers [des électeurs] a choisi des candidats populistes d'extrême gauche et d'extrême droite», puis précise: «il y a eu dimanche soir un effondrement socialo-communiste au profit de Le Pen et de deux des trois candidats trotskistes, ces candidats de la manière forte.»[1] Plus *mezza voce*, et plutôt à la veille des législatives, est aussi apparue l'hypothèse que certaines

1. «La fracture politique», *Libération*, 23 avril 2002, p. 3.

réformes (la parité, le Pacs) voire certains débats (autour de l'homoparentalité par exemple), favorables aux « minorités » et aux classes supérieures urbaines, auraient alimenté ces votes[2] – autre manière de faire entendre que ces revendications étaient étrangères à des classes populaires par définition moralement autoritaires.

Bien sûr, les exigences du métier politique et de la profession journalistique, comme les règles du jeu de ces deux univers, contraignent leurs protagonistes à agir et à réagir dans l'urgence aux prises de position des uns et des autres. Elles ont ainsi contribué à accréditer ces thématiques, du seul fait qu'elles ont été débattues et ont pris ainsi progressivement consistance et véracité. Mais si ce diagnostic a pu si aisément s'imposer, c'est aussi qu'il est le produit d'un sens commun savant, dont les prémices se sont mises en place dans les quinze dernières années, lors des controverses autour du vote FN, et à l'occasion de la construction de la notion de populisme.[3] C'est, en effet, à propos du vote pour l'extrême droite que l'on a vu tout d'abord apparaître l'hypothèse que les électeurs du FN étaient d'anciens électeurs du PCF, puis celle de « gaucho-lepénisme », supposant plutôt cette fois qu'il s'agissait d'anciens électeurs du PS.[4] Enfin, ce sont les notions de « croisés de la société fermée » ou d'« anti-universalistes » qui sont venues donner forme idéologique à ces versatilités électorales et remettre en question la pertinence de la coupure gauche-droite.

C'est sans doute pourquoi le diagnostic de certains politologues s'est avéré finalement très proche du commentaire à chaud. Pascal Perrineau et Colette Ysmal, par exemple, écrivent à propos des élections de 2002 : « Le climat de protestation se manifeste aussi par la progression des votes extrêmes et marginaux au premier tour de l'élection présidentielle : l'extrême

2. Une explication tout aussi monocausale, peu attentive aux complexités de l'acte de vote, et par ailleurs justificatrice pour une partie de la gauche française de son opposition à ces réformes, a d'ailleurs été proposée quelque temps plus tard pour expliquer la réélection de George W. Bush aux États-Unis : les débats autour du mariage gay. *Cf.* sur ces questions, Éric Fassin, « La morale des élections américaines. Les passions et les intérêts », *Vacarme*, hiver 2005, n° 30.

3. Sur ce point, *cf.* l'article d'Annie Collovald dans cet ouvrage, mais surtout *Le « populisme du FN » : un dangereux contresens*, Éditions du Croquant, Bellecombe-en-Bauges, 2004.

4. Sur les fausses évidences du vote pour le Front national, *cf.* Patrick Lehingue, « L'objectivisation statistique des électorats : que savons-nous des électeurs du Front national ? », *in* Jacques Lagroye (sous la direction de), *La Politisation*, Presses de Sciences Po, Paris, 2002.

gauche (10,5 %), l'extrême droite (17,8 %), Chasse, Pêche, Nature et Tradition (4,3 %) cumulent 32,5 % des s.e. [suffrages exprimés]. »[5] Dans son article consacré au vote pour Jean-Marie Le Pen, Pascal Perrineau propose d'assimiler des groupes d'électeurs plus nombreux encore : « N'oublions pas que si nous faisons le total des électeurs qui ont choisi le 9 juin l'abstention, le vote blanc ou nul ou encore les protestations d'extrême gauche, d'extrême droite ou des Chasseurs, nous atteignons presque la moitié (47 % des inscrits) du corps électoral. »[6] Dominique Reynié a forgé quant à lui le terme de « dissidence électorale » qui lui permet également d'englober votes blancs, votes nuls et « votes protestataires (extrême gauche, extrême droite) »[7]. D'une manière légèrement différente – puisqu'il s'agit de souligner que l'espace politique est désormais tripartite –, Gérard Grunberg et Étienne Schweisguth jugent que « les électorats d'extrême gauche et d'extrême droite ont certains points communs » : « forte défiance à l'égard de la classe politique », « composante populaire [...] forte [...] ressent[ant] tout particulièrement les difficultés dans les domaines du revenu, de l'emploi et de l'ordre public », « électorats protestataires ».[8]

Ces propositions, qu'elles soient journalistiques, politiques ou savantes, sont sociologiquement discutables : difficile de comparer en effet, du simple point de vue de la compétence politique, un électeur abstentionniste et un électeur qui vote blanc ; difficile même d'assimiler les abstentionnistes les uns aux autres, comme le montre par exemple Anne Muxel, en s'appliquant à distinguer « abstention hors jeu » des personnes les moins intégrées socialement et « abstention dans le jeu » de celles qui, au contraire, en maîtrisent les règles[9] ; et difficile plus encore de comparer, ne serait-ce que du point de vue de leurs

5. « Introduction », *in* Pascal Perrineau et Colette Ysmal (sous la direction de), *Le Vote de tous les refus. Les élections présidentielle et législatives de 2002*, Presses de Sciences Po, Paris, 2003, p. 20.

6. Pascal Perrineau, « La surprise lepéniste et sa suite législative », *in* Pascal Perrineau et Colette Ysmal (sous la direction de), *Le Vote de tous les refus...*, *op. cit.*, p. 221-222.

7. Dominique Reynié, « Gouverner la France du 21 avril », *in L'État de l'opinion. 2004*, p. 78, et « Élections législatives », *in* Pascal Perrineau et Dominique Reynié (sous la direction de), *Dictionnaire du vote*, PUF, Paris, 2001, p. 371 *sq.*

8. Gérard Grunberg et Étienne Schweisguth, « Vers une tripartition de l'espace politique », *in* Daniel Boy et Nonna Mayer, *L'Électeur a ses raisons*, Presses de Sciences Po, Paris, 1997, p. 355.

9. Anne Muxel, « La poussée des abstentions : protestation, malaise, sanction », *in* Pascal Perrineau et Colette Ysmal (sous la direction de), *Le Vote de tous les refus...*, *op. cit.*

trajectoires politiques et électorales, sans même parler de leurs trajectoires sociales, électeurs de Jean-Marie Le Pen et électeurs d'Olivier Besancenot. Ces propositions (et les enquêtes qui leur ont donné naissance) pourraient également faire l'objet de critiques plus techniques[10] (et tout à fait classiques) : construction des échantillons, incommensurabilité de ceux-ci d'une enquête (voire d'un sondage) à l'autre, faible prise en compte des biais[11] induits par l'usage de panels, restriction de l'éventail des méthodes à des techniques de plus en plus routinisées, imposition de problématique liée aux questions fermées, etc. Réciproquement, on ne peut que constater que ces analyses ne se fondent ni sur des entretiens non directifs ni, par exemple, sur l'observation de cités ou de bureaux de vote[12], pourtant (seules ?) susceptibles de valider ou d'invalider les hypothèses sur les trajectoires électorales.

Plusieurs logiques, qui se recouvrent en partie, semblent présider aux propositions les plus couramment émises. La première tient à certains usages de ces études, voire aux intérêts qui y président, et mériterait d'être replacée dans une socio-histoire de la science politique et de ses différents pôles qui ne peut être développée ici. De même que les derniers ouvrages du Cevipof accueillent des journalistes, voire s'écrivent en partenariat avec de grands quotidiens, quelques-uns de leurs auteurs sont habitués à « commenter à chaud » les résultats électoraux ou les péripéties de la vie politique ordinaire. Il ne s'agit pas, bien évidemment, de condamner par principe ce travail d'expertise – on pourrait même en produire quelques justifications

10. Pour des exemples de ce type de critiques, *cf.* l'article d'Emmanuel Pierru dans cet ouvrage et Patrick Lehingue, « L'objectivation statistique des électorats… », article cité.

11. Sur les biais du « panel électoral français », base des dernières enquêtes parues, *cf.* leur analyse par Anne Jadot et Bruno Cautrès, « Panel, mode d'emploi », *in* Bruno Cautrès et Nonna Mayer (sous la direction de), *Le Nouveau Désordre électoral. Les leçons du 21 avril 2002*, Presses de Sciences Po, Paris, 2004.

12. *Cf.* Par exemple, à propos de La Courneuve, Florence Haegel et Henri Rey, « Autour du vote à la cité des 4000 », *in* Nonna Mayer (sous la direction de), *Les Modèles explicatifs du vote*, L'Harmattan, Paris, 1997, ou Céline Braconnier et Jean-Yves Dormagen à propos de la « Cité des Cosmonautes », *Une démocratie de l'abstention. Aux origines de la démobilisation électorale en milieux populaires*, Calmann-Lévy, Paris, 2005 (*à paraître*), ou, dans un autre esprit et sur Gennevilliers, Olivier Masclet, *La Gauche et les cités. Un rendez-vous manqué*, La Dispute, Paris, 2002. Voir enfin les travaux en cours de Daniel Gaxie, par exemple, « Une construction médiatique du spectacle politique ? Réalité et limites de la contribution des médias au développement des perceptions négatives du politique », *in* Jacques Lagroye (sous la direction de), *La Politisation*, *op. cit.*

« républicaines » – mais simplement d'en rappeler les conséquences : une thèse complexe, fortement étayée empiriquement, et dont les fondements épistémologiques seraient rappelés – *requisits* minimaux de l'univers scientifique – a peu de chances de résister aux exigences, propres aux règles du jeu médiatique, du *prime time* des soirées électorales ou du journal télévisé.

La deuxième logique est normative. L'existence et la multiplication de ces électeurs qui ne votent pas pour les partis de gouvernement sont présentées comme le signe d'une « fracture civique »[13], de « sociétés individualisées, incertaines, facilement inquiètes et protestataires »[14]. De même peut-on lire, et sans retour réflexif sur la position au principe de ce type de jugements, qu'il existe une « différence entre une gauche instruite des classes moyennes et supérieures, attachée aux valeurs universalistes, et une gauche populaire et protestataire pour laquelle les enjeux essentiels concernent le niveau de vie et l'emploi beaucoup plus que les questions relatives aux droits de l'homme ou relevant de principes universalistes »[15]. Insensiblement, on glisse alors à une opposition entre « tolérants » et « intolérants »[16] – là aussi sans que la portée normative de ses termes soit relevée – entre tenants d'une société ouverte et tenants d'une société fermée[17]. Enfin, Dominique Reynié, qui voit dans « le vote pour le FN » non pas « un geste nécessairement antidémocratique » mais « assimil[able] au fonctionnement d'un mécanisme proprement démocratique, permettant de faire coïncider à nouveau la représentation politique avec la réalité du monde social »[18] , formule une évaluation normative différente. Il est vrai que le jugement moral se confond ici avec le jugement « scientifique » : cette démonstration est avant tout destinée à souligner combien « la réalité de l'insécurité » a été déniée par les « élites politiques et sociales » au profit d'une « thèse sociologique, de type "déconstructionniste" »[19].

13. Pascal Perrineau, « La surprise lepéniste et sa suite législative », article cité, p. 222.

14. Pierre Bréchon, « Crise de confiance dans les élites politiques », *in* Bruno Cautrès et Nonna Mayer (sous la direction de), *Le Nouveau Désordre électoral…, op. cit.*, p. 69.

15. Gérard Grunberg et Étienne Schweisguth, « Vers une tripartition de l'espace politique », article cité, p. 351.

16. Philippe Caillot et Bernard Denni, « Les attitudes politiques existent-elles ? », *in* Bruno Cautrès et Nonna Mayer (sous la direction de), *Le Nouveau Désordre électoral…, op. cit.*

17. Pascal Perrineau (sous la direction de), *Les Croisés de la société fermée*, Éditions de l'Aube, Paris, 2001.

18. Dominique Reynié, « Gouverner la France du 21 avril », article cité, p. 76.

19. *Ibidem*, p. 74.

La troisième logique est en effet épistémologique. Comme l'écrit Pascal Perrineau toujours, l'apparition d'un « ordre électoral différent de celui d'il y a trente ans » conduit à la « nécessité d'avoir recours à des modèles d'interprétation davantage politiques que sociologiques, davantage interactionnistes que structuralistes »[20]. Ce constat et les pratiques qu'il entraîne invitent à quelques remarques. Tout d'abord, l'apparition de l'électeur nouveau est régulièrement annoncée ainsi que son corollaire : la nécessité d'en finir avec l'analyse sociologique (et notamment avec le pôle de la sociologie stigmatisé comme déterministe : la sociologie « critique », ici étrangement qualifiée de « structuraliste »). Ainsi, la succession rapide des alternances dans les années quatre-vingt et les études des années soixante-dix sur le *changing american voter*[21] avaient-elles conduit Philippe Habert et Alain Lancelot à tracer le portrait d'un « nouvel électeur », jeune, cultivé, s'auto-positionnant au centre de l'axe gauche-droite, et passé au moins une fois d'un camp à l'autre des législatives de 1986 à celles de 1988[22], modèle notamment critiqué par Nonna Mayer[23]. Un peu plus tôt, Georges Lavau avait souhaité dépasser l'opposition entre le « regard du sociologue » sur non pas des « *électeurs* raisonnants mais des *électorats* caractérisés par des déterminations collectives » et les « analyses très formelles » et « démenties par les études empiriques » des économistes qui voyaient dans l'électeur un « individu calculateur et [un] stratège rationnel »[24]. Rappelant que « le comportement électoral relève beaucoup plus d'une connaissance du *politique*

20. Pascal Perrineau, « Préface », *in* Bruno Cautrès et Nonna Mayer (sous la direction de), *Le Nouveau Désordre électoral..., op. cit.*, p. 13-14.

21. À l'encontre du paradigme de Michigan (*cf. infra*), *The Changing American Voter*, paru en 1976, conclut à une élévation de la compétence des électeurs (ceux-ci sont en effet plus jeunes et donc plus instruits) ainsi qu'au déclin de l'identification partisane. Le vote deviendrait tendanciellement un vote sur « enjeux » (*issues*). Sur ces questions, *cf.* Daniel Gaxie, « Mort et résurrection du paradigme de Michigan », *RFSP*, avril 1982, et Loïc Blondiaux, « Mort et résurrection de l'électeur rationnel », *RFSP*, octobre 1996.

22. Philippe Habert et Alain Lancelot, « L'émergence d'un nouvel électeur », *Les Élections législatives de 1988*, Le Figaro/Études politiques, Paris, 1988.

23. *Cf.* Daniel Boy et Nonna Mayer (sous la direction de), « Introduction », *L'Électeur a ses raisons, op. cit.*, et plus anciennement Nonna Mayer, « Pas de chrysanthèmes pour les variables sociologiques », *in* Gérard Grunberg et Élisabeth Dupoirier (sous la direction de), *Mars 1986, la drôle de défaite de la gauche*, PUF, Paris, 1986.

24. Georges Lavau, « L'électeur devient-il individualiste ? » *in* Pierre Birbaum et Jean Leca (sous la direction de), *Sur l'individualisme*, Presses de la FNSP, Paris, 1986.

et de la politique que de la sociologie »[25], il en appelait à concilier rationalité limitée d'Herbert Simon et individualisme méthodologique de Raymond Boudon.

Aussi assiste-t-on à un retour à l'orthodoxie, mais à un retour paradoxal. L'orthodoxie a longtemps reposé sur la conception d'un « individu capable de "se faire une opinion" et d'exprimer par son vote aussi bien ses préférences partisanes que son intérêt pour la sphère publique »[26], orthodoxie que les études américaines autour de l'école de Michigan[27], puis françaises avec le renouveau de la sociologie politique[28] dans les années soixante-dix avaient remise en cause en démontrant que la compétence politique, c'est-à-dire la capacité à s'orienter dans l'espace politique, loin d'être unanimement partagée, était au contraire socialement, voire scolairement, répartie.[29] L'orthodoxie nouvelle suppose à la fois, et quasi contradictoirement, que l'électeur se révèle capable de sanctionner des gouvernements qui ne se préoccuperaient guère de lui, et donc se montre au moins minimalement stratège, et dans le même temps qu'il soit singulièrement fermé à la modernité et à l'universel, englué dans ses difficultés sociales et porté à choisir les solutions les plus simplistes. Faute, pour la plupart de ses représentants, d'admettre l'inégalité des compétences entre électeurs et la domination politique qui l'accompagne, l'orthodoxie nouvelle est ainsi souvent conduite à un portrait peu cohérent et/ou exclusivement psychologique de l'électeur. S'il fallait synthétiser un peu ironiquement ce déplacement, on pourrait ainsi remarquer que le nouvel électeur des années quatre-vingt était intelligent (et héroïque puisqu'il permettait de défaire les sociologues déterministes) tandis que celui des années deux mille

25. *Ibidem*, p. 322.

26. Jacques Lagroye, *Sociologie politique*, Presses de la FNSP/Dalloz, Paris, 1991, p. 310.

27. Le paradigme de Michigan, dans les années cinquante, avait notamment montré la faible connaissance des électeurs américains et leurs difficultés à différencier programmes et enjeux des deux grands partis politiques américains. Ce diagnostic a été, par la suite, globalement confirmé par les enquêtes européennes.

28. Sur les usages récurrents de la sociologie par les politistes, *cf.* Jean-Baptiste Legavre, « Les attractions de la sociologie », *in* Éric Darras et Olivier Philippe (sous la direction de), *La Science politique : une et multiple*, L'Harmattan, Paris, 2004.

29. Pour une mise au point récente sur la notion de compétence politique et sur le retour à l'orthodoxie, *cf.* Daniel Gaxie, « La compétence politique "citoyenne" », communication à la table ronde sur *La Compétence politique*, Programme de coopération franco-chilien, CRPS, 18 octobre 2004.

serait plutôt méchant (mais utile, puisqu'il autorise lui aussi à dépasser le « structuralisme »[30]).

L'ensemble de ces critiques invitait donc à esquisser une autre approche. Tout d'abord, ces études, en se focalisant exclusivement sur l'électeur et parfois sur les appareils dirigeants des partis, et souvent exclusivement au moment de la campagne, présentent une vision simplifiée, voire désincarnée, des rapports à la politique qui suppose un lien direct entre gouvernants et gouvernés. Elles oublient, par exemple, tout le travail de mobilisation[31] mené par les militants, les candidats, les gouvernants, les médias, les communicants, etc., mais aussi par la famille, les pairs, l'environnement professionnel... travail qui est au principe du vote et de tout ce qui l'entoure, comme l'inscription sur les listes électorales, mais aussi des actions collectives. Ce travail de mobilisation (et tout particulièrement celui qui tourne autour du vote) est « nécessaire dès lors qu'un gouvernant ne peut prétendre durer et agir par la seule contrainte physique qu'il peut exercer sur les gouvernés »[32], autrement dit ce travail de mobilisation participe à la légitimation des systèmes politiques. Il est aussi pour les individus engagés dans les actions concrètes ainsi suscitées (vote, mais encore manifestations, grèves, pétitions, etc.) « l'occasion d'un "apprentissage du politique" »[33] au sens où ils manient un vocabulaire qui leur était jusque-là en partie étranger, saisissent désormais leurs actes comme dotés de sens « politique », etc.

Le souci de prendre en compte un monde social et politique plus peuplé et plus complexe est allé de pair avec un constat qu'il s'est agi d'éclairer : ces mécanismes de mobilisation politique semblent grippés, au point que c'est plutôt de *démobilisation politique* qu'il faudrait parler. En effet, les phénomènes d'intermittence des votes[34], de non-inscription, mais aussi de baisse du nombre de militants au sein des partis politiques (ou des

30. On remarquera par ailleurs qu'il n'est sans doute pas plus grand mécanisme ni déterminisme plus rigide que ceux sur lesquels reposent les enquêtes ou les sondages sortis des urnes qui mettent en relation indicateurs sociobiographiques standardisés et orientation du vote...

31. Sur tout ce passage, *cf.* Jacques Lagroye avec Bastien François et Frédéric Sawicki, *Sociologie politique*, Presses de Sciences Po et Dalloz, quatrième édition, Paris, 2002, et tout particulièrement le chapitre 4, « Les pratiques de participation ».

32. *Ibidem*, p. 310.

33. *Ibidem*, p. 311.

34. François Clanché, « La participation électorale au printemps 2002. De plus en plus de votes intermittents », *Insee Première*, n° 877, janvier 2003,

syndicats) vont, semble-t-il, croissant, tandis que parallèlement un «champ militant» radical s'est progressivement dissocié du «champ partisan»[35], axé par définition sur la conquête et la conservation du pouvoir politique. Et c'est par conséquent à la fois la légitimation du système politique et la capacité des individus à s'y orienter qui se trouvent compromises, voire la coupure entre professionnels de la politique et profanes qui s'approfondit.[36] Au quotidien, ce sont, par exemple, les savoir-faire militants (et la compétence politique qu'ils apportent) qui trouvent de moins en moins de lieux politiques et syndicaux pour se transmettre[37], et plus généralement l'intégration sociale par le travail qui décline. Bien évidemment, en effet, ces phénomènes ne sont compréhensibles qu'articulés aux bouleversements sociaux: désaffiliation mais aussi vulnérabilité sociales liées à l'effritement de la condition salariale[38] ou effets complexes de la démocratisation scolaire et de son envers, l'échec des plus fragiles socialement[39]...

Ne pas couper l'électeur de son environnement politique et social et proposer une vision large de la démobilisation politique (mais aussi des effets de cette démobilisation politique sur les institutions) nous ont donc conduits à proposer des articles, ceux de Julien Fretel sur l'UDF, de Rémi Lefebvre et Frédéric Sawicki sur le PS et de Bernard Pudal sur le PCF, qui traitent des organisations politiques et de leurs militants. Les cadrages temporels sont volontairement différents et accordés à leurs objets: lorsque Bernard Pudal, pour comprendre la crise de l'intellectuel collectif qu'est le PCF, remonte jusqu'à l'année 1956, Rémi Lefebvre et Frédéric Sawicki choisissent de s'atta-

et François Héran, «Les intermittences du vote: un bilan de la participation de 1995 à 1997», *Insee Première*, n° 546, septembre 1997.

35. Cécile Péchu, «Générations militantes à Droit au logement», *Revue française de science politique*, n° 1-2, février-avril 2001 : *Devenirs militants*.

36. On peut ainsi remarquer que la présentation de soi de Jean-Marie Le Pen ou plus largement les conseils donnés en ce sens aux cadres militants de ce parti, qui sont par ailleurs des stratégies parties prenantes du travail de «respectabilisation» du parti d'extrême droite, ne visent pas, bien au contraire, à réduire l'écart entre représentants et représentés, à la différence du PCF qui, comme l'a montré Bernard Pudal, a construit sa singularité sur l'entrée des catégories socialement illégitimes dans l'espace politique légitime.

37. Sur ces questions, *cf. Actes de la recherche en sciences sociales*, n° 155: *Le capital militant (1). Engagements improbables, apprentissages et techniques de luttes*, décembre 2004.

38. *Cf.* Robert Castel, *Les Métamorphoses de la question sociale*, Fayard, Paris, 1995.

39. Stéphane Beaud, *80 % au bac... et après? Les enfants de la démocratisation scolaire*, La Découverte, Paris, 2002.

cher à l'après-21 avril au sein du PS, de ses sections et de ses courants, tandis que Julien Fretel s'attache quant à lui à l'UDF de ces dernières années. Il s'agissait en effet d'échapper au «commentaire à chaud» comme au jugement trop global de «crise du militantisme» et de montrer comment (et pour des raisons évidemment différentes selon les partis), les élus et les militants d'un côté, par ailleurs de plus en plus appelés à se confondre, et les représentés de l'autre s'avèrent désaccordés. Ce désajustement est aussi l'une des caractéristiques du rapport, étudié par Jean-Baptiste Legavre, que les journalistes politiques entretiennent avec leur objet. Pris dans le décryptage des «coups» et des stratégies, leur travail (et ce, sous la contrainte des règles de l'univers journalistique) contribue encore davantage à la coupure entre professionnels de la politique et profanes. Enfin, Bastien François s'intéresse aux effets de la démobilisation politique sur les institutions de la cinquième République, et par excellence sur l'institution présidentielle qui connaît une véritable «crise de représentativité».

C'est en gardant donc en tête quelques-unes de ces manières par lesquelles la politique se présente à nous que l'on peut revenir sur les électeurs, là aussi appréhendés selon des cadrages différents et surtout des méthodes complémentaires. Tandis qu'Emmanuel Pierru, repartant notamment d'une enquête inédite sur les pratiques électorales, démontre pourquoi l'on ne peut établir de corrélations entre le vote pour le FN ou pour Jean-Marie Le Pen et le statut de chômeur, Jean-Gabriel Contamin, à partir d'une observation et d'une série d'entretiens menées pendant et après la période électorale, éclaire les multiples manières, ordinaires ou extraordinaires, dont les électeurs se «réapproprient» leur vote – et aussi ses apparents envers : le vote nul, l'abstention, etc. – venant ainsi complexifier les visions réductrices de l'acte électoral.

Enfin, tant Annie Collovald que Jean-Louis Briquet permettent d'élargir la focale. La première revient sur l'histoire de la notion de populisme et surtout sur le travail de réappropriation qui a accompagné son importation en France. Elle montre les enjeux cognitifs et politiques de cette «notion à écran total», à commencer par l'oubli du travail de construction de la démocratie représentative comme seule bonne forme politique possible, ou les conséquences sur la perception du FN de l'appellation euphémisée et passe-partout de «populisme» et non pas de fascisme ou d'extrême droite. Le second propose une analyse de l'arrivée et du maintien au pouvoir de Silvio Berlusconi ainsi que de leurs effets concrets sur l'espace public, effets moins «normalisés» que certains commentaires le laissent souvent entendre. Pour le comprendre, Jean-Louis Briquet invite à ne pas surévaluer la logique « pathologique » pour être attentif au « jeu politique régulier » des démocraties, manière là encore d'inviter à dépasser les habituelles explications en termes de « crise de la politique ».

Première partie

Crises de légitimité

CHAPITRE PREMIER

LE 21 AVRIL 2002 ET LA CRISE DE LA REPRÉSENTATIVITÉ PRÉSIDENTIELLE

Bastien François

Un « séisme » a-t-on dit... Certes, au soir du 21 avril 2002 et durant les jours qui ont suivi, l'émotion a été considérable devant la présence du dirigeant du Front national au second tour de l'élection présidentielle. Il se peut même que « le 21 avril » reste longtemps gravé dans la mémoire collective et rejoigne la cohorte des dates symboliques avec lesquelles nous découpons la chronologie de l'histoire politique. Et pourtant, une fois passées l'émotion, la colère souvent, les manifestations qui les expriment, les analyses « à chaud » qui cherchent à en encadrer le sens ou à en débusquer les responsables, reste-t-il des traces de ce « séisme » ? On peut douter, en tout cas, que le régime politique lui-même ait été aussi brutalement atteint que certains ont pu, sur le moment, le diagnostiquer ou l'espérer. Après tout, la situation n'est-elle pas revenue rapidement à la « normale » ?

En apparence, en effet, tout va bien. Le président préside, il voyage, donne des ordres à son Premier ministre dont il a choisi le gouvernement, fixe de temps à autre les grandes priorités, tranche éventuellement les grands débats de l'agenda politico-médiatique, si besoin sous la forme d'une loi qu'il impose sans grande difficulté à une majorité parlementaire hégémonique qui a été élue dans le seul but de le soutenir. À gauche comme à droite, les prétendants au poste présidentiel prennent leurs marques, et les commentateurs politiques commencent les paris. Ainsi va la cinquième République, telle que décrite dans les manuels de droit constitutionnel : un président détaché du quotidien et en charge de « l'essentiel », un Premier ministre « fusible », un Parlement qui ne sert qu'à enregistrer les souhaits du pouvoir exécutif, et l'élection présidentielle à venir comme point de mire de la compétition politique. Ainsi va la cinquième République, immuable, semble-t-il. Certes, au moment où ces lignes sont écrites, le gouvernement est plutôt mal en point, durement secoué par des élections dites « intermédiaires » (régionales, européennes) et par la difficulté du Premier ministre à imposer son leadership certes, l'autorité présidentielle est parfois remise en cause dans son propre camp certes, le projet d'un parti unique de la droite bat de l'aile alors même que la bataille pour son contrôle est loin d'être terminée certes, la perspective d'une ratification de la « Constitution » européenne crée le trouble au sein des deux coalitions à vocation majoritaire qui s'affrontent. Rien, cependant, qui remette fondamentalement en cause le régime politique et sa « clé de voûte », la présidence de la République. Tout au plus, pendant cette première expérience d'un quinquennat présidentiel, commence-t-on à prendre la mesure des transformations de la matrice des calculs et du « rythme » de la concurrence politique induites par la réduction du mandat présidentiel.

Ne s'est-il donc rien passé lors de l'élection présidentielle du printemps 2002 ? Si, bien sûr. Mais, au risque de surprendre, on défendra ici l'idée que, du point de vue de l'institution présidentielle, il n'y a pas eu « séisme » mais plutôt prolongation d'un processus engagé depuis bien longtemps, et que l'essentiel lors de cette élection n'a été ni l'ordre d'arrivée des candidats au premier tour ni le score de république bananière du vainqueur final au second tour. Ce qu'aura permis de montrer la séquence électorale de 2002, c'est, en réalité, la faillite de l'élection présidentielle à remplir le rôle qui lui est assigné depuis quarante ans : être un grand moment de mobilisation démocratique entraînant dans sa dynamique l'ensemble du système politique et permettant de clarifier, notamment, les principaux choix de gouvernement. La configuration de l'élection présidentielle fut assurément singulière : l'élection d'un président de droite par des électeurs de gauche ne favorise pas l'émergence d'un programme de gouvernement cohérent. Mais la question posée aujourd'hui, comme on le verra, dépasse largement les effets de cette configuration électorale, c'est celle du caractère « démocratique » de l'élection présidentielle elle-même. Pour bien le saisir, il faut revenir sur quelques données de cette séquence électorale, mais aussi des précédentes, pour appréhender ce que l'on pourrait décrire – pour jouer sémantiquement avec un lieu commun de l'analyse politologique – comme une crise de la représentativité présidentielle.

I. Abstentions : une crise de la représentation

Commençons par les taux d'abstention, puisque c'est l'indicateur favori de tous ceux qui diagnostiquent une crise politique – ou du politique – dans notre pays. L'abstentionnisme électoral ne concerne pas seulement, bien sûr, le scrutin présidentiel. Depuis vingt ans, son taux connaît une croissance presque constante. À s'en tenir aux scrutins récents, on notera que plus de 30 % des Français s'abstiennent aux municipales (2001), entre 35 % (1998) et plus de 40 % (2004) aux régionales, plus de 55 % aux européennes (2004), avec un pic spectaculaire lors du référendum sur le quinquennat (2000), où l'on atteint près de 70 % d'abstentions. Mais l'opinion commune des commentateurs était jusqu'à présent que cet abstentionnisme croissant ne touchait pas véritablement « l'élection reine » de la cinquième République, tout se passant comme si, sur ce terrain, l'enjeu et l'intérêt étaient tels qu'on était assuré d'une participation électorale importante. Or, la séquence électorale du printemps 2002, couplant présidentielle et législatives, a démenti cet optimisme en établissant de nouveaux records : 28,4 % d'abstentions au premier tour de la présidentielle (soit 10 points de plus qu'en 1988), 36 % au premier tour des législatives qui suivent (32 % en 1997) et 40 % au second (28 % en 1997). Si l'on ajoute à cela le record du nombre des bulletins comptabilisés comme blancs ou nuls (2,4 % au premier tour de la présidentielle), et qui ne sont pas considérés comme des « suffrages exprimés », ce sont 30,8 % des électeurs inscrits qui n'ont pas voté pour l'un des seize candidats à la présidence de la République. En valeur absolue : plus de 12,5 millions d'électeurs inscrits... Ces chiffres sont encore plus spectaculaires lorsqu'on isole le vote des jeunes (18-25 ans) : 34 % s'abstiennent au premier tour de la présidentielle et, malgré un sursaut au second tour (22 %), 51 % ne participent pas au premier tour des législatives. Pour la présidentielle, si l'on ajoute aux abstentionnistes ceux qui ne se sont pas inscrits sur les listes électorales[1], plus de la moitié des jeunes n'a pas participé au scrutin lors du premier tour.

1. Près de 30 % d'entre eux n'étaient pas inscrits sur les listes électorales lors des élections présidentielles de 1988 et 1995. L'instauration en 1997

Les données de l'abstention, ainsi présentées, élection par élection, sont cependant partiellement trompeuses. Si l'on considère une série de scrutins successifs, l'abstention *systématique* est bien plus faible : entre 1995 et 1997, seuls 8 % des électeurs inscrits se sont abstenus à toutes les élections (présidentielle, municipales, législatives) organisées durant cette période ; au printemps 2002, seuls 13,1 % des électeurs inscrits n'ont voté à aucun tour de la présidentielle et des législatives (11 % n'avaient participé ni aux élections municipales ni à la présidentielle de 1995). Inversement, 87 % des inscrits (soit près de neuf électeurs sur dix) ont participé en 2002 à au moins l'un des quatre tours de scrutin (la participation étant plus importante à la présidentielle – surtout au second tour – qu'aux législatives). Reste que la participation systématique en 2002 – le fait de voter à tous les scrutins (quatre ou trois, en l'absence de second tour aux élections législatives) – se situe à un étiage faible : 47,1 %, mais qui n'est pas en baisse si l'on compare avec une série de scrutins sur une plus longue période. Ainsi seuls 43 % des inscrits ont voté à tous les tours de scrutin possibles entre 1995 et 1997.[2]

Il est donc difficile de parler sans précaution d'une « crise de la représentation », et encore plus d'une aggravation brutale de cette dernière. Plus qu'à une abstention massive et systématique, on assiste au développement d'un comportement de vote intermittent qui est pour une grande part la manifestation de ce que Daniel Gaxie a appelé le « cens caché » : le vote très « intermittent » étant le fait d'électeurs inscrits qui cumulent toute une série de handicaps sociaux, et notamment l'absence de diplôme, le chômage ou l'emploi précaire.

(Suite de la note 1 de la page précédente) d'un dispositif d'inscription automatique des personnes âgées de dix-huit ans sur les listes électorales a permis de réduire pour partie, en dépit de nombreux dysfonctionnements, ce phénomène de non-inscription. Mais avec un effet « pervers » imprévu : de nombreux jeunes ne sont pas inscrits là où ils vivent réellement ou bien sont inscrits sans l'avoir demandé, ce qui a pour conséquence, en faisant figurer sur les listes électorales des jeunes qui n'avaient pas l'intention de voter ou qui ne savent pas qu'ils peuvent le faire, de faire chuter leur taux de participation électorale. Il faut donc se garder d'émettre un diagnostic trop rapide sur « l'incivisme » des jeunes générations et relativiser, dans le même temps, la chute actuelle du taux de participation dont cette tranche d'âge est principalement responsable. Sur ces questions, *cf.* François Héran, « Voter toujours, parfois… ou jamais », *in* Bruno Cautrès et Nonna Mayer (sous la direction de), *Le Nouveau Désordre électoral, op. cit.*

2. Toutes ces données sont issues de François Héran, « Les intermittences du vote. Un bilan de la participation de 1995 à 1997 », [article cité] et de François Clanché, « La participation électorale au printemps 2002. De plus en plus de votants intermittents » [article cité]. Pour une analyse d'ensemble, *cf.* François Héran, « Voter toujours, parfois… ou jamais », article cité.

S'il convient donc d'être prudent avec les taux d'abstention, il n'en demeure pas moins qu'ils pèsent sur la lecture que l'on peut faire du résultat de la présidentielle. L'« élection reine » de la cinquième République ne mobilise plus autant qu'auparavant, ou plutôt ne se différencie plus autant des autres élections, alors même qu'elle est appréhendée par les acteurs politique et pensée par tous les commentateurs comme l'élection clé du régime de la cinquième République, particulièrement « aimée » des Français, et censée donner une impulsion déterminante à l'ensemble du système politique. Et de ce point de vue, les sondages ne se sont pas trompés qui, en février 2002, faisaient apparaître que, pour plus du tiers des personnes interrogées, l'élection présidentielle constituait « quelque chose de pas si important que cela »[3]… Plus intéressant encore, pour saisir ce rapport à l'élection présidentielle, le profil sociodémographique des abstentionnistes a connu un certain infléchissement en 2002 par rapport à la précédente présidentielle de 1995. Si l'on retrouve globalement des caractéristiques bien connues de l'abstention – plus importante chez les femmes que chez les hommes, chez les jeunes, chez les chômeurs, dans les catégories socioprofessionnelles peu favorisées, chez les pas ou peu diplômés, etc. –, elle gagne surtout du terrain dans les catégories sociales traditionnellement plus participationnistes. Autrement dit, l'augmentation de l'abstention entre 1995 et 2002 doit principalement à ceux qu'Anne Muxel décrit comme des « abstentionnistes dans le jeu », c'est-à-dire qui manifestent habituellement un intérêt et une connaissance minimale du jeu politique. Ces abstentionnistes « dans le jeu » ont alors un profil socio-démographique sensiblement identique à celui des votants. À la traditionnelle abstention des exclus sociaux du vote (ceux-là mêmes qui votent de façon de plus en plus intermittente) s'ajoute donc un abstentionnisme plus difficile à expliquer sociologiquement. Selon Anne Muxel, ce type d'abstentionnisme « participe moins d'un sentiment d'exclusion ou d'une protestation diffuse que d'un malaise et d'une difficulté de reconnaissance face à l'offre électorale proposée »[4]. Il indique en tout cas que *la participation à l'élection présidentielle ne va plus de soi*, y compris chez des individus ayant un profil sociologique de votant.

3. Baromètre Cidem/Sofres.

4. Anne Muxel, « La poussée des abstentions : protestation, malaise, sanction », *article cité*.

II. La représentativité des candidats et des élus

Parmi les records battus lors de cette élection présidentielle, il y a également celui du nombre de candidats (seize). Ce record, bien sûr, n'est pas très intéressant, sa signification peu évidente. Mais il est possible de le rendre plus parlant, d'en saisir le sens politique, en considérant uniquement les suffrages recueillis par les « petits candidats » (définis, un peu arbitrairement, comme ceux qui ne sont pas « dans la course » et qui se situent à moins de 7 % des suffrages exprimés). Pris séparément, les scores des « petits candidats » sont disséqués par les spécialistes, mais généralement ils n'intéressent pas beaucoup, au-delà des commentaires électoraux immédiats. Il s'agit ici de les considérer globalement (même si cette opération de totalisation est elle aussi arbitraire). Lors des premières élections présidentielles, en dépit d'une barrière à l'entrée moins élevée (il fallait cinq fois moins de parrainages pour être candidat), leur poids cumulé était relativement marginal : 8,1 % des suffrages exprimés en 1965, 11,1 % en 1969, 9,1 % en 1974. La situation est très différente en 2002 : les « petits candidats » totalisent alors presque la moitié (47 %) des suffrages exprimés. À gauche et à l'extrême gauche, les sept « petits candidats » recueillent au total plus du quart (27 %) des suffrages. On assiste donc à une véritable fragmentation du premier tour de l'élection présidentielle, que certains ont pu décrire comme une « proportionnalisation » de l'élection.[5] Les politistes ont l'habitude de construire à ce propos un « indice de fractionnement »[6],

5. Comme quoi, les modes de scrutin n'ont jamais les effets simples que l'ingénierie électorale suppose. Une élection dite « majoritaire » peut avoir des effets « proportionnels » (et inversement bien sûr). Contrairement à ce que l'on peut lire le plus souvent (en France du moins), le scrutin majoritaire à deux tours n'a pas « automatiquement » pour effet de simplifier l'offre politique et de bipolariser la compétition partisane. Les spécialistes d'ingénierie institutionnelle dans le monde entier mettent généralement l'accent, au contraire, sur la multiplication des candidatures au premier tour et l'affaiblissement de la représentativité et de la légitimité du candidat élu au second, en insistant sur le caractère très artificiel de la « majorité présidentielle » ainsi formée. *Cf.* en particulier, M. S. Shugart, J.-M. Carey, *Presidents and Assemblies : Constitutionnal Design and Electoral Dynamics*, Cambridge University Press, 1992 ; Juan J. Linz, Arturo Valenzuela (sous la direction de), *The Failure of Presidential Democracy : Comparative Perspectives*, The Johns Hopkins University Press, Baltimore, 1994.

6. Dit « indice de Rae », du nom de son inventeur, Douglas Rae (*The Political Consequences of Electoral Laws*, Yale University, New Haven, 1971). L'indice est obtenu en soustrayant à 1 le total des carrés de la proportion de suffrages recueillis par chaque candidat. Les données concernant les élections présidentielles françaises sont extraites de Jean-Luc Parodi, « L'énigme de la cohabitation, ou les effets pervers d'une pré-sélection annoncée », *Revue française de science politique*, vol.52, n° 5-6, 2002, p. 489.

qui tient compte à la fois du nombre de candidats et de leur poids électoral. De ce point de vue, la progression de cet indice de fractionnement est spectaculaire si l'on considère l'ensemble des élections présidentielles sous la cinquième République : 0,67 en 1965, 0,72 en 1969, 0,69 en 1974, 0,80 en 1981, 0,79 en 1988, 0,85 en 1995 et 0,90 en 2002.

Cette dernière série statistique, très parlante pour le spécialiste, risque cependant de masquer, aux yeux des profanes de l'analyse électorale, la signification politique d'une telle fragmentation. Il est alors sans doute tout aussi intéressant, voire plus, de s'attacher à un autre indicateur, qui renvoie au même phénomène de fragmentation mais de façon à la fois plus simple et plus explicite politiquement, celui de la *représentativité* des candidats *choisis* par les électeurs lors de l'élection présidentielle. Il faut alors s'attacher au premier tour de l'élection (celui du choix dans une offre plurielle) et raisonner en tenant compte non pas des suffrages exprimés (qui, par définition, ne prennent en compte ni l'abstention ni les bulletins blancs et nuls) mais en rapportant les résultats électoraux au nombre d'électeurs inscrits (qui n'ont pas nécessairement voté ou qui ont déposé dans l'urne un bulletin blanc ou nul). Autrement dit, il s'agit de mesurer la part du corps électoral qui s'est effectivement déplacée pour choisir l'un des candidats à l'élection. On s'intéressera ici essentiellement aux candidats « dans la course », mais on peut bien sûr raisonner, comme on l'a fait plus haut, en s'attachant aux « petits candidats ».

On peut alors décrire le premier tour de l'élection présidentielle de 1965 de la façon suivante : lors du premier tour, les deux futurs « finalistes » au second tour, Charles de Gaulle et François Mitterrand, rassemblaient 76,37 % des suffrages exprimés, soit, compte tenu de l'abstention (14,99 %) et des bulletins blancs et nuls (0,87 %), 64,06 % des Français inscrits sur les listes électorales. Ce qui revient à dire que les deux finalistes ont été réellement choisis par les deux tiers du corps électoral. Ce que l'on peut traduire en disant que les deux candidats arrivés au second tour étaient bien « représentatifs » des électeurs inscrits. Cette situation s'est progressivement dégradée. C'est à partir de 1981, lors d'une élection pourtant très disputée et dont l'enjeu est à la fois simple et déterminant – « l'alternance » –, que les « finalistes » passent sous la barre des 50 % des électeurs inscrits. Valéry Giscard d'Estaing et François Mitterrand n'ont alors été choisis au premier tour que par 43,21 % du corps électoral. Ce qui signifie que, même si certains des électeurs avaient déjà décidé de voter au second tour pour Giscard d'Estaing ou Mitterrand sans voter pour l'un ou l'autre au premier, plus de la moitié des électeurs ne s'étaient pas suffisamment reconnus dans les deux finalistes pour voter pour eux dès le premier tour, qu'ils aient voté pour un autre candidat, qu'ils se soient abstenus, ou qu'ils aient voté blanc ou nul. Est-ce à dire que François Mitterrand, vainqueur final, était peu « représentatif » ? Il est bien sûr possible ici de complexifier un peu le raisonnement, en additionnant le score des candidats du premier tour qui vont appeler à voter pour l'un des deux « finalistes », et dessiner donc les contours de cet « ectoplasme comptable »[7] que l'on dénomme « majorité présidentielle ». La représentativité du candidat finaliste serait alors égale à son score additionné à celui de ses alliés du second tour présents au premier. Mais, même ainsi, l'élection présidentielle de 1981 marque un tournant. Pour la première fois, la coalition gagnante ne rallie pas 50 % des électeurs inscrits au premier tour. À gauche, les candidats qui se retrouveront (plus ou moins) dans la « majorité présidentielle » de François Mitterrand ne représentent que 40,4 % du corps électoral[8] ; à droite, les soutiens (plus ou moins fermes) de Valéry Giscard d'Estaing ne réunissent que 39,4 % des électeurs[9]. Non seulement la fragmentation électorale connaît une forte progression (voir *supra* l'indice de Rae) – ce qui conduit mécaniquement à ce que l'élu du second tour obtienne un faible score au premier – mais c'est même l'ensemble de la coalition qui soutient le président élu au second tour qui devient minoritaire.

On assiste à une nouvelle inflexion lors de l'élection présidentielle de 1995. Cette fois, les « finalistes » ne sont choisis que par un tiers des inscrits (33,62 %) ; même si on prend en compte les trois candidats arrivés en tête (Lionel Jospin, Jacques Chirac, Édouard Balladur), le seuil des 50 % des inscrits n'est pas atteint (47,77 %). Enfin, poursuivant la même pente, arrive l'élection présidentielle de 2002, le désormais fameux 21 avril : les deux finalistes ne sont choisis que par le

7. Selon la très juste expression de Pierre Avril, « Les chefs de l'État et la notion de majorité présidentielle », *in* Olivier Duhamel et Jean-Luc Parodi (sous la direction de), *La Constitution de la cinquième République*, Presses de la FNSP, Paris, 1988, p. 166.

8. Ce chiffre est obtenu en additionnant les pourcentages des électeurs inscrits ayant voté au premier tour pour des candidats de gauche (Arlette Laguiller, Huguette Bouchardeau, Georges Marchais, François Mitterrand, Michel Crépeau et Brice Lalonde), même si ce regroupement est évidemment problématique.

9. Sont additionnés ici les pourcentages des électeurs inscrits ayant voté au premier tour pour des candidats de droite (Valéry Giscard d'Estaing, Jacques Chirac, Michel Debré, Marie-France Garraud). Ici encore, ce regroupement n'est qu'illustratif.

quart des inscrits (25,4 %), les trois candidats arrivés en tête – Jacques Chirac, Jean-Marie Le Pen, Lionel Jospin – dépassent à peine le tiers (36,6 %) du corps électoral. Il est donc possible de dire ici qu'ils ne sont pas vraiment « représentatifs » des électeurs inscrits, dans la mesure où seule une part faible du corps électoral a choisi – directement – de placer ces deux candidats au second tour.

Encore n'a-t-on pas raisonné en prenant en compte le corps électoral potentiel, c'est-à-dire en ajoutant aux inscrits les électeurs en âge de voter mais non inscrits sur les listes électorales (qu'on évaluera ici à un peu moins de 10 % des inscrits, avec de fortes variations en termes d'âge ou de situation socioprofessionnelle[10]). Dans cette configuration, pour ne prendre qu'un seul exemple, on pourrait dire que Jacques Chirac a recueilli 19,9 % des suffrages exprimés au premier tour, ce qui signifie qu'il a été en réalité choisi par 13,7 % des inscrits, ce qui ne représente qu'environ 12,5 % du corps électoral potentiel. Plus que son score « circonstanciel » au second tour (82,2 % des exprimés, 62 % des inscrits), c'est ce dernier chiffre qui doit faire réfléchir : le « président de tous les Français » – la figure étant depuis longtemps de pure rhétorique –, l'homme constitutionnellement habilité à intervenir sur ce qui est « fondamental » (la continuité de l'État, l'indépendance nationale, l'intégrité du territoire, etc.), à juger souverainement en temps de crise, à déclencher la force militaire, l'homme qui fonde la légitimité d'autres acteurs politiques par l'onction qu'il leur accorde (nomination du Premier ministre et du gouvernement, des plus hauts fonctionnaires et dirigeants publics, accréditation des ambassadeurs, etc.), qui détient un droit de regard, de contrôle sur le fonctionnement général de l'État et, au-delà, l'homme dont la parole vaut verdict ou oracle en bon nombre de circonstances, cet homme-là, que la cinquième République a fait tout-puissant, n'a été réellement choisi en 2002 que par un Français en âge de voter sur huit. Jacques Chirac a été choisi par un peu plus de 5,6 millions de nos concitoyens ; plus du double (11,7 millions) n'a pas participé au scrutin ; 13,4 millions des votants n'ont voté ni pour Jacques Chirac, ni pour Jean-Marie Le Pen, ni pour Lionel Jospin.

Au-delà du « cas Chirac », évoquons encore un chiffre pour mesurer cette crise de la représentativité présidentielle. En

10. Sur les facteurs de la non-inscription, *cf.* la synthèse de Frédérique Matonti, *Le Comportement politique des Français*, Armand Colin, Paris, 1998, p. 69-70. Les électeurs non inscrits représentent plus du tiers du corps électoral potentiel aux États-Unis.

1974, l'ensemble des candidats à l'élection présidentielle issus de partis représentés au Parlement étaient choisis par 78,55 % des inscrits. En 2002, ces candidats (Jacques Chirac, Lionel Jospin, François Bayrou, Jean-Pierre Chevènement, Noël Mamère, Alain Madelin, Robert Hue, Christiane Taubira, Corinne Lepage, Christine Boutin) n'ont été choisis que par 45,6 % des inscrits. Autrement dit, alors que les partis susceptibles de participer à une coalition gouvernementale sont devenus aujourd'hui des machines professionnalisées orientées principalement vers la promotion d'un candidat à l'élection présidentielle, ils ne réussissent même pas à cette occasion à rassembler, collectivement, la moitié du corps électoral.

Il y a beaucoup d'explications possibles, et cumulatives, à cette situation – qui n'est pas propre à l'élection présidentielle mais renvoie à la fragmentation électorale générale du système partisan. Reste que sont brutalement posées la question de la représentation présidentielle et celle de l'avenir de cette forme de délégation politique. Il ne s'agit plus après le 21 avril 2002, en matière d'institutions, de mesurer l'ampleur d'une supposé « séisme », mais plutôt de savoir si la place accordée à l'élection présidentielle en France – cette clé de voûte des institutions comme on aime à le dire –, les attentes qu'elle suscite et les effets qu'on lui prête ne sont pas devenus totalement « décalés » par rapport à la démocratie française.

La « force » de la cinquième République « présidentielle », telle qu'elle se met progressivement en place au cours des années cinquante, tient beaucoup moins à la qualité de son architecture constitutionnelle qu'au fait qu'elle est une forme d'aboutissement politico-institutionnel très cohérent d'un projet de « modernisation » de l'État porté par des élites très diverses (syndicales, patronales, intellectuelles, politiques) depuis les années trente. Dans ce cadre, la primauté du rôle présidentiel assurée par l'élection au suffrage universel apparaît à la fois comme le vecteur de cette « modernité » politique et son résultat.[11]

Qu'en est-il aujourd'hui ? La conception du pouvoir dont a été porteuse la cinquième République est-elle toujours d'actualité ? Depuis cinquante ans, la France et les Français ont

11. Sur l'ensemble de cette question, *cf.* Delphine Dulong, *Moderniser la politique. Aux origines de la cinquième République*, L'Harmattan, Paris, 1997. Pour une analyse de la conception du pouvoir enfermée dans les institutions de la cinquième République, nous nous permettons de renvoyer à Bastien François, *Le Régime politique de la cinquième République*, La Découverte, Paris (deuxième édition : 2004), et, sur un ton plus polémique, *Misère de la cinquième République*, Denoël, Paris, 2001.

à l'évidence changé. La démocratie gouvernante majoritaire est entrée dans les mœurs politiques, l'alternance des forces au pouvoir n'est plus synonyme de crise de régime, et on peut se demander si notre système politique a encore besoin de la béquille d'une réaffirmation charismatique septennale (et aujourd'hui quinquennale) pour survivre. Les cohabitations nous ont d'ailleurs montré que nous pouvons parfaitement être gouvernés sans ce « monarque républicain » tout-puissant (et politiquement irresponsable) qu'est le président de la cinquième République. Surtout, nos concitoyens ne sont plus les mêmes que dans les années cinquante. Ils ont un autre niveau d'éducation, un autre horizon spatial (notamment l'Europe), d'autres conceptions des relations entre les hommes et les femmes, entre générations, d'autres visions de la famille, des rapports hiérarchiques (dans l'entreprise ou à l'école), etc. Ils ont, pour s'en tenir au terrain politique, une autre conception de la démocratie que leurs parents ou grands-parents.[12] Faire encore, comme le prétend le discours dominant, politologique et journalistique, de l'élection présidentielle, de « la rencontre entre un homme et la nation » comme l'on dit, l'alpha et l'oméga de la démocratie c'est alors, sans doute, se tromper d'époque. L'utiliation massive des outils de la communication politique dans la compétition entre « présidentiables » ne peut d'ailleurs qu'aggraver cet anachronisme en accréditant cette vision de l'élection, même si la « monarchie présidentielle » s'est formidablement accommodée de la montée en puissance des médias de masse depuis la seconde moitié du XXe siècle. La vie démocratique ne peut sans doute plus se satisfaire d'une grand-messe quinquennale gangrenée par les logiques du spectaculaire de la société de communication, dont les ficelles si grossières n'épatent plus personne. Il n'est sans doute plus possible d'enfermer le rapport citoyen au politique dans l'alternative de l'indifférence

12. Sans que l'on puisse entrer ici dans le détail d'une véritable démonstration, différents indices attestent un renouveau des façons de penser la démocratie dans un sens plus « participatif ». Le premier est la valorisation dans le vocabulaire politique d'un ensemble de notions – concertation, consultation, débat public, participation, écoute, délibération –, même si le pouvoir d'attraction de ces termes n'a d'égal que leur flou conceptuel. Le deuxième est la multiplication, ces dernières années, dans la sphère de l'action publique, de dispositifs dont la vocation est d'impliquer des acteurs au-delà des représentants et des experts traditionnels et de mettre la décision en débat. Le troisième se trouve dans la sphère des idées politiques, avec le succès rencontré par le thème de la « démocratie délibérative » dans la philosophie politique, qui dessine une nouvelle définition procédurale et discursive de la légitimité. Sur ces questions, *cf.* le numéro de *Politix*, (n° 57, 2002) consacré à *Démocratie et délibération*.

abstentionniste, du rejet par le vote aux extrêmes ou de la remise de soi au plus charismatique (ou au moins… « fasciste »). Autrement dit, on peut se demander si le régime de la cinquième République, qui est le fruit d'une formidable tectonique des plaques politiques – le basculement du centre du pouvoir dans l'État du législatif vers l'exécutif – n'a pas tout simplement beaucoup vieilli. Et l'élection présidentielle, bien sûr, avec lui.

III. La confirmation par les sondages

On trouvera à tout cela une sorte de confirmation – un peu inattendue, il est vrai – dans certains sondages réalisés ces dernières années. Le phénomène est en effet passé quasiment inaperçu des commentateurs politologiques des sondages : la cinquième République ne fait plus recette lorsque l'on cherche à mesurer « l'opinion publique » sur les institutions politiques. Le désarroi des Français face à la politique – désarroi ambigu puisque les personnes sondées continuent à accorder massivement du crédit au politique tout en se disant tout aussi massivement « mal représentées »[13] – atteint aujourd'hui ce qui semblait jusqu'alors le moins discuté, le plus stable : le régime politique instauré en 1958. Le baromètre Cidem[14] de la citoyenneté (Sofres) indique qu'en mai 2002, 57 % des personnes interrogées estiment que les institutions fonctionnent « plutôt mal ». Plus encore, lors de la même enquête, 72 % pensent que les institutions de la cinquième République « sont dépassées, et qu'il faut les changer ». À la même période, selon cette fois un sondage Louis-Harris-AOL-*Libération*, 13 % des personnes interrogées estiment que la réforme des institutions doit être la « priorité » du président de la République réélu, même si seulement 5 % y voient un thème important pour le vote au premier tour des législatives. Ces données ne traduisent pas seulement le « séisme » de la présidentielle. Toujours selon le baromètre Cidem/Sofres, les personnes interrogées étaient déjà 58 %, en février 2002, à penser que les institutions fonctionnent mal et, alors même que la cinquième République semble depuis avoir retrouvé son « rythme de croisière » – autrement dit une mainmise complète du président sur l'exécutif et une majorité parlementaire aux ordres –, s'affranchissant ainsi de la querelle théologique de la cohabitation, elles sont encore

13. Voir, par exemple, Sofres, *L'État de l'opinion*, Le Seuil, Paris, 2001.

14. L'association Civisme et démocratie (Cidem) a été fondée en 1984 par la Ligue des droits de l'homme et la Ligue de l'enseignement (www.cidem.org).

64 % en novembre 2002 et 62 % en avril 2003 à estimer qu'il faut « changer » nos institutions.

S'il faut être très prudent face aux effets d'imposition de problématique des sondages d'opinion – et donc face au caractère très souvent artefactuel des données ainsi produites[15] –, il n'empêche qu'ils décrivent, à leur façon, et de manière inédite, une remise en cause du régime de la cinquième République, qui s'exprime également ailleurs, de façon de plus en plus vive, même si elle est encore minoritaire. Les plus brillants contempteurs du régime se recrutent ainsi aujourd'hui dans les rangs de ses anciens thuriféraires[16] et, de manière très significative, un ouvrage récent recensant les types et les formes de « contestation » dans la France contemporaine fait la part belle à la « contestation institutionnelle ».[17] Bref, de quelque côté que l'on regarde, il est une évidence à laquelle les sondages d'opinion apportent leur contribution : la question institutionnelle est à nouveau ouverte.

Reste – et on le comprend très bien – que cette question n'est pas au centre des préoccupations immédiates des Français. Si les sondages montrent la nouveauté persistante d'une « demande » de réforme des institutions, celle-ci demeure, dans toutes les enquêtes d'opinion, une préoccupation très secondaire des personnes interrogées. De même, en dépit de ses « aléas » démocratiques, l'élection du président au suffrage universel continue à être plébiscitée. Le chemin – sans aucun doute nécessaire – vers une réforme de nos institutions risque donc d'être long.

15. Dans une littérature très fournie sur le sujet, *cf.* en particulier Daniel Gaxie, « Au-delà des apparences : sur quelques problèmes de mesure des opinions », *Actes de la recherche en sciences sociales*, n° 81-82, 1990.

16. On peut penser ici à l'ouvrage d'Olivier Duhamel, *Vive la sixième République !*, Le Seuil, Paris, 2002.

17. Xavier Crettiez et Isabelle Sommier (sous la direction de), *La France rebelle*, Michalon, Paris, 2002.

CHAPITRE II

QUAND LA « CRISE DE LA DROITE » DÉBOUCHE SUR LA VICTOIRE DE L'UMP

Julien Fretel

> « Il existe des processus dans lesquels l'impression d'un danger menaçant est si inexorablement accablante que la plupart des hommes deviennent incapables d'une distanciation relative et d'une maîtrise de leur peur, même si le processus lui-même continue à leur offrir des chances de le contrôler et ainsi de s'en sortir indemne. »
> Norbert Elias, *Engagement et distanciation*, Pocket, Paris, 1996.

C'est une évidence de rappeler que l'élection présidentielle de 2002 a été abondamment analysée au travers du prisme de la crise. Son déroulement et ses résultats ont été considérés en effet comme autant d'indicateurs attestant de la crise de la démocratie, de celle de la participation électorale et des partis politiques. En somme, si l'on s'en tient aux discours tenus à cette période par les professionnels de la représentation ainsi que par les commentateurs, c'est à une crise générale du politique à laquelle on a assisté.[1] Au premier rang des acteurs mis en cause on retrouve les formations de gauche, et plus exactement celles de la gauche de gouvernement à laquelle a été reproché

1. Pour une réflexion sur les paradoxes de la prétendue « crise du politique », voir Jacques Lagroye, *La Politisation*, *op. cit.*

le fait de n'avoir pas su « écouter les Français »[2], de n'avoir pas compris quelles étaient les demandes « réelles » du pays[3]. Cette prétendue cécité a été désignée comme ce qui, pour partie, a provoqué le désintérêt des électeurs pour le scrutin présidentiel. Dès lors, immédiatement après la défaite des socialistes et le retrait de Lionel Jospin de la vie politique, la plupart des observateurs se sont penchés sur la « crise profonde » que traversait le Parti socialiste. Une réflexion sur la crise de ses structures partisanes s'est ainsi substituée à celle sur une crise de ses valeurs et de son leadership. La défaite électorale de la gauche, si l'on en croit ses habituels observateurs, venait alors de révéler non seulement l'état de déréliction dans lequel étaient plongés les socialistes français mais augurait aussi une lente et douloureuse reconstruction de leur édifice partisan. Il faudra attendre les élections régionales de 2004 et leur victoire dans 21 des 22 régions françaises pour que cessent ces commentaires alarmistes ; comme si ce récent succès électoral avait apporté la preuve que le « redressement » du Parti socialiste avait bien eu lieu.[4]

Dans ce jeu d'imputation des responsabilités, voire des « fautes politiques », la droite et notamment la personne de Jacques Chirac, au contraire de leurs rivaux de gauche, ont été relativement épargnées au lendemain du 21 avril 2002. Il n'y a rien d'étonnant à cela étant donné qu'à l'issue des élections présidentielle et législatives ceux-ci venaient de ravir la présidence de la République et pouvaient constituer quelque temps après une majorité écrasante à l'Assemblée nationale. De plus, la droite française pouvait s'enorgueillir d'avoir édifié une nouvelle formation politique, l'Union pour un mouvement populaire (UMP), qui, pensait-on alors, allait lui ouvrir un destin hégémonique et unitaire. L'insuccès de François Bayrou et celui d'Alain Madelin lors de l'élection présidentielle ainsi que les menaces notamment financières qui pesaient désormais sur leur formations respectives (UDF et DL) étaient vues

2. Tous les termes ou expressions mis entre guillemets sont extraits d'articles de journaux (*Le Figaro, Le Monde, Libération, Marianne et Valeurs actuelles*).

3. Immédiatement après l'élection présidentielle de 2002, une suite d'articles est parue sur la césure existant entre le Parti socialiste et les « Français ». Plus précisément, il a été question d'interroger « le divorce » des socialistes avec les couches populaires. Voir notamment Rémi Lefebvre, « Le Parti socialiste et les catégories populaires. Quelques hypothèses pour l'analyse d'un divorce consommé », *Recherches socialistes*, n° 19, juin 2002.

4. Il semblerait que la « crise du Parti socialiste » soit remise au goût du jour à l'approche du référendum sur la Constitution européenne, comme si les jeux entre courants sonnaient la fin de sa période de prospérité.

comme ce qui marquait la fin des « sempiternelles querelles de personnes à droite ». Pourtant, si l'on revient sur l'histoire qui a précédé ces deux élections de 2002, c'est précisément la droite et ses dirigeants que la presse et les politologues avaient décrits comme présentant tous les signes inquiétants de la « crise ». Cette perception presque clinique de la droite n'était d'ailleurs pas uniquement le fait des observateurs attitrés, elle avait été pleinement admise par l'ensemble de ses dirigeants ; ceux-ci ayant été convaincus que leur débâcle aux élections législatives de 1997, entre autres, les avait condamnés à une traversée du désert qui se prolongerait bien au-delà des échéances fatidiques de 2002. Cette crise qualifiée de « phénomène sans précédent », de l'avis de beaucoup de journalistes et d'hommes politiques, n'avait pas été décrite comme « un mauvais passage » propre aux effets mécaniques de l'alternance démocratique mais plutôt comme « un chaos profond » où leurs structures partisanes avaient perdu de leur cohérence et de leur efficacité. Dans cette perspective, les dirigeants conservateurs avaient admis que leur défaite en 2002 était très probable tant le temps de la reconstruction était perçu comme long et incertain. Ainsi, si étonnant que cela puisse paraître rétrospectivement, de 1997 à 2002, la droite a porté l'étiquette du futur perdant, et ce au rythme des diagnostics journalistiques rappelant à chaque fois que décidément « la France avait la droite la plus bête du monde »[5].

Au regard des résultats de l'élection présidentielle de 2002, on peut dès lors s'étonner de constater que ceux dont non seulement on avait prédit la défaite à la veille du premier tour, mais dont on avait rappelé aussi dans quel état de déliquescence ils s'étaient retrouvés après la dissolution de 1997 aient pu endosser avec une extrême facilité le rôle des vainqueurs ; des vainqueurs qui, de surcroît, ont été salués en 2002 comme ceux qui avaient été capables de lutter contre l'entropie en créant une nouvelle organisation politique (l'UMP) propice au rassemblement des rivaux d'hier, d'une part, et instituant « enfin » une « vraie discipline partisane », d'autre part. De plus, cette nouveauté institutionnelle, à propos de laquelle on disait d'emblée que le Parti socialiste aurait à s'en inspirer s'il voulait retrouver les chemins de la prospérité, avait été repérée comme ce qui, par un effet d'entraînement, conduirait « vers la modernisation de la vie politique » et comme les prémices d'un bipartisme qui avait tant manqué à la classe politique française. Ces éloges ont

5. Dans le même esprit, Denis Tillinac, dans *Libération* du 9 juillet 1999 (« Faut-il sauver la droite ? »), proclamait que « RPR et UDF c'est aussi ringard qu'une chanson de Sacha Distel ».

fait long feu. Quelques mois après l'élection présidentielle de 2002, on s'est à nouveau interrogé sur les difficultés de cette droite marquée encore une fois par « la guerre de ses chefs ». Les rivalités entre Jacques Chirac et Nicolas Sarkozy, ou entre François Bayrou et Jean-Pierre Raffarin, apportaient jour après jour confirmation de « cette tendance naturelle de la droite à se déchirer sitôt que les Français lui accordent leur confiance »[6]. On a pu lire alors dans la presse une série d'enquêtes sur « l'échec retentissant de l'UMP »[7] ainsi que de nombreux articles sur « la résurrection de l'UDF » qui, après avoir été déclarée agonisante au sortir de l'élection présidentielle, revenait en force et annonçait sinon un nouvel élan pour la démocratie chrétienne ou le centrisme dans le meilleur des cas, du moins le retour des « divisions » et des « chapelles » dans le camp de la majorité. Au lendemain des élections régionales et cantonales de 2004, où le Parti socialiste a été déclaré vainqueur, la thématique de la « crise » et de « l'échec permanent » à droite a donc été remise au goût du jour par les médias et, dans une certaine mesure, par les dirigeants conservateurs ! Tel un cycle passant inexorablement de la croissance à la récession, la droite venait de retrouver apparemment ses éternelles faiblesses.

Certes, ce qui peut apparaître troublant au regard des pronostics délivrés ici ou là dans les médias conduit forcément à s'interroger sur la fiabilité des analyses de ceux qui, périodiquement, annoncent tantôt la crise de la droite tantôt son redressement ou, pour les plus prudents des commentateurs, sa rémission. De même que la propension des hommes politiques à faire leurs ces jugements ne peut que laisser dubitatif. Mais il n'est pas question ici de se pencher exclusivement sur la qualité sémantique et sur la versatilité des verdicts électoraux qui sont rendus par les journalistes politiques ou par les spécialistes de l'analyse électorale[8], ni de déconstruire radicalement la notion de crise lorsqu'elle est utilisée sans rigueur par les professionnels de la politique ou par certains politologues[9]. Dans une perspective dite « continuiste », où l'on prendra soin de ne pas opposer trop schématiquement les périodes routinières

6. *Le Figaro*, 15 janvier 2003.

7. Voir le journal *Marianne* du 12 janvier 2004 : « Enquête sur un échec retentissant : l'UMP ».

8. Pour une sociologie des verdicts électoraux voir Patrick Lehingue, « Les mécanismes de production des verdicts électoraux : le cas des scrutins municipaux », *in* Jacques Lagroye, Patrick Lehingue et Frédéric Sawicki, *Mobilisations électorales. Le cas des élections municipales de 2001*, PUF/CURAPP, Paris, 2005.

9. Pour une critique de l'approche crisologique, voir Michel Dobry, *Sociologie des crises politiques*, Presses de la FNSP, Paris, 1992.

des contextes critiques qui sont caractéristiques du fonctionnement du champ politique[10], il nous paraît plus intéressant de nous pencher sur un cas exemplaire où la question de la crise n'a pas cessé d'imprégner certains acteurs politiques à droite, au point de les inciter à orienter leurs stratégies et de chercher à repérer quelles sont les règles du jeu politique qui, dans ces phases quelque peu dépressives des cycles politiques et partisans, sont en vigueur. Aussi nous paraît-il plus pertinent de considérer alors la crise comme un *régime d'action périodique* dans lequel, de toute évidence, la droite française, depuis maintenant plus de vingt ans[11], est condamnée à se recomposer[12]. En partant d'abord de la chronologie des événements qui ont précédé l'élection présidentielle de 2002, nous montrerons comment l'idée de crise s'est invitée dans la compétition politique et à quel point elle a affecté le sens pratique des acteurs en lutte pour l'obtention des positions de pouvoir. Ensuite, nous verrons que « la surprise électorale » du mois d'avril 2002, loin d'être le produit de stratégies explicites de conquête, a comme figé l'ensemble des prises de position qui avaient eu lieu au nom de la lutte pour la survie. D'une certaine façon, les leaders de droite, bon an mal an, ont cherché à donner du sens à cette victoire inattendue en rationalisant ce que la crise les avait conduits à faire. Enfin, nous mettrons au jour ce processus par lequel, petit à petit, la droite républicaine, portée par ses experts politologiques et sommée de se conformer au jugement crisologique, s'est fatalement réinstallée dans l'idée de crise une fois l'euphorie de l'élection passée ; comme s'il était inévitable qu'elle succombe à ses « penchants originels » et que les stéréotypes qui lui sont habituellement attribués retrouvent toute leur plausibilité. Par-delà le seul cas de la droite française, c'est tout le jeu croisé du commentaire politologique et des perceptions courantes des acteurs du champ politique qu'on tentera de dévoiler, au point

10. Nous reprenons à notre compte les recommandations que fait Michel Dobry (*Sociologie des crises politique, op. cit.*, p. 14) à propos de l'analyse des crises politiques, non pas pour minimiser les effets et les tensions qui sont produits en ces temps critiques, mais surtout pour sortir du piège étiologique dans lequel les experts de la crise du politique tombent régulièrement.

11. Lorsqu'on repend les commentaires journalistiques ainsi que les études électorales, on constate en effet que, depuis 1981, la droite est considérée comme « une machine à perdre ».

12. La thématique de la crise n'est évidemment pas le monopole de la droite. La gauche connaîtrait aussi ses propres temps de crise. Pour autant, il faudrait effectuer un rigoureux travail de comparaison pour voir comment les formations politiques de droite et de gauche affrontent spécifiquement ces périodes critiques faites de stéréotypes journalistiques et de répertoires d'actions orientés vers la lutte contre le danger.

de considérer la thématique de la crise comme un discours aussi convenu que nécessaire au fonctionnement de la compétition politique ainsi qu'à sa narrativisation.

I. Quand la « crise de la droite » s'éternise

Pour comprendre comment la droite s'est engagée dans la compétition présidentielle en 2002 et pour mettre au jour ce qui a sous-tendu les stratégies élaborées par ses dirigeants à l'approche de cette élection, il est nécessaire de revenir sur la façon dont les médias ont analysé les résultats des élections législatives de 1997 ainsi que sur la manière dont les responsables conservateurs – DL, RPR et UDF compris – ont acquis une vision particulière des échéances électorales à venir. C'est en effet à la suite de cette défaite importante que ces acteurs du jeu politique se sont forgé un horizon des possibles vers lequel ils ont tenté de s'orienter jusqu'en 2002.

La dissolution de l'Assemblée nationale décidée par Jacques Chirac en 1997, qui, malgré les prévisions sondagières, a vu la victoire de la gauche, a eu, de toute évidence, l'effet d'un séisme politique à droite. La réaction des journalistes peut être comprise comme un indicateur de l'appréciation générale portée sur l'échec de la droite. Les bilans tant politiques qu'électoraux de ce qui a été vu comme « une catastrophe politique » ayant frappé les formations conservatrices, les chroniques journalistiques présentées sur le mode de « la défaite annoncée » et les déplorations émises par tel « observateur engagé » ou par tel « intellectuel » plus ou moins proche de la droite ont connu une inflation éditoriale. L'image d'un véritable « tremblement de terre politique », où les hommes et les idées conservateurs ont révélé leur impéritie, a dominé dans la plupart des débats publics. L'ouvrage du secrétaire général de la rédaction de *Valeurs actuelles*, Éric Branca, *Le Roman de la droite. 1974-1998. Chronique d'un échec*[13], tout comme celui du journaliste du *Figaro*, Éric Zemmour, auteur du très évocateur *Livre noir de la droite*[14], sont des indices relativement fiables des perceptions politico-médiatiques du moment. Chez ces deux spécialistes de la vie politique comme chez la plupart des observateurs patentés, il n'a fait aucun doute que la droite traversait une crise d'une très grande gravité.[15] Et avec la crise générale de la droite et de ses

13. Éric Branca, *Le Roman de la droite*, Jean-Claude Lattès, Paris, 1998.

14. Éric Zemmour, *Le Livre noir de la droite*, Grasset, Paris, 1998.

15. L'établissement d'une liste d'ouvrages « grand public » portant sur la droite modérée au cours de cette période permettrait sans doute à l'his-

cadres, c'est aussi la crise des idéologies conservatrices qui a été collectivement proclamée. Peu à peu, c'est en effet « la fin des héritages gaulliste et démocrate-chrétien » qui, après les réactions à vif, a constitué le diagnostic à prétention savante. La « mort du gaullisme » est devenue ainsi une des clés de compréhension de l'état de décomposition supposée de la droite française.[16] À travers elle, c'est aussi la personnalité de Jacques Chirac qui a été indirectement visée. Les ouvrages qui ont abordé ce thème ont été nombreux.[17] Le RPR, si l'on suit ces analyses, n'avait plus en son sein de personnage capable d'adopter « la posture gaullienne ». Parallèlement, lentement et sûrement, le « centre » ou la démocratie chrétienne, à l'image du déclin du catholicisme en France, continuait sa chute inexorable en emportant avec eux les racines du giscardisme. Ces commentaires plus que pessimistes n'ont pas cessé de s'amplifier jusqu'aux élections municipales de 2001. Aussi, la presse de « droite » n'a pas été la seule à se convaincre de la pertinence de la thèse du déclin ou du moins du « divorce avec les Français ». Dans le journal *Libération* et dans les tribunes du journal *Le Monde*, entre autres, la « théorie du chaos » a été convoquée à plusieurs reprises pour éclairer cette situation politique. À coups de sondages et d'analyses post-électorales, l'ensemble des journalistes et des sondeurs se sont persuadés que « le gaullisme [était] au-dessus du vide » et que « le centrisme [était] plus que

torien de prendre le pouls de cet air du temps. Quelques-uns des essais répertoriés ci-après donnent cependant un bon aperçu de ce qu'était alors la doxa journalistique : André Bercoff, *Reconstruire disent-ils... Comment sauver la droite française du naufrage annoncé*, Flammarion, Paris, 1998 ; André Bercoff, *Par ici la sortie*, Grasset, Paris, 1999 ; Alain Griotteray, *La Droite molle : chronique d'une déroute méritée*, Plon, Paris, 1997 ; Jean-Gérard Malliarakis, *La Droite la plus suicidaire du monde*, Trident, Paris, 1998. Il est intéressant de noter qu'inéluctablement, à chaque défaite, ces chroniques journalistiques, avec les mêmes ficelles, resurgissent. Ainsi, pour la plus récente, voir Virginie Le Guay, *Chronique d'une débâcle. La droite défaite*, Bartillat, Paris, 2004.

16. Annoncer la mort prochaine de partis déjà bien enterrés est apparemment chose courante. Ainsi, René Rémond, après avoir disserté sur la crise du gaullisme et sa fin prochaine au moment de la dissolution manquée en 1997, a tué une seconde fois les héritiers du général de Gaulle en 2002, après la création de l'UMP : *cf.* René Rémond, « La seconde mort du gaullisme », *Le Nouvel Observateur*, 24 septembre 2002.

17. On ne citera ici que les livres de Christophe Barbier (*La Comédie des orphelins*, Grasset, Paris, 1998) et celui de Nicolas Baverez (*Les Orphelins de la liberté*, Plon, Paris, 1999). Dans la revue *Le Débat* (« Le problème Chirac », n° 101, septembre-octobre 1999), Alain-Gérard Slama, de son côté, a entrepris une critique *ad hominem* du chef de l'État. Ce dernier, selon le chroniqueur, aurait été, faute de charisme, impuissant à réunir la droite dans son ensemble.

morcelé, voire à l'agonie». Jean-Louis Bourlanges, député européen centriste et jadis conseiller de Jacques Chirac, qui s'était fait reconnaître comme expert en matière d'études sur la droite à la fin des années quatre-vingt, notamment après la parution de son ouvrage *Droite année zéro*[18], est allé plus loin encore dans la critique dans un dossier du *Monde*[19] et a décrit l'état de la droite à coups de métaphores très alarmistes. Il pouvait ainsi écrire que: «Le malheur c'est que tout projet est en profondeur nié par l'héritage culturel des droites françaises, par ce mélange de conservatisme et de monarchisme qui fait d'elles un chaos tempéré par le droit d'aînesse [...]. Le monde des droites réussit le tour de force d'être à la fois informe et plombé. On se croirait engagé dans une pièce de Tchekhov, avec ses impatiences incompatibles, ses frustrations juxtaposées, son action qui bégaie, cette circulation toujours recommencée des mêmes personnes et des mêmes mots.»[20] Depuis 1981, jamais sans doute n'a-t-on alors autant disserté sur «la crise de la droite» avec un tel degré de certitude. À tel point que beaucoup d'observateurs ont fini par démontrer que cette crise, de revers électoral en déconvenue politique, lui était devenue consubstantielle[21], comme si l'alternance démocratique qui s'était imposée à elle à partir de 1981 était le signe de son handicap. Peu soucieux d'employer avec précision la notion de *crise*, mêlant les facteurs dits structurels et les facteurs dits conjoncturels, les experts du jeu politique, en négligeant notamment les dimensions historiques des phénomènes partisans, ont

18. Jean-Louis Bourlanges, *Droite année zéro*, Flammarion, Paris 1988.

19. *Le Monde*, 27 septembre 1999.

20. Jean-Louis Bourlanges, conseiller régional de Haute-Normandie et député européen (UDF) depuis 1999, a été très sollicité par *Le Monde* et *Libération* pour livrer son analyse. Cet acteur politique, agrégé de littérature et ancien élève de l'ENA, est devenu en quelque sorte le théoricien indigène des droites en France. De 1997 à 2002, il a livré sans discontinuer son analyse pessimiste en insistant sur «l'incapacité de la droite à s'organiser démocratiquement». À *Libération,* qui a consacré un dossier à l'état de l'opposition en juillet 1999 («Faut-il sauver la droite?), il a expliqué que «la révolution libérale a rendu plus difficile à la droite d'assumer sa vocation conservatrice et l'a plongée dans une véritable schizophrénie». Dans une tribune du journal *Le Monde*, un mois après, il a déclaré que «l'opposition figure un espace politique en friche, une sorte de chaos de formations disloquées, de cultures incompatibles».

21. Cette vision des choses, sept ans plus tard, n'a pas disparu. On en veut pour preuve que dans une étude comparative sur les droites en Europe, la crise demeure, aux yeux de certains auteurs, un des éléments caractéristiques de la droite française. Voir Agnès Alexandre-Collier et Xavier Jardin, *Anatomie des droites européennes*, Armand Colin, Paris, 2004; ainsi que la revue *Mouvements*, septembre-octobre 2004: *La droite contre la société.*

avancé systématiquement les mêmes causes pour repérer les difficultés systémiques de la droite française. Ainsi, l'individualisme des dirigeants conservateurs, « la guerre des chefs », l'atrophie des structures partisanes, le notabilisme affectant l'efficience de leurs organisations politiques ainsi que les contradictions idéologiques qui se sont fait jour du fait du décalage entre la volonté de conservation de l'ordre social et la « modernité » du monde contemporain ont été présentés comme les racines du mal dont était victime la droite française. En somme, plus que toute autre formation politique, DL, le RPR et l'UDF portaient avec ostentation tous les signes de la faiblesse partisane.[22] Du coup, et sans vouloir pour notre part relativiser à tout prix l'importance des pratiques partisanes, tout se passe comme si la force de ces stéréotypes était de se rappeler inlassablement à ceux à qui ils étaient adressés.

Au cours de cette période, une partie de la science politique française a également emboîté le pas à ce credo « crisologique ». Ainsi, René Rémond est intervenu régulièrement pour apporter un soubassement historique à cette crise. Selon lui, l'organisation de la droite ne correspondait plus à ses vrais clivages sociologiques ni à ses filiations idéologiques. Son effondrement résulterait de la forte propension des dirigeants conservateurs à répugner à s'allier en parti politique au sens strict du terme. Parmi les chercheurs du Cevipof, Colette Ysmal, qui a défendu régulièrement la thématique de « la crise de la droite » depuis la défaite de Valéry Giscard d'Estaing en 1981[23], a réaffirmé sa thèse de l'échec récurrent au lendemain des élections législatives de 1997 et des élections régionales de 1998.[24] Cette problématique a été relayée par d'autres politologues tels que

22. Pour une critique des théories sur la « faiblesse des partis politiques français », voir Julien Fretel et Rémi Lefebvre, « Retour sur un lieu commun historiographique : la faiblesse des partis politiques en France », communication pour le colloque AFSP *Histoire/science politique*, mars 2004.

23. Voir notamment du même auteur : « La crise électorale de l'UDF et du RPR », *RFSP*, 1990, n° 40, 6, et « Les cadres du CDS et du Parti républicain : l'UDF en proie à ses divisions », *in L'État de l'opinion 1992*, Le Seuil, Paris, 1992.

24. Pascal Perrineau et Colette Ysmal (sous la direction de), *Le Vote surprise*, Presses de Sciences Po, Paris, 1998 ; Colette Ysmal, « Domination des droites et crépuscule de la droite modérée », *in* Pascal Perrineau et Dominique Reynié (sous la direction de), *Le Vote incertain. Les élections régionales de 1998*, Presses de Sciences Po, Paris, 1999. Malgré l'intérêt des analyses proposées par le Cevipof, il nous semble que les lectures qu'il propose cèdent un peu trop facilement à la thèse de la crise perpétuelle. En 1992, déjà, cette thématique était privilégiée (Philippe Habert, Pascal Perrineau et Colette Ysmal (sous la direction de), *Le Vote éclaté*, PFNSP, Paris, 1992) avant d'être reprise en 1995 (Philippe Habert et Pascal

Pierre Bréchon et Bruno Cautres qui, dans un ouvrage collectif destiné à faire la synthèse sur les élections législatives de 1997, ont affirmé non sans inquiétude que « l'impression d'un "champ de ruines" de la droite qui prévaut aujourd'hui, les bouleversements internes qu'elle connaît depuis le 1er juin et les incertitudes sur son avenir amènent à s'interroger plus profondément : les élections législatives de 1997, au-delà du séisme parlementaire et politique, marquent-elles d'importantes évolutions dans les structures mêmes de la droite modérée, de ses bases territoriales, sociologiques et politiques ? »[25]

Enfin, parmi les leaders gaullistes et centristes eux-mêmes, l'interprétation de ces revers électoraux n'a pas été très différente de celles fournies par leurs habituels observateurs. On a pu dès lors assister à une surenchère éditoriale entre ces dirigeants, où l'autocritique qu'ont inspirée les défaites de 1997 et 1998 a pris la forme d'une réflexion sur l'état de la droite en France. Hervé Gaymard, par exemple, a proposé dans la revue *Commentaire*[26] une « Feuille de route pour l'opposition » tout en reconnaissant que la droite vivait « la fin d'un cycle politique, commencé en 1945, refondé en 1958 avec la cinquième République ». Nicolas Sarkozy, dans son livre *Libre*, a déploré l'inefficacité des formations conservatrices et a appelé à un sursaut pour éviter – rien que cela – la disparition de la droite : « Peser dans le débat d'idées plutôt que de s'épuiser dans les affrontements fratricides. Rendre à la droite la fierté de ses valeurs et de ses convictions [...]. Construire les prémices d'une nouvelle organisation de la droite française »[27], telle paraissait être l'ambition du dirigeant du RPR qui oscillait entre l'optimisme et le scepticisme lorsqu'il abordait la question des racines idéologiques de son mouvement : « Le gaullisme constitue nos racines. C'est un fait, mais avec le temps qui passe, cela devient notoirement insuffisant. » Cette vision des choses a été pour par-

(*Suite de la note 24 de la page précédente*) Perrineau (sous la direction de), *Le Vote de crise. L'élection de 1995*, Presses de Sciences Po, Paris, 1995). Ces approches qui appréhendent l'état des partis politiques français sous l'angle des résultats électoraux qui leur sont imputables rendent, de notre point de vue, infalsifiable la thématique de la crise des organisations partisanes. Si l'on suit les travaux initiés par ce courant institutionnel et intellectuel français, on peut se rendre compte, à propos des partis politiques, qu'il est toujours question de les dépeindre comme des groupes sur le déclin, comme des systèmes d'action fragmentés ou comme des formations fatalement divisées.

25. Pierre Bréchon et Bruno Cautres, « La cuisante défaite de la droite modéré », *in* Pascal Perrineau et Colette Ysmal (sous la direction de), *Le Vote surprise, op. cit.*

26. Voir la revue *Commentaire*, n° 84, hiver 1998-1999, p. 1063.

27. Nicolas Sarkozy, *Libre*, Robert Lafont, Paris, 1999.

tie partagée par Édouard Balladur qui, lors d'une interview au journal *Le Monde* le 18 octobre 1997, confiait que « désormais le gaullisme [n'était] plus que l'une de nos traditions nationales qui a repris vie à l'occasion de la plus grande défaite que la France ait jamais connue en 1940 ». L'ancien Premier ministre de Jacques Chirac, qui avait sans doute de bonnes raisons stratégiques d'accréditer la thèse de la fin du gaullisme, a poursuivi sa réflexion dans un ouvrage en 2000. Il y propose de réfléchir à une nouvelle organisation de la droite pour « mettre fin à ses maux »[28].

Du côté des centristes, si la production éditoriale a été moins importante, le ton plus qu'inquiet n'en a pas été moins évident. Au fil des interviews, ces derniers ont expliqué qu'ils se « sentaient en bout de course », pour reprendre une expression de Gilles de Robien, et qu'il fallait au plus vite « remettre tout à plat ». Signe que le député-maire d'Amiens vivait la crise de la droite de plein fouet, dans son ouvrage *Pour une droite plurielle*[29], il en appelait à la constitution d'un travaillisme où se regrouperaient les sociaux-démocrates (les libéraux du Parti socialiste) et les sociaux-libéraux, dont il faisait partie.

On le voit bien en analysant cette plongée collective dans la crise, la défaite a exigé des responsables politiques non seulement qu'ils se soumettent aux verdicts électoraux en prenant une posture de contrition, mais plus encore qu'ils excellent dans l'expertise des moments critiques en faisant une étiologie acceptable des symptômes. Par ailleurs, pour s'imposer parmi les interlocuteurs les plus écoutés durant cette période, ils ont dû s'adonner à un exercice littéraire consistant à la fois à reprendre à leur compte les prénotions qui réduisent la droite à un univers quasiment anomique et à envisager les voies du redressement comme l'antithèse de ces stéréotypes.

II. Quand l'idée de crise s'insinue dans les jeux partisans

La croyance en la réalité et en la profondeur de la crise à droite n'a pas été qu'un ensemble de discours ou de justifications suffisamment crédibles pour habiter l'esprit des dirigeants et des militants conservateurs. Non seulement cette problématique les a intellectuellement imprégnés, mais elle a trouvé à s'objectiver dans une série d'actes dictés par le sentiment d'insécurité politique. Petit à petit, des manières de jouer le jeu dans la com-

28. Édouard Balladur, *Renaissance de la droite : pour une alternance décomplexée*, Plon, Paris, 2000.

29. Gilles de Robien, *Pour une droite plurielle*, Le Pré aux clercs, Paris, 1998.

pétition partisane, des postures publiques orientées par l'idée du « sauve-qui-peut » et des attitudes reconnues comme les plus réalistes qui soient dans ce contexte de danger imminent sont devenues les seules façons d'affronter cette épreuve. Il est vrai que la perte sèche de postes de députés après les élections législatives de 1997 et la multiplication des affaires judiciaires qui ont suivi[30] ont persuadé les dirigeants de partis et leurs entourages qu'ils risquaient fort de vivre leurs dernières heures sur la scène publique. Sans conteste, un véritable affolement s'était emparé de beaucoup de dirigeants :

> « Il faut se rendre compte de cette époque. On était sens dessus dessous, et je suis poli. Nous, au Parti républicain, on se prenait les affaires judiciaires dans la figure, on se faisait tuer par nos amis de l'UDF et, en face, on croyait que Chirac allait mourir d'un jour à l'autre. Il faut se rendre compte de l'époque, moi je descendais moi-même les poubelles et j'attendais les perquisitions, et il n'y avait plus rien qui tenait debout. On ne tenait pas non plus les jeunes qui nous proposaient des révolutions de palais tous les quatre matins. » (Renaud Donnedieu de Vabres, alors député UDF d'Indre-et-Loire.)[31]

L'emballement général a dès lors accentué le niveau de fluidité du jeu à droite. L'autorité des chefs de partis a perdu de sa consistance, et de nombreux cadres se sont sentis habilités à contester plus que d'habitude la légitimité de leurs aînés. Il n'est pas douteux alors que c'est du fait de ce contexte, marqué par une montée sur l'échelle des tensions ayant pour effet de troubler le jeu des loyautés, et d'une vision particulièrement prégnante du danger que le catastrophisme ambiant a trouvé de quoi perdurer au moment des élections régionales de 1998.[32] Et l'alliance de trois présidents de région issus des rangs de DL

30. Il s'agit des affaires mettant en cause le financement occulte du PR d'une part, avec les mises en examen de François Léotard et de Renaud Donnedieu de Vabres, et celles, d'autre part, visant l'entourage de Jacques Chirac en tant qu'ancien maire de Paris. Le CDS n'a pas été épargné non plus avec les mises en examen en 1998 de Jacques Barrot et de Pierre Méhaignerie.

31. Entretien réalisé en janvier 2004. Renaud Donnedieu de Vabres est aujourd'hui membre de l'UMP.

32. Rappelons que c'est au moment des élections régionales de 1998 et des accords noués entre trois présidents de région membres du PR et le FN que l'UDF a connu une nouvelle implosion. Quelque temps après, sera créée Démocratie libérale, et Alain Madelin, son président, annoncera la sortie de sa formation de l'UDF.

avec le Front national aurait révélé une fois de plus l'incapacité des dirigeants de la droite républicaine à nouer des accords entre eux. Immédiatement après les élections régionales de 1998, les leaders à la tête des principales formations modérées ont bien essayé de proposer la constitution d'une nouvelle « plate-forme commune » susceptible de redonner de l'élan à leurs mouvements au travers d'une dynamique d'union. Dans le concert des critiques et des autocritiques sans cesse rabâchées, ils n'étaient bien évidemment plus audibles. Leur réponse désespérée à la crise, sorte d'habitude à droite depuis 1981, a échoué sitôt qu'elle fut proposée et ce avant même que soit esquissé un quelconque programme politique.[33] Cette incapacité à faire semblant de se rassembler à droite a noirci un peu plus l'horizon des principaux dirigeants :

> « Quand on a vu que l'Alliance ne marchait pas, et quand je dis ne marchait pas, je veux dire qu'on n'arrivait même pas à faire bonne figure et à y croire entre nous, je me suis dis qu'on était mal, très mal. » (Renaud Donnedieu de Vabres.)

Pendant ce temps, la crise est apparue comme un contexte d'opportunité pour tous ceux qui soit n'avaient plus rien à perdre politiquement ni électoralement, soit cherchaient à se faire reconnaître pour la première fois parmi les dirigeants qui comptent. De nombreux challengers chez les jeunes cadres, misant sur leur propre avenir politique, se sont attelés à rédiger des documents internes afin de montrer leur capacité d'expertise et leurs compétences de visionnaires. À l'instar de leurs dirigeants, comme pour répondre à la surenchère en matière de « devoir d'union », ils se sont proposé de mettre en œuvre un parti unique de l'opposition au sein duquel ils pourraient prendre plus de poids. De toute évidence, leurs initiatives révélaient davantage un déficit d'autorité des présidents de leurs formations respectives qu'un changement dans la répartition des rôles et du pouvoir à droite. Appeler à l'union et de surcroît à la fusion des partis politiques existants doit être en effet compris, à droite, comme un registre discursif routinier en période de crise :

> « Pendant cette période, on faisait à la limite ce qu'on voulait. Et on peut dire que cette liberté on l'a eue jusqu'en 2002. Il n'y avait plus de parti ni de chef.

33. En avril 1998, Philippe Séguin (RPR), Alain Madelin (DL) et François Léotard (UDF) créent « l'Alliance ». Pensée sur le même mode que l'Union pour la France (UPF), qui avait réuni les formations de la droite républicaine en 1990, cette structure n'a pas survécu plus de six mois.

« Contrairement à d'habitude, on ne sentait planer aucune menace, aucune sanction. C'était sans doute la vacance du pouvoir. Nous, après Seguin qui était fantomatique, on a eu Michèle Alliot-Marie. Je l'aime bien, mais on ne lui rendait pas vraiment compte de ce qu'on faisait. Nous, petit à petit, ce qu'on a cherché à faire, c'était de conquérir l'adhésion de l'Élysée et de lancer quelque chose à côté des partis classiques. On le faisait mais sans trop y croire. Le jeu était de proposer une autre organisation pour faire tanguer les chefs. L'union, c'est tout ce qu'on pouvait imaginer pour relever la tête. Ce qu'on faisait ne mangeait pas de pain, on ne risquait rien. »[34]

Un des effets pervers de la multiplication des opérations apparentes de redressement de l'ordre partisan a été que les solutions pour sortir de la crise ont accru encore un peu plus la fluidité des jeux politiques à droite, qu'elles ont fait échouer les unes après les autres les stratégies proposées et qu'elles ont augmenté à chaque fois le niveau de danger perçu par l'ensemble des protagonistes.[35] La lutte dispersée contre le chaos supposé a entraîné tous les protagonistes dans un mouvement inflationniste qui a eu pour principal effet de créer les conditions du « girouettisme »[36], où les acteurs de ce drame ont fini par dépenser beaucoup d'énergie à identifier les traîtres, les sincères et les plus fidèles.

« Dans ces temps difficiles, on avait l'impression qu'il y avait une prime politique à la trahison. Mais ce n'était pas nouveau, la droite connaît ça depuis longtemps ; je dirais depuis 1965. En fait, lorsque tout s'emballe, il y a plus de profit à se vendre à l'extérieur qu'à rester dans son parti pour reconstruire. Moi ce sont des choses qui me surprennent, car je n'ai jamais pensé un seul instant que je quitterais mon parti. Soit j'y reste, soit j'arrête la politique. » (François Bayrou, président de la Nouvelle UDF.)[37]

Par conséquent, chacun des acteurs de ce drame a été inévitablement entraîné dans une spirale à *double lien* où, pour

34. L'auteur de ces propos, qui est devenu au final un des membres fondateurs de l'UMP, a tenu à rester anonyme.

35. Nous sommes dans un cas de figure très proche de celui proposé par Norbert Elias dans *Engagement et distanciation*, op. cit., lorsque l'auteur décrit le comportement suicidaire des pêcheurs dans le maelström.

36. *Cf.* Brigitte Gaïti, « Les inconstances politiques », *Politix*, vol. 14, n° 56, 2001.

37. Entretien réalisé en janvier 2004.

reprendre les propos de Norbert Elias, « sans comprendre la particularité des modifications qu'ils ont introduites de manière non intentionnelle, ils [ont été] sans cesse contraints de s'adapter à ces transformations et de résoudre tant bien que mal les problèmes auxquels elles donnent naissance »[38]. Plus les uns et les autres s'exprimaient sur l'état de la crise, plus ils accréditaient la thèse de la faillite à droite, et plus ils constataient la perte de leur crédit sur la scène politique en endossant la posture de la victime réduite à exhiber sa piètre condition de perdante. Chaque coup porté en vue de reconstruire sur les hypothétiques « ruines de la droite » entraînait une cascade de répliques qui avait plus pour effet d'invalider l'ordre des discours que d'apporter une issue aux conflits. Il va sans dire qu'au fur et à mesure des mises en scènes ratées de l'union de la droite, un cercle pervers de dépréciation des ressources partisanes s'est enclenché et une fragmentation du capital collectif s'est produite jusqu'à pousser plusieurs dirigeants à orchestrer soit la scission, comme dans le cas d'Alain Madelin en 1998 ou dans celui de Charles Pasqua avec le RPF, au lendemain des élections européennes de 1999, soit un nouveau baptême de façade comme pour François Bayrou qui, à la fin de l'année 1998, a refondé l'UDF en « Nouvelle UDF ».

Ainsi, cette crise, comparable à une dépression générale et symbolique des hommes et de leur valeur sociale dans le champ politique, n'a pas cessé de se rappeler à tous les membres de la droite française jusqu'en 2001. Les malheurs du RPR avec la démission de son président, Philippe Seguin, en 1999, ainsi que les nouvelles affaires, dont celle de la fameuse « cassette Méry », ont prolongé ce cycle déflationniste. Quelque temps après, la direction nationale du parti gaulliste, fragilisée par la scission provoquée par Charles Pasqua, devait convenir qu'elle avait perdu plus de 20 000 adhérents.[39] Les journalistes se sont alors fait fort, arguments scientifiques à l'appui, de rappeler la gravité de la situation telle qu'avaient pu la mesurer certains sondages. En 2000, selon la Sofres, « les Français » percevaient négativement la notion de droite (43 %) alors qu'ils avaient une bonne opinion de la notion de gauche (55 %).[40] Jusqu'à la veille des élections municipales de 2001, de nombreux hommes politiques de droite avouaient déjà leur défaite dans la perspective de 2002 :

38. Norbert Elias, *Engagement et distanciation*, *op. cit.*, p. 21.

39. De sources officielles, le nombre d'adhérents est passé en quelques années de 100 000 à 57 000.

40. Voir Sofres, *Les Références idéologiques des Français*, juillet 2000.

> «Bon, les choses sont simples, le RPR est mort, Chirac ne tient plus que par un fil. L'UDF, à part François Bayrou, c'est une coquille vide. Nous, on doit penser à la reconstruction pour redresser la tête dans la perspective de 2007.» (Philippe Douste-Blazy, alors député maire UDF de Lourdes.)[41]
> « Il ne faut pas se raconter d'histoire. Nous, on est à la traîne, on est fichu. Les socialistes eux travaillent et tiennent. Il suffit de croiser Jospin pour se rendre compte qu'il a l'étoffe du gagnant.» (Pierre Méhaignerie, député UDF d'Ille-et-Vilaine.)[42]
> « La droite ? Quelle droite ? On n'est rien, on n'a rien dans la tête et on va dans le mur. Alors parler de la droite ne veut rien dire ! » (Pierre Lellouche, député RPR de Paris.)[43]

III. Quand vient le temps de tourner le dos à la crise

Malgré cette situation alarmante tant aux yeux des observateurs qu'aux yeux des dirigeants politiques, de guerre lasse, un nouveau stade constitutif de cette crise s'est peu à peu installé à la suite des scissions et des revers électoraux de 1999.[44] Plutôt que de commenter et de déplorer les effets de cette période critique, certains dirigeants, non sans intentions tactiques ni sans souci de la recherche de quelques gains dans cette concurrence d'un style particulier, ont voulu anticiper les échéances à venir, devancer certains de leurs adversaires en proclamant que le temps de la sortie de crise était enfin arrivé. Sans avoir apporté de réelles solutions organisationnelles pour lutter contre le délitement supposé des structures partisanes, cette activité prophétique, d'après les promoteurs de ce nouveau registre, leur donnerait le droit de rassembler les forces politiques encore convalescentes à droite. C'est la Nouvelle UDF de François Bayrou qui, la première, a endossé ce rôle, et ce sans qu'aucun gaulliste d'ailleurs ne pense à le contester. Son leader centriste, dès l'été 1999, a alors invité chacun de ses alliés potentiels à le rejoindre pour envisager la reconstruction :

41. Entretien réalisé en mars 2000. Philippe Douste-Blazy est aujourd'hui membre de l'UMP.

42. Entretien réalisé en décembre 2000. Pierre Méhaignerie est aujourd'hui membre de l'UMP.

43. Entretien réalisé en décembre 2000. Pierre Lellouche est aujourd'hui membre de l'UMP.

44. Rappelons que la droite est allée aux élections européennes en ordre dispersé. Elle a vu s'opposer une liste RPR/DL dirigée par Nicolas Sarkozy, une liste du RPF dirigée par Charles Pasqua et Philippe de Villiers, et une liste UDF conduite par François Bayrou.

« L'UDF est le seul pôle de développement dans l'opposition car, nous, nous avons reconstruit notre maison. Il nous revient alors d'être parmi les architectes et les maçons. »[45]

Durant quelques mois, le message du chef du parti centriste est apparu comme le plus convaincant. Tout s'est passé comme si le moindre niveau de désunion dans son parti confirmait une sorte de retour à la normale. De plus, cette accalmie était accréditée par les médias qui ont vu en François Bayrou l'homme de droite le mieux armé pour organiser la reconstruction. Mais si, du côté des chefs de partis en compétition pour la lutte contre le déclin, François Bayrou a été le seul capable de se rendre crédible pour appeler au renouveau de la droite, parmi les jeunes cadres du RPR et de l'UDF encore convaincus que la crise leur donnait plus de droits que d'habitude, les initiatives visant à inverser la spirale dépressive n'ont pas cessé, loin s'en faut. Et les résultats des élections municipales de 2001, alors qu'on attendait « la vague rose », contre toute attente, ont conforté ces derniers dans leur stratégie de chantage au contournement des appareils partisans. Forts de certaines victoires locales, plusieurs d'entre eux ont ainsi saisi la thématique de la proximité[46] pour non seulement dépolitiser un débat dans lequel ils étaient en position de faiblesse par rapport à leurs concurrents de gauche mais aussi pour se donner à voir comme une nouvelle génération de dirigeants de droite vierges de toute responsabilité en matière d'échec électoral. Plusieurs d'entre eux, réunis en raison de leur âge et d'un horizon commun des attentes politiques, ont dès lors proposé divers labels partisans dans le but d'institutionnaliser et de légitimer leurs tentatives de subversion. Après la « Génération terrain », et « Alternance 2002 », c'est « l'Union en mouvement » (UEM[47]), portée par Dominique Bussereau

45. François Bayrou interrogé par Jean-Pierre Elkabbach. *Europe 1*, le 4 juillet 1999. Le lendemain, dans les colonnes du journal *Libération*, on lit que « Dans le champ de ruines de l'opposition, le parti centriste a assuré ses fondations […]. L'ancien ministre de l'Éducation nationale a ressoudé ses troupes autour de lui. Pour la première fois, il entrevoit la possibilité de sortir du lot dans la compétition à droite face à un RPR en ruine et un Alain Madelin petite mine. »

46. Sur la proximité et sur l'importance de cette thématique au cours des élections municipales de 2001 et à l'occasion de l'élection présidentielle de 2002, voir Rémi Lefebvre, « Rhétorique de la proximité et crise de la représentation », *Cahiers lillois d'économie et de sociologie*, n° 37, février 2001, et Patrick Le Lidec, « Le processus de mise à l'agenda de l'acte II de la décentralisation : le poids de la concurrence au sommet », *Pouvoirs locaux*, n° 59, décembre 2003.

47. L'UEM deviendra après l'élection présidentielle de 2002 l'Union pour une majorité présidentielle (UMP), puis en octobre 2002 l'Union pour un mouvement populaire (UMP).

(DL), Renaud Dutreil (UDF) et Hervé Gaymard (RPR), qui a vu le jour sous le regard sceptique des principaux leaders conservateurs. Les dirigeants du parti chiraquien tels qu'Alain Juppé et Michèle Alliot-Marie n'ont en effet pas hésité à démontrer le caractère «juvénile» de ces initiatives.

> «Au début, ils nous ont regardés d'un œil noir. Ils avaient peur qu'on prenne des places. Nous, on ne voulait pas perdre bêtement et on pensait qu'il fallait préparer la relève. Notre seule chance dans cette affaire, c'était de trouver un soutien auprès de Jacques Chirac et Jérôme Monod. Sinon, on pouvait se rhabiller. Heureusement que ça a marché, notre histoire [l'institutionnalisation de l'UEM, puis la création de l'UMP], car je crois qu'on aurait pris des coups en rentrant chacun dans son propre parti après la présidentielle de 2002.» (Renaud Dutreil, député UDF de l'Aisne)[48].

À quelques mois du début de la campagne présidentielle de 2002, les partis politiques de la droite et du centre présentaient ainsi tous les signes de «l'ingouvernabilité». Plutôt que d'élaborer une stratégie cohérente en vue de reconquérir la présidence de la République, leurs leaders voyaient leur compétence réduite à prévenir et à contenir le surgissement d'entreprises de subversion initiées par les cadres intermédiaires des formations; ces derniers agissant aussi bien par opportunisme avec l'espoir d'accélérer éventuellement leur carrière politique que par peur de figurer parmi les premières victimes des élections de 2002 (présidentielle et législatives). Cette activité de surveillance réciproque attestait d'un climat de méfiance généralisée et d'une impression de cécité du fait des incessants retournements de situation et effets d'annonce. L'art d'observer ses adversaires intérieurs, qui était motivé par un principe de survie statutaire, avait, au final, bien plus d'importance que celui que pouvait représenter l'hypothèse – improbable subjectivement – de récompenses ministérielles si d'aventure l'élection présidentielle tournait à leur avantage. Au mieux, chacun voyait l'organisation des investitures préparant aux élections législatives comme ce qui viendrait sonner la fin de cet affolement collectif. Au bout du compte, espérait-on, les chefs reprendraient leurs responsabilités grâce à ce monopole que nul n'imaginait encore contester. Ce jeu de «dupes» déclenché par la crise pourrait trouver ainsi une fin acceptable et inaugurer simulta-

48. Entretien réalisé en juin 2002. Renaud Dutreil est aujourd'hui membre de l'UMP.

nément le début de la « vraie » reconstruction de la droite dans l'optique de l'élection présidentielle de 2007. Avant cela, il convenait de préparer la défaite en se montrant modeste, en se repliant sur le « local » afin de consolider le mieux possible ses bastions. Le mot d'ordre que relayaient discrètement la plupart des dirigeants et des cadres des formations conservatrices se résumait dès lors à appeler les uns et les autres à se résoudre à perdre en sachant inscrire cette défaite dans une stratégie de long terme. La démission de François Fillon du conseil national du RPR en 2001 peut être comprise comme une de ces anticipations à la baisse possibles. À l'instar de ses homologues, son calcul était simple : la droite devait s'organiser pour accompagner Jacques Chirac jusqu'à l'échec final, et il fallait se préparer à reprendre ensuite le flambeau, « sous réserve d'inventaire » bien évidemment, et surtout, selon l'expression d'un de ses proches, « sans se salir ». Dans ce désordre, où les uns prétendaient avoir fini de reconstruire et où les autres en appelaient encore à un sursaut salvateur, l'Élysée, sans réelle stratégie, n'a pas trouvé d'autre option que celle d'accueillir tous ceux qui, comme égarés, au nom du redressement politique et électoral, cherchaient à transformer leur hérésie en sacrifice pour la collectivité de droite. C'est ainsi que, peu à peu, les promoteurs de l'UMP, aidés des « proches » du chef de l'État tels que Michel Barnier (RPR), Jacques Barrot (UDF), Dominique Perben (RPR) et Jean-Pierre Raffarin (DL)[49], ont, malgré eux, agrégé aux abords de l'Élysée une multitude d'élus et de dirigeants ne trouvant pas de solution collective pour affronter un nouveau choc électoral. Il semble bien acquis que, tout au long de cette crise, l'Élysée ait été la seule institution capable de distribuer des faveurs en plein contexte de pénurie partisane et d'offrir des garanties statutaires dans la perspective d'une future conjoncture tout aussi atone.[50]

49. Ces quatre dirigeants avaient créé en 2000 un groupe informel mais néanmoins médiatisé, Dialogues et initiatives.

50. C'est au cours de cette période que Dominique Baudis, député-maire de Toulouse jusqu'en 2001, a abandonné ses fonctions locales pour la présidence du CSA, ou que, entre autres exemples, François Léotard a cessé de faire campagne en tant que représentant de l'UDF au début de l'année 2002 pour négocier avec Jacques Chirac un poste d'ambassadeur. Les demandes de promotions institutionnelles dans l'appareil d'État adressées à l'hôte de l'Élysée ont ainsi afflué, et, bien que ce dernier se soit préparé à la défaite, il a pu néanmoins déplacer à son profit le centre de gravité des jeux de force à droite et « acheter » en très peu de temps, grâce à la distribution de faveurs d'État, nombre de loyautés.

IV. Comment perdre l'élection présidentielle

À mesure que l'élection présidentielle s'est rapprochée, la plupart des dirigeants de la droite et du centre ont poursuivi des stratégies sinon contradictoires du moins faiblement coordonnées entre elles. La principale préoccupation que les uns et les autres partageaient cependant était d'anticiper la défaite sans apparaître pour autant comme ses maîtres d'œuvre. L'appel à l'union, au risque de s'effectuer dans la cacophonie, est devenu le principal registre discursif des dirigeants de droite. Cette posture, réputée comme étant la plus digne, présentait l'avantage également de répondre aux préconisations tant médiatiques que politologiques, celles du moins qui proposaient d'en finir une fois pour toutes avec «le désordre électoral et démocratique» provoqué pour partie par les divisions conservatrices. C'est tout d'abord l'équipe de campagne de Jacques Chirac qui, redoutant un sévère échec dès le premier tour, a voulu jouer le plus tôt possible la carte de l'union de l'opposition afin de ne pas se voir accoler l'étiquette de «diviseur». Au fur et à mesure, dans l'espoir d'offrir un lieu propice au rassemblement des droites susceptible de mettre en veille l'entreprise RPR, dont tout le monde s'était accordé à dire qu'elle ne présentait plus d'atouts stratégiques ni de réserves en termes de mobilisation[51], elle a validé la formule proposée par les promoteurs de l'UEM. Alors qu'il avait émis les plus grandes réticences à propos de ce qu'il avait appelé une «solution de fortune», Alain Juppé, à la demande de Jacques Chirac, a accepté de prendre les commandes de cette originale association de campagne dont les porte-parole, tels Renaud Dutreil et Hervé Gaymard, rappelaient de manière très ambiguë qu'ils voulaient à la fois reconstruire toute l'opposition et soutenir la candidature de Jacques Chirac. Au risque de dépecer un RPR traversé par de multiples scissions et clivages et d'exacerber les conflits avec l'UDF et DL, le député-maire de Bordeaux a accepté pour finir de faire de l'UEM une nouvelle vitrine de la mobilisation gaulliste. C'est en tout cas ce qu'un de ses conseillers avait, non sans avouer ses nombreuses craintes, laissé entendre au début de l'année 2002:

51. Il faut se rappeler que les 25 ans du RPR, qui ont eu lieu le 16 décembre 2000, avaient reçu une couverture médiatique des plus apitoyées. Michèle Alliot-Marie, alors présidente du mouvement gaulliste, à la tribune, s'était montrée très réticente à l'idée de bâtir une formation unique de la majorité: «L'union ne se décrète pas [...], il faut se méfier des stratégies personnelles qui, pour certaines d'entre elles, dépassent l'échéance de 2002.»

« On joue serré là, on joue même très gros ! On se lance dans l'UEM pour faire chic. On demande aux militants du RPR de s'investir là-dedans pour la campagne. On joue gros avec eux car, si ça ne marche pas, ils seront déçus, et en plus ça voudra dire qu'on a eu honte de nos drapeaux gaullistes. "Les Amis de Jacques Chirac"[52] sont de la partie aussi, tout comme certaines têtes de l'UDF. En fait, on fait tout et n'importe quoi, car on ne sait pas comment faire pour gagner ou pour perdre le moins mal possible. Avec notre bricolage, je redoute le second tour, où on devra dire à tous de rentrer dans les rangs pour organiser les accords Chirac, Bayrou et Madelin. »[53]

Il s'est joué à l'UDF, au cours de cette période, une partie comparable, c'est-à-dire selon des règles stratégiques dont la plupart des acteurs ne savaient pas rendre compte si ce n'est en admettant qu'elles seraient forcément perdantes. Chacun s'est lancé dans la campagne avec l'unique souci de sortir personnellement indemne de ce qui apparaissait encore comme une crise très profonde. D'un côté, François Bayrou s'est évertué à consolider son rôle de leader dans son parti en tentant d'habituer son organisation à plus de discipline partisane. Pour la première fois depuis 1981, l'UDF pouvait enfin soutenir son propre candidat à l'élection présidentielle[54], et son bénéficiaire se devait avant tout de mener une campagne de premier tour dont le but avoué était de préparer l'élection présidentielle de 2007 ; c'est en tout cas la stratégie que ses conseillers avaient imaginée. L'équipe du candidat centriste, convaincue de la victoire prochaine de Lionel Jospin, voulait faire de François Bayrou le futur homme fort de la droite capable de conduire l'opposition pour les cinq prochaines années. Le sacre de Lionel Jospin était tellement perçu comme inévitable que le porte-parole des centristes à l'époque, Jean-Louis Borloo, avait entamé des négociations avec François Hollande dans l'espoir d'obtenir un portefeuille ministériel au nom de l'ouverture. La stratégie bayrouiste n'a pourtant pas totalement porté ses fruits. En « présidentialisant » l'UDF, François Bayrou a en fait déclenché malgré lui une salve de ripostes de la part de ses élus, bien trop

52. « Les Amis de Jacques Chirac » est une association présidée par Bernard Pons. Elle est reconnue par la Commission nationale des comptes de campagne et des financements politiques (CNCCFP) comme un parti politique. À ce titre, elle peut recevoir des aides publiques.

53. L'auteur de ces propos a tenu à rester anonyme.

54. Raymond Barre, qui a été en quelque sorte le candidat de l'UDF en 1988, n'était pas membre de l'une des composantes.

habitués à profiter des marges d'autonomie que leur offrait une telle organisation.[55] En appelant soudainement les cadres centristes à se montrer fidèles au « choix des militants », attitude qu'ils n'avaient que rarement adoptée jusqu'alors, il a précipité de nombreux centristes dans des conflits où la loyauté et la constance de leurs positions prises au nom du parti sont apparues difficiles à tenir. Certains d'entre eux en effet s'apprêtaient, au nom de leur identité centriste, à soutenir la campagne de Jacques Chirac, non pas par goût ou choix personnel mais plutôt dans l'espoir de faire peser les coûts attendus de la défaite ailleurs que sur leurs fédérations ou leurs fiefs locaux :

> « Je ne comprends pas pourquoi à l'UDF on s'acharne à vouloir faire une campagne digne de ce nom. On va y perdre des plumes. Il vaut mieux soutenir Chirac et laisser les chiraquiens se débrouiller avec leurs difficultés. Il faut accompagner cette fin de cycle doucement. Nous, à l'UDF, on n'a rien à gagner à se lancer personnellement là-dedans. Que François Bayrou attende patiemment son tour en 2007. L'UDF n'est pas encore prête pour faire une campagne présidentielle ! En tout cas, moi, dans ma fédération, moins j'en fais pour la présidentielle, et mieux je me porte en tant qu'élu centriste. » (Jean-Marie Morisset, président du conseil général et député UDF des Deux-Sèvres.)[56]

Ainsi, de nombreux élus locaux affiliés à l'UDF, convaincus de la future défaite, ont refusé de faire campagne avec l'espoir de préserver leur image d'hommes politiques méfiants vis-à-vis des luttes de parti et avec l'intention d'économiser leurs ressources pour une compétition beaucoup plus cruciale à leurs yeux, celle des élections législatives.[57] Très vite, François Bayrou, conscient du haut degré de conflictualité qui régnait parmi les siens, s'est résolu à lutter contre le délitement de son organisation beaucoup plus qu'à s'engager comme candidat à part entière. Son arme principale pour consolider son rôle de chef de parti et pour jouir d'une autorité était sa participation, au nom de l'UDF, aux négociations préparant les investitures

55. Sur la porosité des frontières partisanes de l'UDF et sur son extrême élasticité institutionnelle, voir notre thèse, *Militants catholiques en politique. La Nouvelle UDF*, thèse pour le doctorat de science politique, université Paris-I, octobre 2004.

56. Entretien réalisé en février 2002. Jean-Marie Morisset est aujourd'hui membre de l'UMP.

57. La question de l'inversion ou nom du calendrier électoral, à droite, a régulièrement été soupesée en fonction de ces prévisions alarmistes.

pour les élections législatives. Ces négociations, et pour cause, avaient été entamées précocement avec Michèle Alliot-Marie et Alain Madelin, comme pour conjurer les initiatives unionistes concurrentes. Cependant, l'inquiétude des dirigeants de l'UDF était réelle, et les propos d'un des plus proches soutiens de François Bayrou, Hervé Morin, expriment parfaitement l'état d'esprit dans lequel les membres de la ligne légitimiste du parti se trouvaient alors :

> « En fait, pourquoi je suis là, à l'UDF ? Je dirais que ce qui nous arrive, c'est un peu comme pour des otages dans un avion. On sait que de toute façon l'avion va s'écraser et on a deux possibilités. Soit on prie, soit, avant de mourir, on garde son honneur et on essaye de buter un des terroristes. Moi je suis dans ce dernier groupe. Autant s'écraser dignement plutôt que de faire des ronds de jambes à l'Élysée. De toute façon, c'est perdu ! » (Hervé Morin, député UDF de l'Eure.)[58]

Dans le registre du « coup à trois bandes », plusieurs opposants internes au président de l'UDF sont apparus à leur tour avec d'autres armes et d'autres répliques à la crise pour, eux aussi, préparer la relève à droite au lendemain de 2002. Parmi ceux-là ont figuré Philippe Douste-Blazy et son entourage. Le nouveau député-maire de Toulouse s'est acclimaté à ce contexte fortement perturbé en essayant de contester le leadership de François Bayrou par « le flanc », selon sa propre expression. En rappelant à tout instant la situation de crise, il a trouvé à légitimer un discours hérétique à l'intérieur de l'UDF et s'est senti habilité à décrédibiliser le président du mouvement. Pour ce faire, il a eu recours aux services de l'Élysée afin d'endosser le double rôle de soutien du chef de l'État sortant et de refondateur du centre. Après avoir marqué sa différence dans son propre parti en exhibant les signes d'adoubement que lui avait donnés Jacques Chirac, après avoir pris François Bayrou au piège en soulignant le caractère hasardeux de « sa candidature de témoignage », bref, en prenant la crise comme un registre de justification, il a rallié les dirigeants de l'UEM pour accroître la pression sur son adversaire direct à l'UDF. Sa stratégie, *a priori*, et si l'on s'en tient aux propos tenus par son plus proche collaborateur, n'avait pas d'autre but que celle d'inverser les rapports de force au sein de la formation centriste, avant d'appeler les membres de son parti à reconstruire l'édifice partisan que François Bayrou aurait laminé :

58. Entretien réalisé en janvier 2002.

> « Pour nous, l'UEM, c'est une rampe de lancement. On sait très bien que Juppé ou d'autres n'ont pas l'intention de partager le pouvoir au sein de cette structure. Le RPR restera le RPR, et ils ne nous feront jamais de cadeau, faut pas rêver. Dès qu'ils vont pouvoir, ils vont chercher à nous manger. Mais pour Philippe [Douste-Blazy] comme pour certains élus de DL avec qui nous sommes en contact permanent, l'idée est de laisser passer l'orage de l'élection présidentielle et de dire ensuite : "Dehors les perdants. Vous nous avez emmenés vers la défaite, écartez-vous maintenant, on refait l'UDF de Giscard, on réunit les libéraux et les démocrates-chrétiens et on fait enfin l'union. Dehors Bayrou et Madelin !" Et là après on a un boulevard, car le RPR ne tient plus sur ses jambes et nous on vire Bayrou et Madelin en montrant à tout le monde qu'ils n'ont fait que réduire l'opposition en s'opposant frontalement. On va jouer la carte de la chasse aux diviseurs. » (Régis Lefebvre, alors directeur de cabinet de Philippe Douste-Blazy.)[59]

Fort de sa position de président du groupe UDF à l'Assemblée nationale, Philippe Douste-Blazy, pour accroître ses chances de succès, s'est dès lors engagé dans un jeu consistant à mettre en garde les parlementaires centristes et libéraux contre le caractère hasardeux et suicidaire des stratégies présidentielles des différents candidats de la droite non gaulliste. Il s'agissait pour lui d'insister sur le fait qu'une défaite cuisante de la droite, ou en tout cas perçue comme telle, irradierait forcément tous les candidats de l'opposition aux élections législatives. Les parlementaires avaient donc intérêt à se montrer résolument étrangers aux luttes entre les trois candidats de la droite. La tactique de l'affolement, dans un contexte d'emballement généralisé, n'a pas tardé à produire ses effets. De nombreux élus ont tout simplement refusé que les candidats DL et UDF à la présidentielle viennent dans leurs fiefs respectifs pour tenir un meeting. Ils ont également fait savoir par voie de presse qu'ils déploraient la manière dont se déroulait l'élection présidentielle en reprenant à leur compte les caricatures accolées à la droite des temps de crise. Cependant, s'ils refusaient de participer à cette campagne, la plupart ont tout de même fini par accepter de prendre part aux rassemblements de l'UEM. Pris dans la tourmente de l'échec prévisible, il leur fallait recueillir le plus d'informations possibles pour, à terme, mieux contrôler leurs adversaires de droite lors des élections législa-

59. Entretien réalisé en février 2002.

tives. Les élus centristes et libéraux, perdus dans ce champ instable, cherchaient en effet un moyen de maîtriser un peu mieux le sens du jeu et en tout cas à réduire le niveau d'incertitude qui y régnait :

> « Je ne vais pas à l'UEM par plaisir. Moi, je suis centriste et je le resterai. Mais dans ce fouillis, on n'y voit tellement rien qu'il vaut mieux aller chercher de l'information et surveiller les gaullistes. Car c'est avec eux qu'il va falloir faire l'union pendant les législatives. Ce n'est pas simple, les dirigeants soufflent le chaud et le froid, certains disent que les investitures vont être renégociées et d'autres que c'est Alliot-Marie et Bayrou qui vont s'en charger. Depuis 2001 il y a des accords entre nous à droite, parfois ces accords ont été signés devant notaire, et tout le monde se met à les contester. C'est à ne plus rien y comprendre. » (Yvan Lachaud, alors candidat UDF aux élections législatives dans le Gard.)[60]

On le perçoit bien à travers les propos de ce candidat aux législatives, si personne, ou si peu, n'a cru au sérieux du projet de l'UEM, chacun s'est néanmoins trouvé comme déporté vers le dispositif de campagne de Jacques Chirac et ce pour deux raisons : participer aux manifestations de l'UEM permettait d'avoir accès à des informations sur le niveau de coopération ou de conflictualité existant entre la droite et le centre[61] ; c'était enfin une façon de prendre contact avec l'Élysée au cas où les concurrents gaullistes locaux se montreraient sourds à toutes leurs revendications préélectorales. Au final, les chiraquiens, en cherchant à donner une image irénique de leur dispositif de campagne, le temps que passe l'orage, pouvaient revendiquer un semblant de rassemblement et d'unanimité à droite par le seul fait que des centristes et des libéraux de DL, en proie au doute, consentaient à participer, ne serait-ce que physiquement et par une sorte d'obligation tactique, aux démonstrations de force de l'UEM. Par un retournement de situation, François Bayrou et Alain Madelin faisaient figure de candidats mus par « leurs seules ambitions personnelles », fût-ce au prix de l'accentuation des divisions à droite.

60. Entretien réalisé en mars 2002.

61. À cette époque, les élus centristes se rendaient aux meetings de l'UEM avec une extrême discrétion. Le plus souvent, ce furent leurs collaborateurs qui s'y rendirent. Et il n'était pas rare de vérifier que, parmi le public rassemblé pour l'occasion, plus de la moitié des participants étaient en fait des élus ou des collaborateurs d'élus de droite à la recherche d'informations et d'indices sur la vraisemblance du projet porté par les promoteurs de l'UEM.

V. Retournement de conjoncture et contorsions stratégiques

Le résultat du premier tour de l'élection présidentielle, le 21 avril 2002, pour une part, a comme pris au piège tous les acteurs de cette configuration à double lien. Désormais assurés de voir Jacques Chirac reconduit à la présidence de la République, contraints de modérer leurs revendications du fait du score de Jean-Marie Le Pen, ceux qui avaient vécu dans l'idée de perdre cette compétition électorale, à l'exception des dirigeants de l'UDF resserrés autour de François Bayrou, n'eurent pas d'autre choix que d'en appeler à la transformation de l'UEM en véritable parti politique. Il en allait en effet de leur crédibilité car seule cette solution leur permettait de transformer des prises de position orientées par des anticipations à la baisse, par le refus de concourir d'une certaine manière, en posture de visionnaires qui n'avaient cessé d'appeler à l'union des droites et comme une marque de leur constance politique.[62] L'issue électorale désormais glorieuse pour la droite leur interdisait purement et simplement de se départir des tactiques qu'ils avaient menées précédemment et des coups qu'ils avaient joués, à moins d'ôter à leurs conduites passées tout caractère moral. Dans une certaine mesure, la tactique antérieure du « faire semblant », où il était question sur scène de se porter candidat au nom d'une union conduisant à la victoire quand, en fait, il s'agissait de préparer en coulisse la défaite, devait *ipso facto* être convertie en ligne de conduite légitime.

> « On avait tout prévu sauf ça. Et comme on a chanté l'union et encore l'union pendant la campagne, les électeurs ne comprendraient pas qu'on défasse tout ce qu'on a fait pendant six mois. Non, même si c'est très risqué pour nous, on est contraints de faire l'UMP. » (Régis Lefebvre.)

Il était par ailleurs impossible pour de nombreux membres de l'UEM issus de DL et de l'UDF de revenir en arrière car retourner dans leurs formations d'origine après avoir diagnostiqué la mort de leurs partis signifiait s'exposer à des représailles de la part de leurs dirigeants encore en place mais aussi de la part des militants qui avaient observé médusés leur double jeu :

62. On ne saurait trop insister ici, à la suite des réflexions de Brigitte Gaïti (« Les inconstances politiques », article cité) sur le fait qu'en période de crise, la question de la constance et de la loyauté est plus que jamais posée et qu'elle peut devenir en certains cas le principal enjeu.

> « Revenir au *statu quo* c'est une folie douce. Les militants nous ont vus presque trahir et en tout cas nous désolidariser des candidats de l'UDF et de DL, retourner au bercail serait un suicide pour nous. Il y a des choses en politique qu'on ne pardonne pas ! » (Franck Dershin, alors député DL du Nord.)[63]

Sous la pression d'une partie de la droite qui avait trop explicitement défendu le projet d'union et de fusion des formations de l'opposition, l'équipe de campagne de Jacques Chirac, dès le lendemain des résultats du premier tour, organisa la suite des opérations en réitérant sa volonté de mener à terme la restructuration de la droite. Elle n'avait qu'à se placer sur la lancée de l'événement. Aussi, l'idée d'un parti unique de la nouvelle majorité présidentielle présentait-elle l'avantage pour le président de la République sortant de défaire les règles des investitures passées et de mettre en place un dispositif de désignation des candidats aux élections législatives beaucoup plus favorable pour les gaullistes. Tout comme ces négociations lui permettaient de rétribuer ceux qui s'étaient mis à son service et qui attendaient de multiples récompenses en termes de portefeuille ministériel. En outre, cette dernière ressource était en mesure de lui donner les moyens de dépecer les organisations rivales qu'étaient DL et l'UDF. Cette solution fort payante pour Jacques Chirac avait d'autant plus de chances de réussir que François Bayrou et Alain Madelin, qui dénonçaient ce qu'ils considéraient comme un déni de pluralisme, dans cette configuration inédite, étaient dans l'incapacité de négocier la moindre circonscription au nom d'un quelconque ralliement de second tour. Quelques semaines plus tard, presque 500 candidats se présentaient aux élections législatives avec l'étiquette « Union pour la majorité présidentielle » (UMP), Jacques Chirac disposant de toutes les armes de persuasion pour faire plier les élus ou candidats récalcitrants. Pour les adversaires de cette formule, les marges étaient très réduites, voire inexistantes. Ainsi, les cadres de Démocratie libérale et de l'UDF ont dû soit se convertir aux nouvelles modalités de candidature imposée, par l'UMP, soit se résoudre à partir seuls en prenant le risque de se voir opposer des candidats se revendiquant de la majorité présidentielle.

Au lendemain du second tour des élections législatives, la presse a annoncé la victoire de l'UMP et l'arrivée d'une vague bleue à l'Assemblée nationale. Seule l'UDF était parvenue à

63. Entretien réalisé en avril 2002.

constituer un groupe d'une trentaine de députés tandis que DL d'Alain Madelin déposait juridiquement le bilan.

On a pu alors lire ici ou là que la stratégie de Jacques Chirac avait été « payante », « astucieuse » et que la création de l'UMP, en plus de démontrer la maturité d'une droite qui, « pour une fois », avait su se rassembler, venait de donner un coup d'accélérateur à la bipolarisation de la vie politique en France. Pourtant, ce qui est advenu ne cesse d'interroger. D'abord, si l'on prend du recul, force est d'admettre que c'est le « hasard » électoral qui a fonctionné sinon comme le vecteur des transformations partisanes à droite, du moins comme ce qui est venu figer une configuration des plus fluides et fonctionnant non pas comme un stade préalable à la reconstruction de la droite mais plutôt comme une phase incontrôlable au cours de laquelle il n'existait tout simplement pas de leadership au sein des organisations partisanes. L'originalité du second tour de la présidentielle, avec l'absence d'un affrontement droite/gauche, a remis brusquement sur pied les acteurs d'une crise pour laquelle nul n'avait trouvé de remède, à ceci près que le candidat de droite encore en lisse a pu s'affranchir des contraintes que font peser habituellement le jeu des ralliements publics. Aucun d'entre eux n'a pu profiter d'une position de distanciation permettant d'échapper à cette spirale ascendante provoquée par la crise, et pourtant, le redressement, du fait de son caractère spectaculaire, a transformé des perdants en vainqueurs sans qu'il ait été nécessaire à quiconque de modifier ses manières d'agir.

Depuis, la droite, avec son duopole constitué par l'UMP et l'UDF, peut être considérée comme le produit de cette phase critique où les discours sur la crise ont été tantôt des prophéties qui ne se réalisaient pas, des coups à l'aveugle que s'infligeaient les équipes partisanes les unes aux autres, et tantôt des *misperceptions* qui produisaient pourtant des effets de réalité sur la façon dont les dirigeants de la droite envisageaient de concourir pour l'élection présidentielle et d'en préparer la suite. Ces derniers, après être sortis de cette période, ont eu en quelque sorte à rationaliser et à institutionnaliser ce que leurs organisations, du fait de leurs aveuglements tactiques, leur avaient légué quand régnait le désordre. Il est hautement probable que ce qui s'est joué pendant cette phase d'affolement a été intégré dans le stock des expériences sous forme de répertoire d'action, de coups qui peuvent être rejoués dans d'autres circonstances et de contre-exemples qui pourront être rappelés lorsque s'esquisseront d'autres événements critiques.

VI. Une crise de l'interprétation crisologique ?

Dès lors, on ne peut que s'interroger sur ce que signifie le terme de crise et sur ce que font les professionnels de la politique lorsqu'ils déclarent non seulement lutter contre ses effets dévastateurs mais aussi travailler à en sortir. De 1997 à 2002, tout semble indiquer que, si crise il y a eu, elle a été essentiellement une période marquée par des manières d'endosser le rôle du compétiteur exhibant les signes de la modestie et s'appliquant à répondre avec docilité aux discours des commentateurs (politologues et journalistes) irrésistiblement enclins à reproduire leurs antiennes crisologiques. Finalement, c'est à une grammaire fortement rodée (diagnostiquer les raisons de la crise, appeler au sursaut, se poser en repreneur d'une situation jugée dramatique, prendre la posture du rassembleur qui met un terme aux divisions…) à laquelle les professionnels de la représentation se sont ajustés, bien plus qu'ils n'ont cherché concrètement à reconstruire leur édifice partisan. Mais plus que de savoir ce que font les hommes politiques en temps de crise, ce cas de figure permet de s'interroger sur le sens sociologique d'une crise qui apparaît finalement comme une phase somme toute « normale », bien que dramatique, d'un cycle produit par le jeu de l'alternance démocratique. Du coup, il nous paraît plus pertinent de considérer ces contextes comme des séquences périodiques durant lesquelles, après une ou plusieurs défaites électorales ayant pour effet mécanique d'augmenter la cherté des trophées politiques et partisans, et sous le coup des commentaires journalistiques rappelant qu'il n'y a rien de pire que de se diviser, de s'opposer et en somme de convoiter ostensiblement le pouvoir – ce qui est le propre du challenger –, faute d'une domination instituée dans chaque groupement politique, les professionnels du jeu politique qui sont condamnés à rechercher individuellement une solution à la crise accroissent inévitablement la fluidité dans leurs formations respectives. Paradoxalement, c'est à cette occasion, où la règle est de se plier au jeu de l'aveu, à celui du *mea culpa* public qui exige de se déclarer opposé à la concurrence, celle-là même pourtant qui est constitutive du champ politique et de la démocratie, qu'en même temps tout, stratégiquement, redevient possible pour les compétiteurs. Plus que d'habitude, une espèce de *double bind* plonge les agents politiques dans des contradictions quasiment insurmontables : ils se plient au devoir d'inventaire pour témoigner dans l'espace public de leur souci de rassembler, à coups de recherche de consensus, leurs forces collectives, ils déplorent dans le même temps, de concert avec les commentateurs et les politologues, les factions, les jalousies, les luttes et l'appât politique du gain en s'efforçant de rejeter la faute sur leurs adversaires directs ; mais ils se doivent tout autant, dans un même mouvement, de faire face à un jeu beaucoup plus ouvert qui leur demande pour le coup d'exceller dans l'art des tactiques tous azimuts. Au risque de durcir les croyances crisologiques produites ici ou là, pour les dirigeants de droite, le meilleur moyen sans doute de tenir cette contradiction à moindre frais est de se placer au centre du débat sur la crise pour endosser mieux que quiconque les rôles successifs d'expert, de repreneur ou de sauveur de cette « droite en faillite » et enfin de celui qui, rétrospectivement, avait vu juste pendant ces événements troubles. Tant qu'un retournement électoral n'advient pas, de toute évidence, aucun des compétiteurs ne peut jouir, comme le dit Weber, d'une « grâce charismatique », aucune direction d'un des groupements partisans, à cette échelle du jeu politique central, n'est en mesure d'apporter la « prospérité à ceux qu'il domine »[64].

Le discours journalistique, qui est d'autant plus enclin à dénoncer l'ineptie des stratégies politiques qu'il est tout entier habité par le stratégisme, d'une certaine manière, apporte confirmation à cette thèse dans la mesure où les commentateurs, après les élections régionales de 2004 et après la victoire prêtée au Parti socialiste, ont de nouveau décrété l'état de crise à droite ainsi que l'échec de l'UMP[65]. La lutte ouverte entre Jacques Chirac et Nicolas Sarkozy qui est apparue au début de l'année 2003, le changement de direction à l'UMP en raison de la démission d'Alain Juppé[66], ainsi que les résultats électo-

64. Max Weber, *Économie et société*, Pocket, Paris, 1995, p. 321.

65. Avec une forte tendance au *remake*, le 18 février 2004, quelques jours après les élections régionales, on pouvait lire dans les colonnes du journal *Libération*, sous la plume d'Alain Duhamel : « L'échec de l'UMP ». Après avoir constaté les bons scores de l'UDF aux élections régionales, le journaliste ajoutait que « l'UMP n'a pas été capable de guérir les droites françaises de leurs maladies congénitales ». Un peu plus loin, il annonçait que « dès lors la division semble de nouveau programmée à droite » ; de son côté, dans la revue *Commentaire*, Éric Dupin (« Un printemps électoral sous le signe du cynisme », n° 131, septembre-octobre 2004) écrivait que « deux ans après sa double victoire, présidentielle et législative, de 2002, la droite est dans un bien triste état ».

66. Forte, en effet, est l'impression que, à la lecture des réactions journalistiques après l'élection de Nicolas Sarkozy à la présidence de l'UMP, pour paraphraser Marx, l'histoire du commentaire électoral repasse les plats. *Libération*, dans l'édition du 27 novembre 2004, titrait : « La droite condamnée à la division éternelle. Chirac face à Giscard, Barre, Balladur… et Sarkozy. Depuis trente ans, le duel à mort demeure [...]. Les ambitions rivales comme les visions concurrentes continuent de secouer un camp incapable

raux de l'UDF que les journalistes ont jugés « positifs » après les élections régionales et européennes ont été les principaux indices autorisant à user à nouveau des images accolées à la crise des droites françaises. L'accentuation des divisions et des conflits en son sein, plutôt que d'apparaître comme des effets de situation cycliques propres au fonctionnement du champ politique, n'a pas pu être lue autrement que comme un signe pathogène. Les responsables conservateurs eux-mêmes n'ont pas tardé non plus à reprendre à leur compte les antiennes crisologiques. N'est-ce pas François Fillon, par exemple, qui en personne a déclaré ainsi que ces nouvelles épreuves étaient un « 21 avril à l'envers » ? En l'espace de deux ans, étonnament, sans qu'on daigne rendre compte des logiques institutionnelles qui sont au principe de ces montées sur l'échelle des tensions, la droite aurait donc retrouvé ses « mauvaises habitudes » : à croire que la crise lui va si bien et que l'état souhaitable dans une démocratie, aux yeux de certains de ses pédagogues que sont les journalistes et les politologues, ressemble à un univers où sont résolument mis en sommeil les conflits.

de régler ses différends dans l'harmonie. » *Le Monde*, quant à lui, dans son éditorial du 30 novembre 2004, expliquait que « Depuis trente ans et la fin du gaullisme, autrement dit depuis l'entrée en scène au premier plan de Jacques Chirac, la droite n'a pratiquement fonctionné que sur un seul moteur : le choc des ambitions. Elle a puisé – en même temps qu'épuisé – son énergie dans les guerres fratricides pour la conquête du pouvoir. »

Chapitre III

Le peuple vu par les socialistes

Rémi Lefebvre et Frédéric Sawicki

Le « divorce » entre les catégories populaires salariées (ouvriers et employés) et la gauche, et tout particulièrement le PS, a été construit comme un des enseignements saillants de l'élection présidentielle de 2002, tant dans les commentaires « à chaud » que dans les essais parus dans les mois suivant l'élection.[1] Le sens de ce scrutin a été pour partie fixé autour de cette thématique, qui a constitué un des cadres interprétatifs les plus prégnants des exégèses journalistiques et politologiques. Ce sens a été dans un premier temps assez largement avalisé par les dirigeants socialistes. Au-delà de l'éclatement et des logiques centrifuges de la « gauche plurielle » et de la progression, au demeurant limitée, du Front national, la défaite du Premier ministre sortant aurait sanctionné avant tout une méconnaissance profonde des réalités sociales et une déconnexion par rapport aux groupes les plus fragilisés socialement et économiquement. Les données de la sociologie électorale ont été largement utilisées à l'appui de cette thèse.[2] La faiblesse historique du score

1. Voir, par exemple, Éric Conan, *La Gauche sans le peuple*, Fayard, Paris, 2004, et Henri Rey, *La Gauche et les classes populaires. Histoire et actualité d'une mésentente*, La Découverte, Paris, 2004.

2. Ces données sont fortement mobilisées dans les débats du congrès de Dijon qui suivent la défaite.

de Lionel Jospin au sein des classes populaires (selon les sondages, 12 % des ouvriers ont voté Jospin contre 14 % Chirac et 26 % Le Pen[3]) et son maintien chez les cadres (24 % contre 13 % pour Chirac et 8 % pour Le Pen) ont maintes fois été rappelés, de même que le succès corrélatif sans précédent des candidats trotskystes. Cette lumière portée sur le décrochage électoral des catégories populaires a conduit à laisser dans l'ombre d'autres érosions tout aussi significatives (chez les enseignants ou les salariés du public notamment)[4] et à interpréter la défaite électorale comme le fruit d'un renoncement du PS à ses valeurs traditionnelles.[5]

Pour expliquer ce désaveu électoral, les « erreurs » de campagne du candidat Jospin ont été dans un premier temps abondamment mises en avant par les commentateurs et tout particulièrement son absence de prise en compte des mises en garde de Pierre Mauroy, gardien au sein du PS d'une forme d'orthodoxie ouvrière, quant à l'absence du terme d'ouvrier dans son programme.[6] Cette omission serait la traduction d'une sous-estimation globale de l'insécurité sociale grandissante et de la montée de la précarité économique mais aussi existentielle de pans entiers de la société. Un certain nombre de documentaires de campagne se sont ainsi cruellement employés à souligner le malaise du candidat Jospin lorsqu'il fut confronté en face à face aux victimes des restructurations industrielles (comme les salariés de Lu-Danone) et son incapacité à donner une quelconque réponse à leurs revendications et à leur souffrance.[7]

3. *Libération*, 23 avril 2002. Le panel électoral du Cevipof donne des résultats proches : 13 % des ouvriers et autant des employés ont voté Jospin au premier tour.

4. Chez les salariés du public, le candidat Jospin perd 14 points par rapport à 1995 (18 % contre 32 %), contre 7 points parmi les salariés du privé.

5. L'économiste Daniel Cohen est l'un des rares à nuancer cette dernière interprétation. Il utilise les enquêtes d'opinion pour souligner l'existence d'une nette progression des thèmes et des valeurs de droite chez les ouvriers, lesquels tendraient à rejeter le discours redistributif de la social-démocratie et vivraient les règlements censés les protéger comme une contrainte ou les charges comme du salaire en moins. Daniel Cohen, « Le discours ouvrier trouve refuge dans les valeurs de droite », *Libération*, 19 mai 2002.

6. Il a déclaré pendant la campagne : « Nous devons parler plus fort aux travailleurs. Lionel, il faut que tu adresses un message à la France qui travaille. Le mot "ouvrier" n'est pas un gros mot. » Beaucoup d'observateurs, certains proches du candidat, ont stigmatisé le primat accordé à une communication aseptisée et le confinement d'une équipe de campagne repliée sur elle-même et formée quasi exclusivement d'experts.

7. Voir *Le Monde*, supplément télévision, 4 mai 2002.

La défaite du 21 avril a aussi, dans un second temps, suscité au sein de la direction du PS des remises en question plus fondamentales de la politique menée entre 1997 et 2002. C'est ainsi qu'on peut lire dans la livraison de septembre 2002 de *La Revue socialiste*, intitulée sobrement « Comprendre », une série de contributions qui dressent un bilan très critique des mesures phares de la législature, au premier rang desquelles les 35 heures et la prime pour l'emploi. Dès la préface, François Hollande, le premier secrétaire, donne le *la* : *« Le rapport aux "classes laborieuses" est une question majeure pour la gauche.* Or durant la précédente législature, nous avons mieux réglé la question de l'emploi que celle du travail. [...] Nous n'avons pas su prendre la mesure de la dégradation des conditions de travail de nombreux salariés. L'individualisation des métiers, la flexibilité et l'intensification du travail, la précarité des contrats, la modération salariale ont fragilisé une part de la population active. Nous avons mal apprécié la revendication de la récompense, de l'effort et de l'exigence d'une véritable promotion sociale. » Les experts mobilisés dans ce numéro (Éric Maurin, Louis Chauvel, François Dubet) ou dans les textes des intervenants du parti sont pour beaucoup des analystes critiques de la « désaffiliation sociale ». Henri Weber, idéologue et porte-plume du courant Fabius, s'appuie par exemple sur les travaux de Stéphane Beaud et Michel Pialoux pour rendre compte des effets politiques désastreux de la perte d'estime de soi des ouvriers liée à l'effondrement du mouvement communiste. Dès lors, « garantir à nouveau la sécurité de la société salariale doit constituer, selon lui, le premier objectif du programme de la gauche. » Dans le même esprit, Jean Glavany, directeur de la campagne de Lionel Jospin, note, à propos de la prime pour l'emploi, que c'était une erreur psychologique, « parce que ceux qui en ont bénéficié ont été soudainement en droit de se dire, en gros, "mon travail ne me suffit pas pour vivre... Il faut que l'État me fasse un chèque." » L'autocritique porte enfin sur l'absence de représentativité sociale du parti. Pour Alain Bergounioux, secrétaire national à la formation, ancien proche de Michel Rocard : « Une attitude volontariste a été définie par les socialistes pour la parité – et l'effort n'est pas terminé. Nous devons avoir la même volonté pour diversifier beaucoup plus socialement et culturellement l'accession aux responsabilités partisanes et électives. »

Deux ans plus tard, force est de constater un retournement des commentaires et une mise en berne de l'autocritique, tout au moins du côté des membres de la coalition majoritaire issue du congrès de Dijon. La victoire du PS aux élections régionales et cantonales, puis le bon score aux élections européennes marqueraient la faveur nouvelle accordée par les catégories populaires à la gauche. Les commentateurs politiques qui donnent sens et forme à l'événement (journalistes, éditorialistes, responsables socialistes...) sont aussi prompts à diagnostiquer le retour des catégories populaires qu'ils avaient vite établi leur désaffection en 2002. Alain Duhamel écrit, par exemple : « Le fameux "peuple de gauche", que tant d'articles et de livres, hier encore, présentaient comme un fuyard s'éloignant à toutes jambes du PS, a de nouveau massivement voté pour la gauche réformiste. La classe ouvrière, que l'on prétendait en voie de ralliement définitif à Jean-Marie Le Pen, a donné nettement plus de suffrages à la gauche qu'à l'extrême droite. »[8] De fait, selon les sondages, 45 % des électeurs ouvriers déclarent avoir voté pour une liste de gauche (PS, PCF, Verts) au premier tour des élections régionales contre 22 % au premier tour de l'élection présidentielle (43 % des employés contre 29 % en 2002).[9] *Libération* titre, le 25 mars 2004, quatre jours après le premier tour des régionales : « Ceux qui ne boudent plus la gauche », et donne la parole aux électeurs de gauche revenus au « bercail ».

Ce « retournement » électoral redonne brutalement crédit et légitimité à certaines explications « politologiques » du 21 avril, comme celle du scrutin-accident de l'histoire électorale, celle de la labilité croissante des comportements politiques, voire celle de l'irrationalité des attitudes politiques des classes populaires. Gérard Le Gall, politologue officiel du PS et ancien conseiller de Lionel Jospin, profite de la victoire de 2004 pour rappeler qu'elle vient donner raison rétrospectivement à son analyse de la défaite de 2002[10] dont il défend la validité dans *Le Monde*. Il y décrit la défaite du 21 avril comme « le télescopage entre une métamorphose, la montée de l'individualisme sur fond de crise, une période préélectorale prédisposant à l'accident (faible croissance, gauche dispersée et désunie) et une conjoncture immédiate marquée par la nette prévalence d'un enjeu : la sécurité ». Et de conclure : « Si le 21 avril n'avait pas été un accident, on vérifierait sa reproduction. Ni juin 2002 ni mars 2004 ne l'ont confirmé. »[11] Dans le même journal, Henri Weber, pourtant prompt à sonder les causes sociologiques profondes

8. Alain Duhamel, « Gauche, les épines de la victoire », *Libération*, 31 mars 2004.

9. Estimation Louis Harris-*Libération*, 23 mars 2004.

10. Gérard Le Gall, « Pourquoi le 21 avril ? », *in* Sofres, *L'État de l'opinion 2003*, Le Seuil, Paris, 2003.

11. *Le Monde*, 14 avril 2004.

de la défaite deux ans plus tôt, n'hésite pas, quant à lui, à écrire que le 21 avril a été « surinterprété » : « Je ne dis pas qu'il s'agissait d'un accident pur et simple. Il y a tout un faisceau de raisons immédiates et plus profondes qui ont rendu cet événement possible. Mais je n'ai jamais cru que le PS était tombé à 13 % chez les ouvriers et à 14 % chez les employés. » Après les élections régionales, la thèse de l'accident n'est donc plus transgressive, alors qu'elle constituait encore un quasi-interdit lors des débats du congrès de Dijon un an plus tôt. Pierre Mauroy peut ainsi affirmer, sans choquer, devant une salle de militants lillois venus fêter la victoire des cantonales et des régionales : « Mes camarades, on peut désormais le dire avec sérénité, le 21 avril 2002 était avant tout un accident de l'histoire. Beaucoup d'électeurs ont eu des remords de ne pas avoir voté Jospin aux présidentielles. »

Certains déduiront de ce bref rappel que les socialistes n'ont décidément rien compris. Nous n'entrerons pas ici dans ce débat. Au-delà des « bonnes raisons » qu'ont beaucoup de socialistes de croire aujourd'hui dans les thèses de l'accident de l'histoire et de la versatilité des électeurs, nous voudrions souligner certains des facteurs propres au PS qui expliquent qu'un discours de classe n'est aujourd'hui pas tenable par et au sein de ce parti et que les responsables socialistes sont bien en peine de mettre en forme les attentes des classes populaires sinon d'y répondre. Pour formuler les choses autrement, on s'efforcera en quelque sorte de comprendre pourquoi, lorsqu'il parle des « classes laborieuses », François Hollande se croit obligé de mettre des guillemets (voir *supra*). La réponse à cette question ne tient certes pas simplement aux caractéristiques sociologiques structurelles du PS.[12] La perte de puissance mobilisatrice de l'identité ouvrière ou de la figure du peuple renvoie également à la déshérence des catégories populaires et notamment ouvrières dans la société française. Si le PS ne représente pas ces catégories au sens sociologique et politique, c'est aussi qu'elles apparaissent désobjectivées et privées de représentations à tous les sens du terme. Si les ouvriers constituent encore 28 % de la population active et si, comme le rappelle Louis Chauvel : « La classe populaire a connu depuis les années soixante une parfaite stabilité autour de 60 % de la population

12. Il ne faut pas perdre de vue que le faible ancrage du PS en milieu ouvrier n'est pas un phénomène nouveau. Le Parti socialiste a été ouvriériste à défaut d'être ouvrier. La part des ouvriers et des employés a toujours été minoritaire parmi les adhérents du parti, à l'exception des fédérations du nord de la France. Néanmoins, la situation s'est à bien des égards aggravée, comme nous le verrons en examinant de plus près le cas du Nord.

active »[13], l'identité ouvrière, on le sait, s'est érodée sous les effets conjugués du déclin des grandes concentrations mono-industrielles, du chômage de masse et de la précarisation.[14] La force des collectifs ouvriers enracinés dans des communautés de vie et de travail s'est considérablement érodée.[15] Les ouvriers ne sont plus majoritaires dans les usines et se retrouvent dispersés dans des unités de production de petite taille, souvent cantonnées dans la sous-traitance. De nombreux analystes mettent ainsi en avant l'hétérogénéité croissante du monde ouvrier. Pour Dominique Goux et Éric Maurin, par exemple, la question du vote des catégories populaires n'a pas vraiment de sens. Leur étude des dernières élections régionales les conduit à la conclusion qu'« il n'y a pas des "votes populaires" qui seraient l'expression d'une seule "France populaire", mais des expériences socioprofessionnelles différentes qui se traduisent par des votes différents, et même, à certains égards, antagonistes ». Les ouvriers de l'agriculture, du bâtiment ou des services aux entreprises (nettoyeurs, chauffeurs, réparateurs, manutentionnaires...) sont les catégories les plus proches du FN et celles où le retour à gauche est le moins net.[16] Parallèlement, voire corrélativement, le monde ouvrier traverse une crise identitaire qui se manifeste notamment dans le refus net de la majorité de jeunes d'utiliser le mot « ouvrier » pour s'autodésigner au profit, par exemple, de celui d'« opérateur ».[17] La consis-

13. Louis Chauvel, « Le renouveau d'une société de classes », *in* Paul Bouffartigue (sous la direction de), *Le Retour des classes sociales. Inégalités, dominations, conflits*, La Dispute, Paris, 2004, p. 62. La question de l'identité subjective et objective du monde ouvrier est éminemment complexe. Comme le note encore Louis Chauvel : « La théorie de la fin des classes sociales s'est souvent développée en prenant l'affaiblissement idéologique et subjectif des classes comme point de départ, pour laisser croire que les structures objectives suivaient nécessairement la même pente, alors que ces deux dimensions sont sinon interdépendantes l'une de l'autre, en tout cas liées d'une façon non mécanique. » (p. 65.)

14. Sur « la construction de l'univers mental de la génération des précaires », voir Stéphane Beaud et Michel Pialoux, *Violences urbaines, violence sociale. Genèse des nouvelles classes dangereuses*, Fayard, Paris, 2004. Pour une synthèse de l'évolution statistique des groupes ouvriers et employés, voir Éric Maurin, *L'Égalité des possibles. La nouvelle société française*, Le Seuil, Paris, 2002.

15. Robert Castel, « Pourquoi la classe ouvrière a-t-elle perdu la partie ? », *Actuel Marx*, n° 26, septembre 1999. Voir aussi la thèse récente de Julian Mischi : *Structuration et désagrégation du communisme français. 1920-2002. Usages sociaux du parti et travail partisan en milieu populaire*, EHESS, Paris, 2002.

16. Dominique Goux et Éric Maurin, « L'anatomie sociale d'un vote », *Le Monde*, 14 avril 2004.

17. Stéphane Beaud et Michel Pialoux, *Retour sur la condition ouvrière*, Fayard, Paris, 1999.

tance sociale et politique du groupe et son autonomie symbolique sont aujourd'hui très faibles, au point que l'on est en droit de se demander si, à l'instar de la paysannerie, les ouvriers ne sont pas devenus ce que Pierre Bourdieu nommait, dans le sillon du Marx du *18-Brumaire de Louis Bonaparte*, une « classe-objet », une classe dont les membres sont totalement dépossédés des ressources symboliques leur permettant de produire de façon autonome leur identité sociale.[18] De fait, dans l'espace public et les médias, la représentation des catégories ouvrières se raréfie ou se folklorise à l'instar de celle des paysans à partir des années soixante. Les classes populaires arrimées traditionnellement au groupe ouvrier, longtemps en position centrale, sont ainsi de moins en moins représentées socialement et politiquement, et tout se passe au fond comme si ces catégories étaient désormais comme rendues invisibles.[19]

Pour autant, ces réserves exprimées, la question du rapport du PS aux « catégories populaires » mérite d'être analysée. Si les partis politiques ne sont qu'un des vecteurs de production et de diffusion des identités sociales, ils n'en concourent pas moins, à côté des syndicats, des mouvements sociaux et des groupes d'intérêt, à les légitimer et à les politiser.[20] À travers leurs discours, mais aussi leurs pratiques et le personnel qu'ils promeuvent, ils contribuent à donner consistance à des identités sociales et à valoriser les individus susceptibles de les épouser.[21] En ce sens, la disparition des références à l'identité ouvrière, l'absence de réelle volonté de promouvoir des militants d'origine populaire dans ses instances dirigeantes

18. « Entre tous les groupes dominés, la classe paysanne [...] est l'exemple par excellence de la classe objet, contrainte de former sa propre subjectivité à partir de son objectivation (et très proche en cela des victimes du racisme). [...] Affrontés à une objectivation qui leur annonce ce qu'ils sont et ce qu'ils ont à être, ils n'ont d'autres choix que de reprendre à leur compte la définition (dans sa version la moins défavorable) qui leur est imposée ou de se définir en réaction contre elle. » Pierre Bourdieu, « Une classe objet », *Actes de la recherche en sciences sociales*, n° 17-18, 1977, p. 4.

19. Stéphane Beaud et Michel Pialoux, « Pourquoi la gauche a-t-elle perdu les classes populaires ? Petit détour par l'histoire », *in A Gauche !*, La Découverte, Paris, 2002.

20. Frédéric Sawicki, « Les partis comme entreprises culturelles », *in* Daniel Cefaï (sous la direction de), *Les Cultures politiques*, PUF, Paris, 2001.

21. Le constructivisme en sciences sociales a bien établi que le processus de construction des groupes et des clivages sociaux est le résultat pour partie d'un double travail symbolique et politique. Les groupes populaires existent ainsi notamment à travers les discours et les représentations qui contribuent à les objectiver. Le groupe vit à travers la constitution et l'activation de représentations du monde et d'un langage commun face à ceux d'autres groupes. Il existe aussi à travers les porte-parole et les institutions qui parlent en son nom dans la confrontation avec d'autres groupes.

correspondent bien à des caractéristiques du PS qu'il faut s'efforcer d'expliquer. Les relations entre le PS et les catégories populaires apparaissent aujourd'hui marquées par un triple désajustement lié à des logiques congruentes d'ordre idéologique, sociologique, culturel et organisationnel. Déconflictualisation du discours, professionnalisation des élites, dévitalisation des réseaux sociaux sont au principe de ce fossé grandissant.[22]

I. Les représentations du peuple dans le discours socialiste

1. La déconflictualisation du discours

La référence au monde ouvrier a peu à peu disparu du discours et de l'offre politique socialistes. Ce n'est pas le lieu ici de faire la genèse de cette désouvriérisation de la sémantique socialiste. On rappellera toutefois que le PS refondé au congrès d'Épinay s'était donné pour vocation « la défense des intérêts du prolétariat ». Si, comme l'a montré Jacques Gerstlé dans son étude du langage des socialistes entre 1946 et 1977, les expressions « classe ouvrière », « travailleurs », « prolétariat » ou « lutte de classes » n'ont jamais eu la même centralité que dans le discours communiste et ont été concurrencées, dans les années soixante-dix, par des références à « la classe dirigeante », aux « salariés » et au « front de classe », elles n'en sont pas moins une constante du vocabulaire socialiste d'alors.[23] Sans malheureusement disposer d'un matériau quantitatif analogue[24], force est de constater que les vingt dernières années ont marqué une inflexion assez nette dans la mobilisation de ces référents. La nouvelle déclaration de principes adoptée en 1991 ne définit plus le PS comme « un parti de classe » mais comme « un parti ancré dans le monde du travail ». Lors de l'université d'été de La Rochelle en septembre 1999, Lionel Jospin propose certes « une nouvelle alliance » entre les exclus, les classes populaires et les classes moyennes qui n'est pas sans rappeler la figure du

22. Notre perspective n'est pas ici d'évaluer les effets des politiques publiques menées par les socialistes mais d'analyser le déficit de représentation qui caractérise le rapport du PS aux catégories populaires.

23. Jacques Gerstlé, *Le Langage des socialistes*, Stanké, Paris, 1979.

24. Une analyse lexicographique des cinq motions soumises aux militants lors du congrès de Dijon de 2003 établit toutefois que le vocable « ouvrier » n'est utilisé que 15 fois sur un total de 102 797 mots. Le terme est absent du texte de François Hollande. Le mot « travailleurs » revient à 30 reprises dans les motions. Le terme « salariés » est en revanche utilisé 143 fois. Étude réalisée par le club socialiste En temps réel, mars 2003.

« front de classe » des années soixante-dix[25], mais ce discours fait long feu. Les contours de cette alliance sont restés flous et, trois ans plus tard, force est de constater, à la lecture du programme socialiste de l'élection présidentielle, l'absence de toute production et de mobilisation d'une vision clivée du monde social. La conflictualité sociale a disparu de la rhétorique socialiste qui ne s'ordonne plus autour de lignes de partage claires.

Les textes du PS, produits pour affronter les échéances électorales, décrivent un monde irénique et virtuel « peuplé de non-salariés et de certains salariés moyens et supérieurs » où la figure ouvrière a disparu.[26] Le discours socialiste n'offre plus une base de politisation des identités et de l'expérience sociales des catégories les plus modestes. Il échoue à administrer un sens politique s'articulant sur le vécu social. Ce constat renvoie à l'analyse de Stéphane Beaud lorsque ce dernier affirme qu'« en même temps que disparaît la société industrielle de la France du XXe siècle s'opère, à travers des luttes symboliques, le vieillissement des mots sociaux qui servent à la décrire : ouvrier, patronat, classe ouvrière »[27]. Le discours socialiste révèle cette obsolescence autant qu'il la consacre. Il met hors champ une partie de la société française et contribue à ce qu'on peut appeler, faute d'un meilleur terme, *l'invisibilisation des catégories populaires*. S'il néglige la figure ouvrière, le projet socialiste n'apparaît pas pour autant exempt de référents sociologiques. Il s'adosse en effet à la vision d'une société d'individus aspirant à l'autonomie personnelle et accorde une large place aux thématiques dites « postmatérialistes » dans la continuité des mesures prises par Lionel Jospin comme le Pacs ou la parité. Le projet socialiste rédigé sous l'égide de Martine Aubry porte à l'évidence la marque des intellectuels qui ont contribué à son élaboration et de ce que Michel Wieviorka, très proche de cette dernière, appelle « les politiques du sujet personnel »[28]. Ces orientations méconnaissent les inégalités sociales devant le processus d'individuation et l'aspiration de nombreuses catégories populaires à plus de protection alors que la stabilité des statuts professionnels et les structures d'encadrement tradi-

25. Paul Bacot, « Le front de classe », *Revue française de science politique*, vol. 28, n° 2, 1978.

26. Paul Bacot, « L'Atelier de Jospin avait-il oublié les ateliers ? », *Le Monde*, 14 mai 2002.

27. Stéphane Beaud, « Portrait social de la France », *Alternatives économiques*, hors-série n° 49, 2001.

28. Michel Wieviorka, « Les idées de la gauche ne sont pas de pures abstractions », *Libération*, 26 mars 2002.

tionnels s'affaiblissent.[29] Le discours socialiste contribue par là même, à son niveau, au processus de désobjectivation du groupe ouvrier et n'est sous-tendu par aucune tentative d'unification des catégories populaires et de mise en sens de leurs expériences sociales. Les socialistes ne produisent pas un discours pouvant donner sens à l'aggravation des inégalités qui s'accompagne paradoxalement d'un affaiblissement du sentiment d'appartenir à une classe sociale.

2. Le bref « retour » discursif des catégories populaires

La question des catégories populaires a été réinscrite à l'agenda socialiste, on l'a vu, après la double défaite de 2002. Le « peuple », qui est un des objets des luttes symboliques qui se cristallisent après la défaite, resurgit en quelque sorte alors dans le discours socialiste. La préparation du congrès de Dijon, caractérisée par une réactivation des luttes de courant, a contribué à durcir deux interprétations opposées de la défaite. À cet égard, il y aurait sans doute une belle étude à mener sur la manière dont le « 21 avril » a été analysé, notamment à travers des catégories d'entendement politologiques de plus en plus structurantes au sein des élites socialistes. D'un côté, les opposants à la ligne majoritaire (les courants Nouveau Monde et Nouveau Parti socialiste) construisent l'événement comme (re)fondateur et comme un révélateur particulièrement saillant de phénomènes structurels[30] : la dérive « sociale-libérale » du parti, ses dysfonctionnements, son absence de renouvellement, autant de phénomènes qui se traduiraient par le décrochage des catégories populaires... Les entrepreneurs du changement et de la rénovation ont tout particulièrement intérêt à se saisir de la problématique des couches populaires et en faire un levier stratégique. De l'autre, les partisans de la direction du parti, regroupés dans la motion A lors du congrès, pressés d'« en finir avec le 21 avril » (l'expression est de François Hollande) et d'en neutraliser le potentiel mobilisateur, soucieux aussi de peaufiner une image de rassembleur en vue des prochaines échéances présidentielles, tentent, à des degrés divers selon la position qu'ils occupent, de limiter la portée de la défaite en mettant en avant des facteurs plus conjoncturels et accidentels et

29. Le processus d'individuation ne peut se produire hors de puissants processus de socialisation et de constitution de « supports » sociaux. Voir Robert Castel et Claudine Haroche, *Propriété privée, propriété sociale, propriété de soi*, Fayard, Paris, 2001.

30. Plusieurs militants du NPS confient ainsi pendant le congrès de Dijon : « Le 21 avril c'est notre fonds de commerce, il faut en entretenir la mémoire. »

« le bon bilan » du candidat Jospin. Au-delà des prises de position stratégiques, ce sont bien des rapports distincts au populaire et des représentations différentes du monde social que font affleurer les débats.

La Revue socialiste, qui publie en mars 2003, à la veille du congrès de Dijon, un dossier intitulé « Reconquérir les catégories populaires », donne à voir ces débats et luttes interprétatives. Sept dirigeants représentant les principales sensibilités du parti s'expriment sur cette question. Même si la tonalité autocritique domine, le rapport au populaire est corrélé à leur position dans l'espace politique. Pour Henri Emmanuelli, leader du courant Nouveau Monde, « le contraste est saisissant entre d'une part le développement extrêmement fort des clivages entre classes sociales et d'autre part l'absence de conscience de cette communauté de destin au sein des catégories populaires. [...] *Reconquérir les classes populaires doit impérativement s'appuyer sur la définition de mots d'ordre unifiant les salariés victimes de la crise, par-delà la diversité de leurs situations individuelles.* »[31] Pour Jean-Luc Mélenchon, membre du même courant, il faut « partir de l'évidence sociologique qui fournit au projet socialiste contemporain la plus large base sociale dont il a jamais pu disposer dans l'histoire : en effet la quasi-totalité de la population active est sous statut salarial, l'écrasante majorité est ouvrière ou employée et la quasi-totalité de la population vit en milieu urbain ou rurbain. »

Les propos de Laurent Baumel, Laurent Fabius et Jean-Marie Le Guen, représentants du courant majoritaire, sont plus nuancés. Pour eux, la prise en compte nécessaire des catégories populaires ne saurait être le prétexte à une radicalisation idéologique du PS qui doit assumer « un réformisme décomplexé ». Il ne saurait être question de renouer avec les chimères de l'ouvriérisme. Pour Laurent Baumel, « il est clair que nous payons l'impuissance longtemps acceptée voire théorisée face à la question centrale du chômage. Le volontarisme politique mis en œuvre par Lionel Jospin a certes permis de rétablir dans les années 1995-1998 une certaine confiance. Mais il y a, dans ce domaine, un phénomène d'hystérésis. La dose accumulée de méfiance, de rejet vis-à-vis du monde politique était trop forte pour espérer regagner en quelques années tout le terrain perdu. » « Chaque catégorie, et à la limite chaque individu, a désormais ses problèmes, ses attentes, ses revendications singulières et spécifiques ». « La vieille solidarité de classe fait de

31. Les passages en italiques sont soulignés par nous, de même pour les extraits suivants.

plus en plus place, notamment dans les milieux populaires, à une logique de concurrence généralisée où "l'adversaire" est parfois, de façon paradoxale, le plus proche socialement. » Laurent Fabius, élu d'une circonscription très ouvrière de Seine-Maritime (Le Grand-Quevilly), ne peut certes accepter « cette mise en congé du prolétariat » : « Les ouvriers continuent de représenter 26 % de la population active. Les familles ouvrières constituent le principal groupe social en France, tout comme le salariat d'exécution. *La question ouvrière n'est pas une question périphérique, elle reste une question majeure.* » Mais Laurent Fabius analyse l'attente des catégories populaires non comme « une demande d'idéologie », « le fameux "plus à gauche que moi tu meurs" étant rejeté par les classes populaires elles-mêmes », mais comme *« une demande de projet »*. Il cite dans son article un sondage Ipsos de janvier 2003 qui indique qu'« une majorité des personnes issues de milieux populaires ou défavorisés considèrent qu'une orientation plus radicale de la politique du gouvernement de Lionel Jospin n'aurait rien changé au scrutin du 21 avril, voire l'aurait aggravé ».

Pour Jean-Marie Le Guen, proche de Lionel Jospin et élu de Paris, *« la gauche n'a jamais été et ne pourra être l'expression "organique" des classes laborieuses. C'est bien dans le sens de la reconstitution d'une offre politique, d'un projet, d'un contrat, d'une forme d'organisation et de représentation politiques et non pas dans la gestion d'une soi-disant demande que nous devons travailler.* Cette question ne peut être résolue par un retour à un âge d'or "plus socialiste" et "plus populaire" que nous ressusciterions par une plus grande radicalité de notre discours. » Jean-Christophe Cambadélis, bras droit de Dominique Strauss-Kahn, lui aussi élu parisien, appelle quant à lui, dans la revue *Esprit*, à repenser la société et à abandonner d'anciennes catégories : « La matrice sociologique qui rendait lisible la société est en miettes. On faisait de la politique à partir de ce monde sensible : ce n'est plus possible. *L'hétérogénéité de la demande a disloqué l'offre. Se fonder sur la matrice sociologique d'hier, c'est vouloir répondre à des demandes contradictoires : c'est une offre globale qu'il faut proposer. Il ne faut pas être l'otage de notre sociologie d'hier.* »[32] Enfin, le néo-ouvriérisme socialiste qui a pu être typifié comme « molletiste »[33] est moqué par certains intellectuels proches du PS. Michel Wieviorka écrit ainsi : « L'aggiornamento de la gauche ne se fera pas à partir des attentes légitimes, mais désormais sans portée

32. Entretien dans *Esprit*, « Repenser l'avenir de la gauche », janvier 2003, p. 170.

33. Dans de nombreuses tribunes d'Alain Duhamel dans *Libération*.

universelle, qui proviennent du monde ouvrier [...]. *Contre le gauchisme ouvriériste, il faut affirmer que le souffle du renouveau, à gauche, ne proviendra guère des usines et des ateliers.* »[34] On le voit, les porte-parole des groupes majoritaires, en particulier ceux proches de Laurent Fabius et Dominique Strauss-Kahn, tous deux candidats déclarés à l'investiture présidentielle, s'emploient bien à conjurer le spectre d'un retour au langage « classiste ».

La question de savoir qui les socialistes s'efforcent de représenter a donc bel et bien été discutée au sein du parti au congrès de Dijon. Les réponses, notamment celles des dirigeants du courant majoritaire, traduisent à la fois leur refus « d'être l'otage de notre sociologie d'hier » et leur incapacité à fournir une réponse cohérente autre que celle qui consiste à faire des « salariés » le groupe de référence du PS. La « reconquête des catégories populaires » est devenue une cause et un credo légitimant, dans l'espace des positions partisanes, différentes prises de paroles. Face à ceux qui cherchent à rompre l'alliance privilégiée avec le PCF et à établir un rapprochement stratégique avec les Verts, Jean-Christophe Cambadélis déclare : « On ne peut dire au PS "vous avez perdu les ouvriers", souhaiter qu'il renoue avec les couches populaires et lui demander de ne s'allier qu'avec les Verts. »[35] Manuel Valls, Éric Besson et André Vallini expriment quant à eux leur réserve à l'égard de la ratification de la Constitution européenne en invoquant la nécessité d'une reconquête des catégories populaires.[36]

Ces débats montrent à quel point les groupes populaires demeurent des enjeux internes importants au sein du PS et constituent des « objets » de positionnements, en particulier dans un contexte d'opposition.[37] Mais la réflexion sur les catégories populaires s'est pour l'essentiel inscrite dans un registre doctrinal et idéologique. La question des pratiques politiques, des conditions sociales et organisationnelles de la prise en compte des intérêts populaires et de la réception dans ces milieux sociaux du discours socialiste n'a guère été posée dans les arènes du PS. L'audience du discours socialiste est pourtant sans doute d'autant plus limitée dans les catégories populaires que ceux qui l'énoncent en sont socialement éloignés.

34. Michel Wieviorka, « Deux gauches face à trois droites », *Libération*, 21 juin 2002.

35. *Le Figaro*, 10 décembre 2003.

36. *Le Monde*, 24 octobre 2003.

37. Merci à Annie Collovald de nous avoir aidés à mieux formuler cette hypothèse.

II. Professionnalisation politique et distance sociale des élites socialistes

La professionnalisation politique n'est ni un phénomène récent ni un processus propre au PS. Elle a cependant atteint depuis les années quatre-vingt un niveau sans précédent. Ce renforcement se traduit par l'autonomisation d'une élite politique monopolisant les compétences légitimes et les responsabilités et se révélant fermée sur ses jeux et enjeux propres. Conjuguée à un processus d'« embourgeoisement », elle conduit à une imperméabilité vis-à-vis des expériences pratiques et des attentes des classes populaires. Il n'est pas besoin ici d'insister sur l'homogénéité culturelle et sociologique des dirigeants socialistes et sur l'éviction des catégories populaires en leur sein tant ces évolutions sont connues et déjà anciennes. Les dernières élections législatives en donnent une récente illustration. Chez les candidats socialistes en juin 2002, on trouve 1 % d'ouvriers et employés (contre 13 % chez l'ensemble des candidats, 5 % pour les Verts, 21 % pour le PCF).[38] Si les suites du congrès de Dijon, où la composition des listes aux élections régionales a été marquée par la promotion de quelques militants d'origine étrangère et tout particulièrement maghrébine (certains d'origine populaire comme le dirigeant de SOS Racisme, Malek Boutih[39]), celle ci est demeurée modeste, faute de vivier sans doute. En effet, la « base » socialiste, longtemps beaucoup plus diversifiée socialement, tend à être de plus en plus à l'image de son « sommet ». Les résultats de l'enquête du Cevipof réalisée en 1998 sur les militants du PS sont édifiants, même s'ils ont été peu commentés par les responsables du parti.[40] Ils font apparaître un net embourgeoisement des militants par rapport à l'enquête menée en 1985. Le nombre des employés et cadres supérieurs est stable (plus 1 point chacun) tandis que celui des autres professions intermédiaires passe de 22 à 25 %. La part des instituteurs baisse de 6 points, alors que celle des professeurs augmente de 5. Le recrutement en milieu ouvrier est très faible (5 %), en baisse de 5 points par rapport à 1985. Le sentiment chez les nouveaux entrants d'appartenir à une classe sociale est moins répandu que chez les anciens adhérents.[41] Les salariés pré-

38. Voir l'enquête de Mariette Sineau et Nicolas Catzaras publiée dans *Libération*, 11 juin 2002.

39. Malek Boutih est nommé secrétaire national aux Affaires sociales.

40. Françoise Subileau, Henri Rey et Colette Ysmal, « Les adhérents socialistes en 1998 », *Cahier du Cevipof*, n° 23, 2001. L'enquête a été réalisée à partir de 12 391 réponses fournies à *L'Hebdo des socialistes*.

41. À la question : « En voyant ce qui se passe autour de vous, avez-vous l'impression que nous vivons dans une société caractérisée par la lutte des

caires, dont la part progresse au sein de la société, apparaissent peu représentés au sein de la population militante (4 %). Les chômeurs sont tout aussi sous-représentés (3 %). 59 % des adhérents socialistes appartiennent au secteur public contre 30 % dans la population globale. Les retraités représentent près de 40 % des effectifs. 14 % des adhérents ont moins de 40 ans (40 % dans la population globale). L'âge moyen des adhérents s'établit à 55 ans en 1998. Globalement, l'enquête conclut à un renforcement des couches moyennes salariées et à un écart accru avec la structure sociologique de la société française. Cette évolution est concomitante d'un double processus de technocratisation et de notabilisation, à l'œuvre au PS depuis déjà de nombreuses années, qui cumule ses effets.[42]

1. La « culture de gouvernement »

La « culture de gouvernement » est devenue dominante au PS avec la pratique répétée du pouvoir. On ne peut que suivre, sur ce point, l'analyse de Laurent Baumel et Laurent Bouvet : « Les années 1990 ont marqué l'arrivée à "maturité" politique d'une génération d'énarques formés dans les cabinets socialistes des années 1980 et qui n'ont su que reproduire en l'intensifiant et en le diffusant le modèle qui leur avait si bien réussi. [...] Si l'énarque était une denrée rare dans le PS des années 1970, il est devenu en deux décennies le profil standard du haut responsable socialiste. »[43] Les élites « centrales » (pour faire simple), le plus souvent issues de la haute fonction publique et promues dans les années quatre-vingt au PS à la faveur de l'arrivée de la gauche au pouvoir, après une fréquentation des groupes d'experts du parti et/ou un passage en cabinet[44], se caractérisent par la similitude de leurs trajectoires, de leurs visions du monde, de leurs hexis corporelles, de leurs présentations de soi, de leurs dispositions sociales et sans doute de leurs représen-

classes ? », 27 % des militants interrogés par les chercheurs du Cevipof en 1998 répondent « tout à fait l'impression », 38 % « plutôt l'impression », 27 % « plutôt pas l'impression » et 6 % « pas l'impression ».

42. Sur cette évolution, voir Frédéric Sawicki, « The Party Socialiste : From a Party of Activists to a Party of Government », *in* Piero Ignazi et Colette Ysmal (sous la direction de), *The Organization of Political Parties in Southern Europe*, Praeger, Wesport, 1998.

43. Laurent Baumel et Laurent Bouvet, *L'Année zéro de la gauche*, Michalon, Paris, 2003, p. 70-71.

44. Pierre Mathiot et Frédéric Sawicki, « Les membres des cabinets ministériels socialistes en France (1981-1993) : recrutement et reconversion. Première partie : caractéristiques sociales et filières de recrutement », *Revue française de science politique*, vol. 49, n° 1, 1999.

tations des catégories populaires (le peuple est jugé «rétif» aux changements, à la «modernisation», à l'adaptation à la mondialisation, il convient donc d'adopter une «pédagogie» de la réforme à destination de ces groupes...)[45]. C'est peu dire que les propriétés sociales de ces acteurs politiques ne sont pas de nature à susciter spontanément l'identification des catégories populaires.[46] Ce décalage proprement sociologique rend leur discours faiblement accessible: «Ce que tu es parle si fort que l'on n'entend pas ce que tu dis», aime à répéter Jean-Luc Parodi. Parce que leur socialisation politique présente de nombreuses similitudes, ces élites centrales partagent un même rationalisme politique qu'il conviendrait d'interroger, tant il informe leurs stratégies, leurs catégories de perception du jeu politique et la représentation qu'ils se font des électeurs. Ce rationalisme conduit à penser que les électeurs votent *forcément* sur la foi d'un bilan, «en connaissance de cause» ou ne peuvent que sanctionner la malhonnêteté des candidats qui sollicitent leur suffrage. Comme l'analyse Annie Collovald, «pour la gauche gouvernementale, comme pour ses adversaires, les élections comptent parmi les principaux enjeux politiques et principales sanctions du travail politique accompli, mais elle les conçoit comme un concours scolaire où seuls les plus doués et les plus méritants sont censés l'emporter»[47]. Sûrs de leur fait et de leurs options, prisonniers de leurs catégories d'appréhension du monde social, une partie des membres du «staff» de campagne du candidat socialiste en 2002 a ainsi pu interpréter de bonne foi la défaite comme le résultat d'«une communication déficiente». Si le message socialiste n'est pas passé et n'a pas fait mouche, ce n'est pas son contenu qui serait en cause mais les modalités de sa diffusion. Ces dispositions d'esprit traduisent une méconnaissance profonde du rapport du plus grand

45. Les contributions à l'ouvrage collectif *Notre État*, écrites en majorité par des hauts fonctionnaires et d'anciens ministres socialistes (Michel Rocard, Pierre Joxe, René Fouroux) issus des grands corps, constituent une belle illustration de cette idéologie. Roger Fauroux et Bernard Spitz (sous la direction de), *Notre État. Le livre vérité de la fonction publique*, Robert Laffont, Paris, 2000. Voir le compte-rendu critique qu'en a fait Françoise Dreyfus, «À la recherche du temps perdu», *Politix*, n° 59, 2002.

46. De nombreux travaux sur le rapport du populaire au politique soulignent le poids des considérations personnelles et «infra-politiques» dans la constitution du vote. Comme le note Michel Verret, les jugements politiques ouvriers s'opèrent «moins sur les idées que sur les actes, les actes proches plus que sur les lointains, et autant sur le style de l'action que sur la ligne». Voir Frédéric Sawicki et Annie Collovald, «Le populaire et le politique: quelques pistes de recherche», *Politix*, n° 13, 1991.

47. Annie Collovald, «Le fabuleux destin de Jacques Chirac, ou les mésaventures de la démagogie politique», *Mouvements*, n° 23, 2002, p. 128.

nombre à la politique, soit en d'autres termes une conception *a-sociologique* de la politique.

2. Un parti d'élus locaux

La clôture sociale et politique que l'on peut observer au niveau des élites centrales se retrouve localement, même si elle obéit à des logiques différentes. Les élus locaux socialistes présentent certes, de manière générale, des origines sociales plus diversifiées que les responsables du parti ou les ministres socialistes. Mais leur longévité élective et la pratique ininterrompue du pouvoir local conduisent à la constitution d'oligarchies locales de plus en plus repliées sur elles-mêmes et souvent à une prise de distance avec les quartiers populaires. Jamais sans doute le poids des élus locaux au sein du PS n'a été aussi lourd, notamment depuis la décentralisation. Jamais les socialistes n'ont autant vécu de et pour les collectivités locales. Plus d'un tiers des adhérents socialistes en 1998 détiennent ou ont détenu un mandat d'élu (conseiller municipal, maire, conseiller régional, conseiller général, parlementaire). Le PS compte en 2003 près de 3 000 maires (2 913). Les résultats électoraux de mars 2004 accusent encore ce poids des élus. À l'issue de ces élections, le PS dispose de 694 conseillers généraux. Depuis dix ans, la progression du nombre de présidents de conseils généraux est constante : 23 en 1994, 35 en 1998, 41 en 2001, 51 en 2004.[48] Claudy Lebreton, président de la Fédération nationale des élus socialistes et républicains (FNESER) vient d'ailleurs d'être élu président de l'ADF (Association des départements de France), fait sans précédent depuis la création de l'association en 1947. Le nombre de conseillers régionaux socialistes a augmenté de son côté de 60 % (640 sur 1 880 sièges). De nombreux militants dépendent très directement (professionnellement la plupart du temps) de ces élus en raison pour partie de la multiplication des structures de cabinet à tous les niveaux des collectivités locales, ce qui conduit à des formes de professionnalisation du militantisme. Ce poids des élus a de nombreux effets sur le fonctionnement du parti que l'on ne peut ici qu'évoquer.[49]

Les élus municipaux actuels sont le plus souvent issus de la génération politique promue lors des municipales de 1977

48. Voir *L'Hebdo des socialistes*, 22 mai 2004.

49. Sénateur, proche de Laurent Fabius, ancien trotskyste, Henri Weber développe sur ce point une analyse d'un réalisme édifiant que la sociologie politique ne peut que conforter : « Les élus et les dirigeants, souvent aspirants à leur propre réélection, ne ménagent en général pas leur peine pour s'assurer le contrôle des instances de désignation : la section et la fédération. Le malthusianisme politique et le clientélisme sont deux techniques

(celle qui remplace alors les notables « Troisième Force » de la SFIO). Le renouvellement du personnel politique municipal s'opère en conséquence lentement. Le processus de municipalisation et d'institutionnalisation qui affecte les villes socialistes de longue date s'est renforcé. Il conduit souvent le PS à s'éloigner des bases populaires qui ont initialement contribué de manière décisive à le porter au pouvoir[50], y compris en décourageant les militants associatifs investis dans les associations de quartier ou les ateliers populaires d'urbanisme. L'équipe municipale tend alors à se figer en une endocratie[51] plus ou moins fermée et peu réceptive aux demandes des catégories populaires. Les difficultés que rencontrent les socialistes lillois dans les quartiers populaires et surtout l'abstention massive qui s'y développe sont emblématiques. Au sein du parti, l'emprise des élus et la légitimité électorale sur laquelle ils s'appuient constituent néanmoins des données difficiles à mettre en cause. La motion de François Hollande s'engageait à limiter le cumul des mandats et à interdire le cumul d'un mandat de parlementaire européen avec la direction d'un exécutif local. Aucun candidat ne devait cumuler « une présence sur une liste pour les européennes et une liste pour les régionales ». La règle a été pourtant largement transgressée en mai-juin 2004 lors de la composition des listes européennes. Ce poids des élus au sein du parti s'est longtemps apparenté à un impensé ou à

(*Suite de la note 49 de la page précédente*) courantes de contrôle par les élus du corps électoral qui doit les désigner comme candidats. La première part de la constatation qu'une collectivité réduite se contrôle plus aisément qu'une collectivité nombreuse. Beaucoup de sections, non seulement sont rétives à tout prosélytisme mais encore pratiquent un vrai barrage à l'entrée. Le nouvel adhérent voilà l'ennemi ! Il vient perturber de savants équilibres entre notables et entre courants établis au fil des ans donc la répartition des responsabilités et des mandats. Le recrutement se fait au compte-gouttes pour remplacer les départs, en prenant toutes garanties. » Et l'auteur de décrire la seconde technique de contrôle du corps électoral socialiste par les élus et les dirigeants : « le clientélisme ». « Il consiste au contraire à ouvrir grand les portes de la section et à recruter par dizaines, non pas des militants mais des alliés et des obligés : parents, amis, employés municipaux, assistés divers, tout un électorat captif, car largement apolitique et dépendant, prenant sa carte en contrepartie de services reçus et attendus » (Henri Weber, « Rénovation du PS : dépasser l'incantation », *La Revue socialiste*, n° 13, 2003, p. 94).

50. Rémi Lefebvre, « Le socialisme français soluble dans l'institution municipale. Emprise institutionnelle et forme partisane : le cas de Roubaix (1892-1983) », *Revue française de science politique*, vol. 54, n° 2, 2004.

51. Sur cette notion voir Serge Bonnet, *Sociologie politique et religieuse de la Lorraine*, Presses de la FNSP, Paris, 1972, et son usage par Jean-Noël Retière, *Identités ouvrières. Histoire sociale d'un fief ouvrier en Bretagne. 1909-1990*, L'Harmattan, Paris, 1994.

un tabou.[52] Il est aujourd'hui de plus en plus assumé par ses dirigeants.[53]

Ce processus de notabilisation que le PS ne cherche plus à conjurer comme il a pu le faire à d'autres périodes de son histoire va de pair avec une dépolitisation du discours politique local qui s'est développée après 1983 et jamais démentie depuis. La réflexion doctrinale dans le parti est très éloignée de l'action immédiate. Ainsi on débat très peu de ce qui constitue l'activité principale de la plupart des militants : les tâches de gestion et les responsabilités locales. L'apolitisme qui est traditionnellement le fait des élus sortants ou en place est souvent de mise dans les communes socialistes dont les référents politiques apparaissent de moins en moins marqués. Les dernières élections municipales ont été très faiblement politisées par le PS qui a adopté le credo consensuel de « la proximité ».[54] Or, il faut noter que la politisation des enjeux locaux, potentiellement dotés d'un degré de réalité élevé pour les catégories populaires, a constitué historiquement un puissant facteur de mobilisation politique de ces groupes. Cette euphémisation politique du discours sur le plan local contribue sans doute à la mise en retrait des groupes les moins politisés. Les élus locaux sont les hommes politiques les moins soumis à la critique des profanes et jouent à ce titre un rôle essentiel dans la politisation (ou plutôt ici la non-politisation) des groupes populaires.[55] Les opinions de ces groupes se forment à partir de tout un ensemble d'expériences non nécessairement construites intellectuellement mais en référence directe à l'espace social des relations quotidiennes.[56] Il faut enfin rappeler que la force du socialisme lorsqu'il a réussi à s'implanter en milieu ouvrier tenait à sa capacité à politiser des formes *a priori* non politiques d'activités

52. Rémi Lefebvre, *Le Socialisme saisi par l'institution municipale (des années 1880 aux années 1980). Jeux d'échelles*, thèse de science politique, Lille II, 2001.

53. Jean-Christophe Cambadélis définit ainsi le PS comme « un parti social-démocrate municipaliste » dont la « médiation sociale n'est pas les syndicats mais les municipalités ». Entretien : « Repenser l'avenir de la gauche », *Esprit*, janvier 2003, p. 179.

54. Voir sur cette question Rémi Lefebvre, « Rhétorique de la proximité et "crise de la représentation" », *Cahiers lillois d'économie et de sociologie*, n° 35, Paris, L'Harmattan, 2001.

55. C'est ce que confirment les enquêtes par entretiens menées sous la direction de Daniel Gaxie, *cf.* notamment son article : « Les critiques profanes de la politique. Enchantements, désenchantements, réenchantements », *in* Jean-Louis Briquet et Philippe Garraud (sous la direction de), *Juger la politique*, Presses universitaires de Rennes, 2001.

56. Richard Hoggart, *La Culture du pauvre*, Éditions de Minuit, Paris, 1970.

sociales et à conférer à l'adhésion le sens d'une dimension existentielle globale. Par-delà ses avatars historiques successifs, le « socialisme municipal » permettait de donner un sens politique à l'expérience quotidienne, au vécu local et social, au-delà de l'adhésion abstraite à une offre politique, travail conforme à la formation des opinions des classes populaires.

Après la double défaite électorale de 2002, on observe pourtant une amorce de repolitisation des enjeux locaux. Jean-Pierre Raffarin, chantre de la « France d'en bas », fait de la proximité une marque politique, et de la décentralisation une des thématiques centrales de son action. Dans le contexte d'une reconstruction difficile après la défaite, le PS cherche à s'opposer au gouvernement en s'appuyant notamment sur des pouvoirs locaux construits (timidement) en lieux de contre-pouvoir. De même, l'opposition socialiste a fortement « politisé » les élections régionales et cantonales de mars 2004. Mais tout se passe comme si la politisation de ces scrutins impliquait forcément leur nationalisation et une délocalisation des enjeux, la politisation ne pouvant s'opérer à partir des programmes locaux. La direction du PS manifeste quelques velléités de mobilisation de son réseau d'élus. On note ainsi une certaine inflexion dans le discours et le positionnement de la FNESER. Claudy Lebreton, élu à sa tête en novembre 2003, reconnaît qu'elle n'est plus aujourd'hui « le laboratoire d'idées en rupture avec les pratiques des notables » qu'elle était et entend « clairement sortir de la technicité pour saisir les véritables enjeux des politiques locales, en renouant avec l'esprit des années soixante-dix », et contribuer à la « réinvention d'un modèle territorial » – manière de reconnaître qu'il fait actuellement défaut.[57] Le congrès de la Fédération en novembre 2003 donne lieu à des échanges qui témoignent eux aussi d'un état d'esprit nouveau. Laurent Fabius, numéro deux du parti et secrétaire national aux élus et aux territoires[58], défend les élus : « Nous sommes une social-démocratie d'élus et nous n'avons jamais voulu l'assumer, ce qui est un tort. Organiquement, notre lien avec la population, ce sont nos élus. On n'a jamais voulu le théoriser d'autant que certains aiment se faire applaudir dans les réunions publiques en entonnant le refrain "anti-élus". »[59] Le secrétaire national appelle ces élus à « refaire de la politique » et

57. *L'Hebdo des socialistes*, 22 novembre 2003.

58. Le choix de ce secrétariat lors du congrès de Dijon s'inscrit dans sa stratégie présidentielle. Laurent Fabius a mesuré de longue date le poids déterminant des élus sur le vote des militants lors des consultations internes.

59. *Communes de France*, n° 430, 2003.

concède : « Parfois, il arrive que l'on ait du mal à distinguer entre une gestion de gauche et une gestion de droite », estimant que la défaite de l'élection présidentielle était contenue dans celle des municipales de 2001. Une « maison des élus » a vu le jour en juin 2004. Cette structure sera animée en partenariat par le PS et la FNESER afin de permettre une meilleure coordination des élus locaux et une meilleure circulation des expériences de gestion locale.[60] Le 3 juillet 2004 a été organisé le premier rassemblement national des élus socialistes dont un des objectifs est la construction d'un « projet pour l'alternance ». Il est permis néanmoins de douter de la capacité de l'organisation à peser sur ses élus et de la volonté de ces derniers de politiser leurs gestions locales tant l'apolitisme s'est naturalisé au niveau local et s'intègre dans des stratégies de conservation consensuelle du pouvoir.

III. L'ÉROSION DES MÉDIATIONS SOCIALES ET PARTISANES

François Hollande conclut ce même congrès de la FNESER de 2003 en mettant lui aussi fortement en avant le réseau des élus locaux : « Nous valorisons insuffisamment nos expériences sur le terrain. Pourtant beaucoup de nos concitoyens ne perçoivent le rapport à la politique qu'à travers les élus. » C'est reconnaître la faiblesse d'autres formes de médiations sociales et partisanes. Le milieu partisan tend ainsi à se rétracter autour des collectivités locales et de noyaux de militants de plus en plus professionnalisés. L'absence ou la faiblesse de relais que cette situation engendre ne peut que nuire à la compréhension fine des enjeux sociaux.

1. Des faiblesses militantes accusées

Le PS apparaît moins que jamais comme « un parti de masse » représentatif de la société.[61] L'objectif que s'est donné François Hollande lors du congrès de Dijon de doubler les effectifs en cinq ans pour les porter à 250 000 apparaît dès lors fort peu réaliste.[62] On peut d'ailleurs douter de cette volonté. De

60. *Ibidem.*

61. Henri Weber le reconnaît avec une certaine lucidité : « Le PS évoque davantage "l'association d'élus entourés d'aspirants à l'élection" [...] qu'un véritable parti de masse. En fait de parti de militants, on y rencontre surtout des militants de l'action municipale et locale, de l'Éducation nationale et de la fonction publique ». « Rénovation du PS : dépasser l'incantation », *article cité*, p. 87.

62. En novembre 2003, la direction du parti lance la proposition de faciliter l'adhésion et de réformer le statut de militant. Il s'agit de permettre

nombreuses fédérations socialistes se sont plaintes lors de la campagne présidentielle de 2002 de ne pas recevoir assez de matériel électoral (tracts, affiches...) du siège de campagne et de la Rue de Solferino. Tout se passe comme si l'idée que le parti pouvait se passer de militants et que les médias comptaient plus que la mobilisation militante était de plus en plus intériorisée par les cadres socialistes.[63]

Au-delà de leur manque de représentativité sociologique, signalée plus haut, les adhérents du parti apparaissent aujourd'hui de moins en moins ancrés dans des réseaux militants extrapartisans. Les liens avec les syndicats sont faibles. Plus de 40 % des militants socialistes n'ont aucune appartenance syndicale, au mépris des statuts. Cette tendance remonte à la fin des années quatre-vingt. Déjà, un sondage effectué par l'Ifop en mars 1990 pour le compte du quotidien *Libération*[64], auprès d'un échantillon aléatoire de 930 adhérents du PS, révélait que 52 % n'appartenaient à aucun syndicat et 40 % à aucune association. La cause de ce phénomène ne réside sans doute pas tant dans l'abandon de tout militantisme extérieur par des adhérents vieillissants que dans le départ du parti de nombreux militants syndicaux et associatifs, remplacés par des membres moins en phase avec les mouvements sociaux.[65] Le déclin du pluri-engagement nuit à la représentativité sociale des adhérents et les rend d'autant plus inaptes à saisir les évolutions communes à plusieurs mondes sociaux que cette évolution s'est accompagnée d'une progression du capital scolaire des adhérents depuis 1985. Les militants sont 10 % à avoir un CEP ou à n'avoir aucun diplôme et 21 % à détenir un CAP, le BEPC ou un diplôme technique équivalent (moins de 3 % dans chaque catégorie). La progression est de 3 points pour les détenteurs d'un bac (19 % en 1998) et de 9 points pour les titulaires d'un

(*Suite de la note 62 de la page précédente*) aux militants d'adhérer directement sans passer par les procédures habituelles et ainsi de ne plus être astreints à suivre le parcours d'initiation traditionnel du nouvel entrant : être parrainé par un militant d'une section puis se présenter devant ladite section au cours d'une cérémonie d'accueil avant de participer aux réunions et aux assemblées générales.

63. Sur cette question, voir Florence Haegel, « Un parti politique a-t-il besoin de militants ? », *La Revue socialiste*, n° 13, 2003. En 1998, 56 % des socialistes déclarent consacrer moins d'une heure par semaine à leurs activités militantes, 22 % moins d'une heure par mois, 34 % de une à trois heures, seulement 10 % plus de dix heures mensuelles.

64. *Libération*, 14 mars 1990.

65. Pour plus de précisions sur ce point, voir Frédéric Sawicki, « The Party Socialiste : From a Party of Activists to a Party of Government », article cité.

diplôme universitaire (33 % en 1998). 66 % des socialistes ont un niveau scolaire égal ou supérieur au bac contre 29 % des Français, hors population scolaire. Le niveau de diplôme s'élève encore chez les nouveaux entrants dans le parti. L'attractivité du parti est beaucoup forte chez les cadres que chez les ouvriers, comme la récente vague d'adhésions l'atteste. Dans les semaines qui ont suivi le « 21 avril », 25 000 personnes ont fait connaître auprès des sections et des fédérations leur volonté de rejoindre les rangs du PS. Mi-octobre, plus de 12 500 nouvelles adhésions ont été confirmées au siège national, soit selon *L'Hebdo des socialistes* « la plus importante vague d'adhésions de son histoire ». On trouve dans ces nouveaux adhérents beaucoup plus de femmes (40 % contre 28 % en 1998), de jeunes (36 % ont plus de 50 ans contre 67 % en 1998) et beaucoup moins de retraités (21 % contre 40 %) que dans le reste du parti, mais seulement 5 % d'ouvriers et 21 % d'employés. Enfin, 13 % seulement sont syndiqués.[66]

2. L'éviction ou la marginalisation des militants d'origine populaire

L'attractivité différentielle du PS selon les groupes sociaux obéit à des logiques multiples. Elle est pour partie liée aux évolutions des pratiques partisanes. Il faut évoquer ici les effets pervers de « l'intellectualisation » du militantisme et de la démocratisation partisane qui tend paradoxalement à renforcer les coûts d'entrée du militantisme et à durcir la séparation entre « professionnels » et « profanes ». Depuis le congrès de Rennes et plus encore depuis l'élection présidentielle de 1995, qui a vu s'affronter deux candidats pour l'investiture, un réel processus de démocratisation de la vie partisane a été engagé. De nouvelles normes internes tendent à s'imposer – bien qu'encore inégalement selon les fédérations[67]– qui valorisent la figure du militant, la prise de parole, l'idéal participatif et délibératif. Le fonctionnement du parti tend à devenir « procédural ». Si cette démocratie interne reste formelle (les militants n'amendent souvent qu'à la marge les textes qui leur sont soumis) et suscite une participation souvent limitée (seuls 60 % des adhérents ont ainsi participé au vote lors du débat sur le dernier projet présidentiel), elle a contribué à modifier un certain nombre de règles et de pratiques et les ressources que les membres peuvent mobiliser au sein du parti. Le phénomène n'est sans doute pas nou-

66. « Les adhérents du 22 avril », *L'Hebdo des socialistes*, 2 novembre 2002.

67. Les normes de l'anti-intellectualisme et de l'unanimisme restent par exemple très prégnantes dans le Nord et le Pas-de-Calais.

veau. Le « ministère de la parole » a toujours existé au PS, tout particulièrement dans les années soixante-dix. Mais on observe une redéfinition du rôle de militant et de l'excellence militante. Certaines tâches (affichage, tractage, mise sous pli...) sont de plus en plus dévalorisées. Nos observations à Lille montrent que les militants d'origine populaire tendent à déserter les assemblées générales qu'ils jugent trop complexes ; les socialistes s'y divisent trop à leur goût. Ils se replient alors dans des niches militantes porteuses d'un entre-soi plus protecteur et intégrateur qui leur permet de perpétuer leur engagement selon des normes anciennes. Les lieux de mise sous pli des documents ou des courriers ou les sorties de « collage » d'affiches concentrent ainsi des militants que l'on ne voit parfois jamais en assemblée générale. C'est au moment même où les discours et leur inscription idéologique semblent perdre de leur force et que l'organisation apparaît incapable d'administrer et de diffuser un sens politique que l'essentiel des activités militantes sont paradoxalement concentrées sur la question des projets ou de l'offre programmatique.

Ces règles nouvelles de démocratie interne qui se développent au nom de l'ouverture sur la société civile ont des effets *intimidants et excluants* sur les adhérents d'origine populaire ou faiblement diplômés. Elles contribuent à renforcer leur sentiment d'indignité sociale et politique, ce qui les encourage à faire défection, à adopter des stratégies d'*exit*, total ou partiel. Les logiques censitaires de la participation politique sont ainsi renforcées. Le registre du témoignage apparaît démonétisé dans la vie partisane : le « bon » militant n'est plus celui qui apporte un éclairage sur ses conditions sociales d'existence ou les difficultés qu'il rencontre dans le milieu social auquel il appartient ou qu'il côtoie mais celui qui « opine » et fait valoir un point de vue argumenté et informé. La prise de parole des militants d'origine populaire est dès lors réduite à une forme de folklore. Au militant il est demandé avant tout de participer à la définition de propositions, de nouvelles alternatives « crédibles » en s'inscrivant dans la « culture » de gouvernement et donc en adoptant un point de vue relativement technique. Parce que les enjeux apparaissent plus complexes et techniques et parce que les différences programmatiques sont moins saillantes et les choix de société qui les fondent moins discriminants, les argumentaires politiques sont de plus en plus difficiles à construire et à diffuser. Le déficit manifeste d'éducation et de formation qui renvoie lui-même au déclin généralisé de « l'éducation populaire » n'arrange rien. Les militants deviennent ainsi de mauvais relais autant de la parole socialiste que des réalités sociales. Dans les sections populaires de Lille, comme nous avons pu l'observer, les textes nationaux font l'objet d'un incessant travail de retraduction et de simplification qui n'empêche pas de nombreux militants de ne plus s'identifier au discours du parti.

3. Une appréciation biaisée de la réalité sociale

Les militants socialistes se sont de manière sans doute excessive enorgueillis du bilan gouvernemental de Lionel Jospin. La croyance unanimement partagée dans la valeur du bilan et dans son orientation à gauche est solidement enracinée chez eux et a pu fonctionner comme un facteur essentiel d'occultation de certaines réalités sociales. C'est sur le mode de « l'injustice » que beaucoup de militants analysent ainsi la défaite de Lionel Jospin mettant en cause parfois des électeurs jugés peu « reconnaissants ». Lors d'une assemblée générale de circonscription à Lille après le premier tour de l'élection présidentielle, une conseillère générale pouvait invoquer, sans susciter de réaction des militants, après avoir stigmatisé la dispersion de la gauche, l'ingratitude des bénéficiaires de la CMU qui n'ont pas voté socialiste.[68] Autrement dit, le don gouvernemental appelait le contre-don électoral. Cette simple déclaration traduit aussi la manière dont les catégories d'entendement clientélistes se sont imposées comme une grille de lecture centrale du lien politique. Faiblement en prise avec les catégories populaires, la plupart des membres et des responsables du PS n'ont pas été en mesure d'apprécier la profonde déstructuration qui affecte une partie de la société française.

À cet égard, la mise en œuvre des 35 heures apparaît exemplaire du manque de clairvoyance des élites socialistes et de leur difficulté à apprécier la situation des salariés les plus fragiles. Les effets induits par l'application de cette mesure, dont l'inspiration « progressiste » n'était pas *a priori* contestable, ont été mal évalués. Les 35 heures ont conduit dans une large mesure à une baisse du pouvoir d'achat des ouvriers et des employés, à une augmentation de la flexibilité et donc à une détérioration des conditions de travail. Dans les petites entreprises, la réduction du temps de travail a pu signifier faire le même travail en 35 heures plutôt qu'en 39, les heures supplémentaires en moins. Par ailleurs, la précipitation avec laquelle cette réforme a été mise en œuvre dans la fonction publique, sans remise à plat de l'organisation du travail, n'a non seulement guère satisfait les fonctionnaires mais a eu pour effet d'exacerber le méconten-

68. Selon elle, « si la moitié des bénéficiaires avaient voté Jospin, la victoire était assurée »...

tement des usagers les plus modestes.[69] La mesure, pourtant perçue comme symbolique d'un marquage à gauche de la politique du gouvernement, a de fait surtout profité aux cadres en contribuant aux réaménagements de leurs temps sociaux, cadres qui constituent au passage un des piliers les puissants de l'électorat socialiste. Une forme d'ethnocentrisme social a ainsi prévalu dans la conduite de cette réforme. Michel Pialoux a raison de noter qu'« il y aurait une belle étude sociologique à faire sur la façon dont certains experts ont occulté des résultats qui ne correspondaient pas au point de vue du cabinet de Martine Aubry »[70].

On pourrait multiplier les indices empiriques de la difficulté ou de l'incapacité des militants et des élus socialistes à déchiffrer les réalités sociales et économiques contemporaines. Le recours massif aux sondages traduit à lui seul la faiblesse des réseaux sociaux qui irriguent le PS et son incapacité à mesurer et produire l'opinion autrement que par des enquêtes. À Lille comme dans d'autres villes de gauche populaires, la multiplication des porte-à-porte pendant les campagnes électorales, qui instaurent une « proximité » provoquée et par là même artificielle, traduit la désagrégation des liens qui s'établissaient dans le passé de manière naturelle et routinière entre les militants et la population. L'étude des campagnes électorales montre qu'elles revêtent parfois plus une fonction de mobilisation de l'entre-soi partisan, de réactivation de l'identité militante que de mobilisation électorale.[71] Elles constituent finalement une manière d'entretenir la fiction du parti et de perpétuer ses rites et ses codes. La multiplication des structures de concertation et le développement de la démocratie participative peuvent de la même manière être analysés comme une réponse au déclin des réseaux traditionnels du parti fondés sur l'interconnaissance et la communauté de vie.

Les relations de proximité entretenues par les élus locaux constituent les principales médiations à travers lesquelles un lien est construit avec la population. Dans la région lensoise, autre fief ouvrier socialiste, Marion Fontaine remarque pourtant que les élus socialistes s'avèrent de moins en moins capables,

69. Frédéric Sawicki, « Socialiste mais pas social », *Les Inrockuptibles*, n° 335, avril 2002.

70. Interview de Stéphane Beaud et Michel Pialoux, *Le Monde*, 23 octobre 2003.

71. Rémi Lefebvre, « Campagnes électorales et interactions face à face. Une approche ethnographique des porte-à-porte de M. Aubry à Lille », *in* Jacques Lagroye, Patrick Lehingue et Frédéric Sawicki (sous la direction de), *Mobilisation électorale…*, *op. cit.*

faute de relais notamment, de satisfaire « une demande continue d'assistance et de sécurisation personnelle, produit de la culture minière, entretenue par la fragilisation de la population »[72]. Ces interactions de proximité, lorsqu'elles sont entretenues, activent des relations de clientèle dont il est permis de douter des effets politisants. C'est néanmoins à partir de ces relations que les élus construisent dans une large mesure leur vision du social marquée par le topos de « la montée de l'individualisme ». Martine Aubry nous confie à propos des nombreux porte-à-porte qu'elle a menés lors des municipales de 2001 : « Ça a été très important pour moi, ces porte-à-porte, dans la prise de conscience de l'éclatement de la société et de la multiplication des demandes individuelles qui nous sont adressées »[73], sans mesurer ainsi à quel point c'est la définition même de l'interaction qui induit ce type de représentation. Les élus déplorent la multiplication des intérêts catégoriels à laquelle ils sont confrontés. Mais leur vision de la société, perçue de moins en moins comme un tout collectif, est indexée sur la relation souvent individualisée qu'ils construisent avec les citoyens. Ils se présentent comme prestataires de services tout en s'indignant, dans le même temps, du développement d'un citoyen-consommateur de plus en plus exigeant.[74] La proximité, mise en scène sous le registre de « l'aide aux plus démunis », active chez les citoyens des dispositions peu vertueuses au calcul, alors même que les ressources clientélaires se tarissent (ce qui provoque en retour beaucoup de frustrations). Nos analyses à Lille montrent le rendement décroissant du clientélisme, les relations de loyauté n'étant plus encastrées dans de forts réseaux d'encadrement et d'interconnaissance concurremment social et partisan.

Si on veut bien accepter la métaphore de la « représentation », il est permis d'écrire que le PS ne *représente* pas ou plus les catégories populaires aux trois sens du terme : il ne donne plus forme à ce groupe, il n'est plus à son image, il n'est plus à même de porter ni de défendre ses intérêts. En ce sens, si les « classes laborieuses » n'existent plus qu'entre guillemets dans la bouche des porte-parole du PS, ce n'est pas seulement parce qu'ils pen-

72. Marion Fontaine, « "L'étrange défaite" ou la crise du modèle lensois », *in* Vincent Duclert, Christophe Prochasson et Perrine Simon-Nahum (sous la direction de), *Il s'est passé quelque chose… Le 21 avril 2002*, Denoël, Paris, 2003, p. 83.

73. Entretien avec Martine Aubry. Lors du congrès de Dijon du PS, Martine Aubry n'a pas cessé de mettre en avant le thème de « la montée de l'individualisme ».

74. Voir Rémi Lefebvre, « Quand légitimité rime avec proximité », *Mouvements*, mars 2004.

sent que ce discours n'est pas efficace électoralement, mais parce que le désajustement entre ce qu'ils sont socialement et l'usage d'un idiome de classe empêcherait probablement la magie sociale du discours d'opérer. En ce sens, la « prise de conscience » qui a suivi la défaite de 2002 avait bien peu de chances d'être suivie d'effets tant les routines organisationnelles, les contraintes du calendrier électoral et les intérêts sociaux constituent des obstacles à une remise en cause des pratiques et des discours. Il est significatif qu'un certain nombre de propositions lancées après la défaite de 2002 soient ainsi restées lettre morte. La proposition de Jean-Christophe Cambadélis en juin 2002 de mettre en place « une convention nationale des quartiers populaires », avec pour objectif que ces acteurs soient représentés dans les prochaines élections, n'a pas eu de suite.[75] Pour reprendre les termes d'Annie Collovald, le peuple est désormais moins pour le PS « une cause à défendre » qu'un « problème à résoudre ».[76] Il n'est pas sûr que l'érosion du soutien électoral des catégories populaires ou au moins leur absence de crédit empêche un retour au pouvoir, lequel apparaît plus attendu d'un retour paisible de balancier électoral que d'une « reconquête » des classes populaires. Mais faute d'ancrage social, ce rebond électoral risque fort d'être suivi de son lot de déceptions et d'un nouveau 21 avril… 2012 sinon 2007.

75. *Libération*, 25 juin 2002.

76. Annie Collovald, « Le national-populisme ou le fascisme disparu », *in* Michel Dobry (sous la direction de), *Le Mythe de l'allergie française au fascisme*, Albin Michel, Paris, 2003.

Chapitre IV

La crise intellectuelle du communisme français 1956-2003[1]

Bernard Pudal

La configuration du pouvoir symbolique, centrée sur Staline, qui caractérise les relations de pouvoir au sein des partis communistes de l'époque stalinienne[2], s'adossait à une cléricalisation particulière au monde communiste. La canonisation de textes (constamment remaniés et/ou différemment « préfacés »

1. Dans cette brève contribution, on souhaite mettre l'accent sur l'une des dimensions, et une seule, de cette histoire, celle qui a trait au PCF comme « entreprise culturelle », *cf.* Frédérick Sawicki, « Les partis politiques comme entreprises culturelles », *in* Daniel Cefaï (sous la direction de), *Les Cultures politiques, op. cit.*, et plus précisément encore sur la question de la production doctrinale. Il s'agit de *suggérer* une mise en perspective de l'histoire du PCF reposant sur l'hypothèse d'une « articulation » indirecte mais essentielle entre l'histoire scolaire française, l'histoire des champs de production intellectuels et l'histoire du PCF comme « intellectuel collectif ».

2. L'ouverture de certaines archives de l'Internationale communiste permet de mieux appréhender *l'orientation* vers Staline de l'horizon de pensée des dirigeants communistes. Un seul exemple : à la réunion à huis clos de la commission politique du Congrès d'Arles, en 1937, Maurice Thorez admoneste Fernand Grenier, responsable des Amis de l'URSS, pour n'avoir pas prononcé « un mot à l'adresse de Staline » dans l'un de ses discours. Fernand Grenier conteste et affirme : « Je termine toujours mes interventions à Moscou par trois ou quatre phrases en russe, dans lesquelles j'adresse à Staline notre salut. » Thorez rétorque, faisant ainsi implicitement référence à un rapport qui lui aurait été fait : « Ce soir-là tu ne l'as pas fait et votre délégation qui était chargée de cadeaux a même oublié de les apporter. » Archives de Moscou, RGASPI 517 1 1844 .

suivant les conjonctures), la sacralisation de leurs auteurs (Marx, Engels, Lénine) et du rapport à la lecture de leurs textes, la promotion de Staline lui-même enfin comme exégète « autorisé » et seul authentique disciple, structurait le dispositif du mode de production ecclésial[3] de la « doctrine du parti ». La mort de Staline en 1953 entraîne la crise de cette configuration.[4] Désormais, l'autorité politique doit reposer sur d'autres fondements. Le déclin du PCF[5] peut s'analyser pour partie comme la conséquence de l'échec de cette « recherche » de nouveaux fondements de l'autorité politique communiste dont on peut reconstituer, *ex-post*, les logiques, sans présupposer qu'elles aient été consciemment et volontairement mises en œuvre. Au contraire, c'est dans la plus grande confusion que se sont imbriquées, à des rythmes divers, ces logiques de renouvellement ou d'*aggiornamento* qui ont irrigué inégalement le Parti communiste. L'histoire du déclin du PCF, c'est donc aussi une histoire non advenue dont l'analyse peut présenter aujourd'hui un intérêt non seulement rétrospectif mais aussi, peut-être, prospectif. Trois périodes de cette crise intellectuelle du communisme français peuvent être dégagées. À l'*aggiornamento* inabouti (1956-1977), succède une période de débandade du Parti communiste comme intellectuel collectif (1978-1993), qui ne laisse bientôt plus d'autre choix que l'investissement à fonds perdus dans les technologies du marketing politique (1994-2002).

I. Une crise symbolique et « l'intellectuel collectif » (1956-1968)

Le rapport « secret » de Nikita Khrouchtchev au XXe Congrès du PCUS en 1956 importe moins pour les faits qu'il révèle que par le coup qu'il assène au capital politique collectif du monde communiste. En discréditant Staline, n'hésitant pas pour ce faire

3. J'emprunte cette formulation à Pierre Bourdieu, *Langage et pouvoir symbolique*, Le Seuil, Paris, 2001, p. 226.

4. Pour une analyse plus détaillée de cette première configuration, *cf.* Bernard Pudal, « Eléments de problématique pour une histoire du PCF comme intellectuel collectif. 1920-2000 », dans Jacques Girault (sous la direction de), *Les enseignants dans la société française au XXe siècle*, Presses de la Sorbonne, Paris, 2004.

5. Le « déclin » du PCF a fait l'objet d'études nombreuses auxquelles on pourra se reporter pour une vue d'ensemble des phénomènes qui participent de cette évolution critique. *Cf.* le chapitre IX, « Le déclin », de l'*Histoire du Parti communiste français* de Stéphane Courtois et Marc Lazar, PUF, Paris, 1995, p. 399-455, deuxième édition : 2000. *Cf.* aussi Bernard Pudal, « La beauté de la mort communiste », *Revue française de science politique*, n° 5-6, 2002.

à le ridiculiser, Nikita Khrouchtchev brise la relation enchantée qui en faisait, pour les militants et cadres les plus investis par « l'esprit de parti », leur champion. La « relation magique d'identification »[6] de ceux qui plaçaient en lui leurs espoirs se brise, déséquilibrant toute la chaîne du capital symbolique communiste qui reposait d'un côté sur le culte de Staline et de l'autre sur le capital délégué d'autorité politique dont bénéficiaient les partis communistes et les communistes eux-mêmes. Dans la langue politique de l'époque, un mot vient immédiatement remplacer le signifiant « Staline » pour combler le vide symbolique ainsi créé, le mot « collectif ». Accolé à la « direction » du Parti communiste qui doit (re)devenir « collective », il est aussi associé à l'expression, parfois utilisée mais jamais théorisée, d'« intellectuel collectif ». Dans une intervention à la réunion du comité central des 9 et 10 mai 1956, Maurice Thorez affirme ainsi que si « la formule du “Parti de Maurice Thorez” est une expression condamnable »... dans le cas français, à la différence du cas soviétique, la direction *collective*, qui « n'est pas parfaite », n'a pas été mise en cause.[7] Si la notion d'intellectuel collectif ne doit pas faire illusion, elle fait néanmoins symptôme : elle annonce une nouvelle configuration des relations hiérarchiques et d'alliance entre les différents constituants du parti comme ensemble triadique (cadres et dirigeants « ouvriers », corps militants et intellectuels) dans laquelle la position spécifique et subordonnée des intellectuels de profession, seuls détenteurs des formes socialement légitimes d'autorité intellectuelle, doit être réévaluée à la hausse.[8] Mais cette orientation s'effectue sans « révolution symbolique », dans la langue de l'ancienne configuration, ce que signifie clairement Maurice Thorez en conclusion d'une réunion du comité central consacrée aux problèmes étudiants en 1963 : « On ne doit pas se laisser aller aux analogies inexactes, aux

6. Pierre Bourdieu, « La représentation politique », *in Langage et pouvoir symbolique, op. cit.*, p. 241.

7. Maurice Thorez, « Le culte de la personnalité et les erreurs de Staline », comité central des 9 et 10 mai 1956, reproduit dans *1956, Le choc du XXe Congrès du PCUS.* Textes et documents choisis par Roger Martelli, Éditions sociales, Paris, 1982.

8. La promotion d'intellectuels très diplômés au bureau politique dans les années soixante et soixante-dix témoigne de cette reconnaissance. Le premier des philosophes à entrer au BP fut Roger Garaudy. Guy Besse, agrégé de philosophie, y entre en 1970, Jean Kanapa, agrégé de philosophie, Guy Hermier, Jacques Chambaz, agrégés d'histoire, en 1976, et Francette Lazard, agrégée d'histoire, ainsi que Philippe Herzog, polytechnicien et économiste, en 1979.

fausses réminiscences, à cette idée erronée que maintenant encore, comme au XIXe siècle, le socialisme doit être apporté à la classe ouvrière par les intellectuels [...]. C'est le grand intellectuel collectif qu'est le Parti communiste qui apporte le socialisme à la classe ouvrière et au peuple.»[9] Le rôle ainsi «borné» des intellectuels n'en laisse pas moins ouvertes des marges de jeu qui autorisent un ensemble d'échanges internes entre les différents types d'intellectuels qui composent le PCF («permanents ouvriers», intellectuels issus de l'enseignement primaire et primaire-supérieur, «nouvelle petite-bourgeoisie» ou nouveaux clercs, étudiants et enseignants du secondaire-supérieur, chercheurs, écrivains et artistes, ingénieurs...). Aux intellectuels de profession revient la mission d'importer, en les retraduisant dans les logiques partisanes et politiques, les capitaux qu'ils sont susceptibles de prélever dans les champs intellectuels, tandis que les cadres et dirigeants communistes, tout en souhaitant bénéficier de ces apports, se réservent le rôle «dirigeant» qui consiste à en fixer le «sens» politique.

C'est dans ce contexte de crise du PCF comme entreprise culturelle que s'impose le besoin d'élaborer de nouvelles règles de fonctionnement et de doter le parti d'institutions diverses et de nouvelles revues spécialisées pour non plus seulement veiller à l'orthodoxie politique, mais aussi susciter le travail de recherche. Le Centre d'études et de recherches marxistes[10], créé en 1960 et confié à Garaudy, alors membre du bureau politique, organise dès 1961 les Semaines de la pensée marxiste, qui connaissent un réel succès d'audience, tandis que le contenu des productions intellectuelles et artistiques est infléchi dans le sens du «dégel». L'économie politique marxiste, comme discipline affine avec le scientisme qui structure la croyance communiste, est particulièrement investie. Si *Économie et politique* a été créé en 1954, la section économique pâtit de la crise liée à l'affaire Servin-Casanova[11], qui se traduit par l'exclusion de

9. *Les Étudiants face aux grands problèmes de notre époque*, 1963, brochure, p. 122 (cité *in* Pierre Juquin, «Témoignage», *Les Annales de la société des amis de Louis Aragon et Elsa Triolet*, n° 2, 2000). Les crises de l'UEC durent jusqu'en 1967.

10. *Cf.* la notice de Serge Wolikow, «IMT-CERM-IRM», *in* Jacques Julliard et Michel Winock (sous la direction de), *Dictionnaire des intellectuels français*, Le Seuil, Paris, 1996. Suppléant depuis 1956, Garaudy devient titulaire du bureau politique en 1961.

11. Laurent Casanova et Marcel Servin, tous deux membres du bureau politique, furent évincés des instances dirigeantes en 1961. Les raisons de cette éviction, les logiques de leur différend avec Maurice Thorez, sont aujourd'hui encore assez obscures, non seulement parce qu'ils n'ont jamais témoigné sur leur propre affaire mais aussi parce que le mode d'opposi-

son responsable, Jean Pronteau. Il faut donc attendre les années soixante pour que, sous la houlette d'Henri Jourdain, le secteur économique du PCF se reconstitue et se développe.[12] *Les Cahiers de l'Institut Maurice Thorez* (le premier numéro date d'avril 1966) s'ouvrent peu à peu sur une histoire du communisme moins instrumentalisée que celle que symbolise encore, en 1964, le *Manuel d'histoire du Parti communiste français* que publient les Éditions sociales. On pourrait multiplier les exemples. L'entrecroisement de logiques intellectuelles et de logiques politiques pose le problème du statut de la théorie dans l'élaboration du programme du parti. Certains infléchissements stratégiques anticipent sur les justifications théoriques tandis que certaines avancées théoriques ne trouvent pas les voies de leur « politisation ».[13] Jean Kanapa adresse ainsi d'URSS, le 27 avril 1965, une lettre à la direction du PCF dans laquelle il conseille la création d'une « commission théorique » afin de faire correspondre les avancées stratégiques et l'évolution théorique : « Notre pratique, notre expérience est généralement en avance sur la théorie que nous en donnons, et généralement plus riche que celle-ci. [...] Il y a un certain retard dans la mise à jour de cette théorie implicite.[14] » Il rappelle cependant que cette évolution théorique doit respecter les contraintes du mode de production ecclésial : « Je ne pense pas qu'il soit nécessaire de souligner qu'il ne s'agit pas "d'inventer" pour le parti une théorie qu'il n'aurait pas – cette théorie existe, c'est le marxisme-léninisme, les Déclarations de 1957 et 1960, les résolutions de nos Congrès, l'œuvre de Maurice, etc. »[15]

Le comité central d'Argenteuil de mars 1966[16], consacré aux problèmes idéologiques et culturels, redéfinit le statut dévolu

tion au sein du PCF est particulièrement difficile à analyser. Tout indique cependant que cette opposition, consécutive aux remaniements dans les rapports de force au sein du mouvement communiste international que déclenche le XXe Congrès du PCUS, s'appuie aussi sur des divergences d'appréciation sur la ligne politique et la conduite du PCF qu'impulse Maurice Thorez.

12. Henri Jourdain, *Comprendre pour accomplir*, dialogue avec Claude Willard, Éditions sociales, Paris, 1982.

13. C'est évidemment le cas dans ces années soixante des « relectures » de Marx et du marxisme, de l'intérêt que l'on commence à porter à Gramsci, etc.

14. Gérard Streiff, *Jean Kanapa (1921-1978). Une histoire singulière du PCF*, tome I, L'Harmattan, Paris, 2001, p. 426-427.

15. *Ibidem*, p. 427-428.

16. Sur Argenteuil, *cf.* Nicole Racine, « Le PCF devant les problèmes idéologiques et culturels », *in* Frédéric Bon (sous la direction de), *Le Communisme en France*, Armand Colin, Paris, 1969, et *Les Annales de la société des amis de Louis Aragon et Elsa Triolet, op. cit.*

aux différentes productions culturelles. Les arts, la littérature et les sciences dures se voient reconnaître une indépendance de principe, tandis que les sciences humaines et économiques font l'objet d'un contrôle *a posteriori*, puisqu'il est prévu que « les thèses controversées seront examinées au sein des organismes compétents »[17]. Cette distinction entre sciences « dures » et œuvres artistiques d'une part, et sciences humaines d'autre part, est évidemment cardinale. Elle permet de maintenir la légitimité partisane sur l'ensemble des productions intellectuelles qui concernent la définition de la ligne du parti. Cette distinction a également des conséquences pratiques puisqu'elle est au principe de « l'attention différentielle »[18] que portera la direction du PCF aux producteurs intellectuels communistes : les économistes, les philosophes, les sociologues et les historiens, particulièrement ceux du mouvement ouvrier, sont directement concernés par l'élaboration de la ligne politique. Pour ceux-là, il s'agit à l'évidence d'un progrès important : ils sont dorénavant chargés de produire les considérants théoriques des inflexions stratégiques, à condition néanmoins que leurs avancées théoriques soient compatibles avec la gestion par la direction du PCF du « patrimoine »[19] théorique du parti. Ce patrimoine théorique, plus qu'un ensemble cohérent et défini de thèses explicites réunis en un corpus d'œuvres canoniques (le canon en cette période est à redéfinir), associé à des interprétations « autorisées », est aussi un ensemble d'appropriations qui sont autant de réappropriations et de rapports aux textes.[20] Ce patrimoine, la direction du PCF ne peut (elle est elle-même limi-

17. Waldeck Rochet, *Le Marxisme et les chemins de l'avenir*, Éditions sociales, Paris, p. 321-322.

18. Nous font défaut, pour en prendre complètement la mesure et en connaître toutes les formes, les rapports que ne manquaient pas de faire à la direction du parti les responsables aux intellectuels. L'expression de Nicolas Werth, pour l'URSS, une « civilisation du rapport » vaut aussi pour le PCF comme « administration politique ».

19. Henri Jourdain mentionne en passant les réactions indignées de certains membres de la section économique auprès du CC devant les « prétentions » de Paul Boccara qui, en 1964, se propose de développer la théorie de Marx : « Quelques camarades manifestent cependant, violemment, leur hostilité à ce "donneur de leçons" d'avoir rien moins que la prétention de développer la théorie de Marx comme si celle-ci n'était pas "achevée" dans *Le Capital*, et aussi celle de Lénine dans *L'Impérialisme*, de *dépasser* l'exégèse de ces classiques et du même coup franchir les limites au champ traditionnellement délimité sous la notion de marxisme-léninisme. » On invente alors un subtil distinguo entre le révisionnisme, qui est une faute politique, et la *révision* qui est une « adaptation ». *Comprendre pour accomplir, op. cit.*, p. 129.

20. *Cf.* Claude Pennetier et Bernard Pudal, « La certification scolaire », *Politix*, n° 35, 1996.

tée par ses modes d'appropriation) et ne veut le faire évoluer que prudemment (elle n'a aucune réelle légitimité pour innover *théoriquement* mais elle dispose d'un éventail de possibles *politiques*). Par ailleurs, la primauté doit revenir *in fine* au groupe dirigeant dans la labellisation de la théorie ainsi officiellement mise en avant tant est dominante la fonction de rationalisation qui est dévolue aux «explications scientifiques». Néanmoins, cette fonction de rationalisation, parce qu'elle n'est que rarement cyniquement mise en œuvre, suppose de la part de l'ensemble des acteurs leur intégration à un jeu relativement opaque. Les relations entre les intellectuels et le parti sont dès lors à la fois plus souples, plus complexes et plus floues. Alors que, dans les années cinquante, «les intellectuels communistes n'étaient guère placés que face à une seule alternative : se soumettre, tout en conservant parfois leur quant à soi, ou se démettre, la gamme des rapports à l'autorité des intellectuels devient plus étendue. Surtout, la tâche de production théorique[21] qui leur est confiée permet aux intellectuels, pour la première fois en tant que tels, de participer à l'élaboration de la pensée politique du PCF, sans pour autant devoir se transformer en "professionnels de la politique", c'est-à-dire sans renoncer à une carrière universitaire, d'écrivain ou d'artiste, extérieure au champ communiste. »[22] De même, tout semble indiquer que des chercheurs et des universitaires publient des études sous pseudonyme dans *Les Cahiers du communisme*. Ce «jeu double» repose sur la conjoncture d'*aggiornamento* mais aussi sur les caractéristiques des intellectuels des années soixante et soixante-dix. Une partie d'entre eux, plus dotés en ressources universitaires que leurs prédécesseurs, n'ont effectivement pas besoin du réseau parallèle communiste (maisons d'édition, revues, centres de recherche) pour faire carrière. La direction du PC est désor-

21. Il faudra un jour, de ce point de vue, étudier le travail programmatique réalisé par les différentes sections et commissions auprès du comité central auxquelles furent associés des centaines d'intellectuels : politique extérieure, section coloniale, section agraire, section militaire, section économique, section féminine, section des intellectuels et de la culture, jusqu'en 1960. Puis, par subdivision ou création, apparurent des secteurs (enseignement, ITC, sécurité sociale, cadre de vie et de l'environnement, etc.). La commission «économie» aurait compté plusieurs centaines de membres (le chiffre de 700 a été avancé). Les commissions n'avaient pas de statut défini. On était «invité», et il arrivait qu'on cesse d'être invité... Pour les années soixante-dix, *cf.* le témoignage de François Hincker, «Le groupe dirigeant du PCF dans les années soixante-dix», *Communisme*, n° 10, 1986.

22. Sur tous ces points, *cf.* Frédérique Matonti, *Intellectuels communistes. Une sociologie de l'obéissance politique. «La Nouvelle Critique» 1967-1980*, La Découverte, Paris, 2005.

mais contrainte de tenir de plus en plus compte des effets de l'autonomie relative des champs de production intellectuels, en particulier universitaires. Ainsi que l'écrit explicitement Francis Cohen dans une note interne au moment du lancement de la nouvelle formule de *La Nouvelle Critique* en 1967, qui va être pour partie chargée d'incarner cette nouvelle configuration, « l'autorité réelle parmi les intellectuels communistes n'est pas obligatoirement donnée (sur le plan des idées) par les responsabilités occupées dans le parti, mais bien plus souvent selon une hiérarchie interne aux intellectuels eux-mêmes »[23]...

II. Un nouveau prince (1968-1977)

Après le choc de Mai 68[24], des « intellectuels de profession » (entendu ici au sens large de l'ensemble des cadres et des professions intermédiaires des services médicaux, sociaux, éducatifs et culturels de l'État-providence)[25], sensibles à l'humeur du temps anti-institutionnelle, se tournent vers le PC du programme commun de la gauche. Peut-être ne faut-il pas sous-estimer, pour comprendre ces transferts, la relative importance du référentiel marxiste-léniniste qui fonctionne en Mai 68, associant des acteurs par ailleurs divisés politiquement.[26] Réciproquement, la démonétisation du gauchisme dans les années soixante-dix contribue indirectement au renouvellement militant du PCF. La fédération de Paris, dirigée par Henri Fiszbin, se serait ainsi renouvelée à 80 % entre 1968 et 1978, et le PCF lui-même à 60 %. Ces nouveaux venus importent au sein du parti des rapports à la politique qui en valorisent les dimensions culturelles. Cette période, parfois qualifiée d'embellie, est en réalité caractérisée par la montée en puissance des intellectuels aux différents échelons partisans comme dans la presse du parti et dans l'édition, mais aussi par une érosion progressive de la légitimité de la direction du PCF, ce dont témoignent des indicateurs indirects comme le rôle (pourtant contenu) que

23. Cité par Frédérique Matonti, *Intellectuels communistes, op. cit.*

24. Les intellectuels communistes, même critiques, n'étaient pas nécessairement mieux préparés que certains dirigeants à adopter une attitude positive face à la crise étudiante. Dans son article très critique à l'égard de Michel Verret, Louis Althusser, dans *La Pensée*, met l'accent sur l'importance historique de la révolte étudiante, tout en réaffirmant la prééminence de la lutte « ouvrière ».

25. *Cf.* Louis Chauvel, *Le Destin des générations*, PUF, Paris, 1998.

26. Sur cette question, *cf.* Boris Gobille, *Crise politique et incertitude : régimes de problématisation et logiques de mobilisation des écrivains en Mai 1968*, thèse EHESS, 2003.

jouent les intellectuels de profession dans les écoles centrales du parti, par exemple.[27]

Parallèlement, nombre de recherches collectives critiques arrivent à maturité et bénéficient de la réouverture du champ des possibles théoriques de ces années soixante-dix. Lucien Sève propose en 1969 un ouvrage, *Marxisme et théorie de la personnalité*, qui tend à fonder l'humanisme communiste[28] et qu'auront à connaître les élèves des écoles centrales du parti. La même année paraît *Sur le « mode de production asiatique »*, un ouvrage collectif que préface Roger Garaudy, où, sur un concept emprunté à Marx et longuement discuté, des anthropologues comme Maurice Godelier participent à la mise en cause de l'un des invariants rhétoriques de la vulgate marxiste-léniniste. L'évolution historique des différents modes de production, qui sous-tendait nécessairement selon la vulgate le destin historique passé et à venir, perdait dans ces discussions son caractère inéluctable. Plus encore, Roger Garaudy n'hésite pas à écrire qu'à l'occasion de ces débats c'est « la signification même du marxisme qui est en cause »[29]. C'est en 1971 qu'est publié le *Traité d'économie marxiste*[30] qui arrête une théorie du capitalisme monopoliste d'État (CME) mise en chantier longtemps avant, en particulier à la conférence sur le CME de Choisy-le-Roi en 1966. En 1972, les Éditions sociales publient *Dialogues pédagogiques* de Michel Verret (écrits datant de 1967), dans lesquels, sous une forme aphoristique, ce dernier fait état du dialogue intérieur et des contradictions qui le constituent comme intellectuel communiste. En 1977, les Éditions sociales, en partenariat avec les Presses de la Fondation nationale des sciences politiques, publient l'ouvrage de Guy Michelat et Michel Simon, *Classe, religion et comportement politique*.[31]

Les intellectuels communistes disposent donc d'une marge de manœuvre dont témoignent aussi d'autres publications sur

27. *Cf.* Nathalie Ethuin, *À l'École du parti. L'éducation et la formation des militants et cadres du PCF (1970-2003)*, thèse de science politique, Lille II, 2003.

28. Lucien Sève, *Marxisme et théorie de la personnalité*, Éditions sociales, Paris, 1969.

29. *Sur le « mode de production asiatique »* (ouvrage collectif), préface de Roger Garaudy, CERM-Éditions sociales, Paris, 1969, p. 8.

30. *Traité d'économie marxiste. Le capitalisme monopoliste d'État* (ouvrage collectif), Éditions sociales, Paris, 1971.

31. Cet ouvrage témoigne d'une collaboration déjà ancienne entre Michel Simon, membre du PCF, et Guy Michelat, dont l'origine est liée à une commande de la direction du PCF, dans les années soixante, autre signe, parmi d'autres, d'une sorte de reconnaissance déniée des sciences sociales.

des sujets « sensibles » comme l'URSS (que ce soit *Le Phénomène stalinien* de Jean Elleinstein ou *L'URSS et nous*[32] en 1977, par exemple). Bien d'autres secteurs de la connaissance sont alors concernés (psychanalyse, socio-linguistique, histoire du mouvement ouvrier et du PCF, théorie de l'État, sociologie de l'éducation et pédagogie, etc.). En fait *toutes* les sciences sociales et humaines. Durant toute cette période, *La Nouvelle Critique* peut être analysée à la fois comme le miroir de ces enjeux et comme l'un des lieux de négociations et d'arbitrages entre intellectuels communistes. Son audience témoigne de l'importance numérique des intellectuels communistes susceptibles d'adhérer à ce processus de renouvellement théorico-idéologique. Les abonnements et ventes au numéro cumulées passent de 3 500 en 1967 à 5 700 en 1968 et 14 850 en 1971.[33] C'est donc tout l'édifice théorique qui évolue de façon concomittante à l'émergence d'un eurocommunisme[34] menaçant de remettre en cause les équilibres du mouvement communiste international (sommet eurocommuniste Berlinguer, Carillo, Marchais des 2 et 3 mars 1977). Cette seconde configuration, potentiellement grosse d'une transformation plus radicale, érige Gramsci en figure d'identification et théoricien marxiste *ad hoc*. Sa vie et son œuvre sont disputés et donnent lieu à de nombreuses publications. Figure de *compromis* légendaire (c'est un martyr communiste), intellectuel marxiste novateur, représentant implicite ou indirect du PCI – considéré par nombre d'intellectuels communistes français comme moins « stalinien » que le parti français – Gramsci est un « héros » intellectuel susceptible de s'inscrire dans la mémoire officielle communiste. C'est aussi un modèle de « dirigeant » communiste. Enfin, son œuvre peut être interprétée dans le registre de l'orthodoxie (à condition bien sûr de canoniser les textes de Gramsci et de contrôler les lectures qui en sont faites) comme une théorie de l'importance cardinale des enjeux intellectuels, puisque, on le sait, Gramsci affirme la nécessité pour le « Prince » (le parti) de conquérir l'hégémonie culturelle avant la prise du pouvoir. Il faut ajouter, enfin, sans pouvoir aucunement développer ce point, que les théories gramsciennes pouvaient ainsi servir de ratio-

32. Alexandre Adler, Francis Cohen, Maurice Décaillot, Claude Frioux et Léon Robel, *L'URSS et nous*, Éditions sociales, Paris, 1978.

33. *Cf.* Frédérique Matonti, *Intellectuels communistes, op. cit.*

34. *Recherches internationales* publie en 1976 (n° 88-89) un volume consacré à l'eurocommunisme, introduit par Jean Kanapa, dans lequel est publiée l'interview de Palmiro Togliatti en 1956 à *Nuovi Argumenti* et où l'on dresse au fond la carte des partis eurocommunistes (PC Japonais, PC Mexicain, PC de Grande-Bretagne, etc.).

nalisation marxiste aux multiples entreprises dans lesquelles s'investissent toutes sortes d'intellectuels communistes. De nombreuses pratiques sociales (pédagogiques, psychiatriques, artistiques, etc.) firent en effet l'objet d'activités « réformantes ». Dans l'Union des écrivains comme à la revue *Pratiques* (revue professionnelle à destination des professeurs de français), dans la psychiatrie de secteur (Lucien Bonnafé, Tony Lainé, etc.) comme dans le travail social ou les mouvements pédagogiques (Centre d'entraînement aux méthodes actives, Groupe français d'éducation nouvelle), dans le monde du théâtre comme dans celui du cinéma[35], pour ne citer que quelques secteurs, des intellectuels communistes s'engagèrent intensément.

Toutes ces reproblématisations s'inscrivent dans un univers mental surdéterminé par « le » marxisme comme idéologie scientifique censée unifier les différentes recherches individuelles et collectives. La force d'attraction de ce référentiel ne s'est pas encore épuisée, tout particulièrement le mode d'investissement affectuel dont il fait l'objet. Ces tentatives de redéfinition marxiste feront long feu, mais elles témoignent de l'un des « possibles » d'une période prolixe en combats intellectuels aux dimensions politiques internes et externes plus ou moins explicites et imbriquées. Cet ensemble d'évolutions affecte aussi des permanents et des élus communistes qui, pour certains, se mettent peu à peu à l'école des intellectuels critiques, le devenant à leur tour. C'est le cas de Gérard Belloin, collaborateur du comité central, par exemple, ou de Jean Brugié, spécialiste des questions militaires, mais aussi de dirigeants comme Henri Fiszbin, et d'autres.[36] En réalité, sans que les acteurs l'aient anticipé ou se soient « concertés », les conditions d'une crise ouverte, menaçantes pour la direction du PCF[37], sont réunies.

35. Bruno Muel, « Les riches heures du groupe Medvekine (Besançon-Sochaux, 1967-1974) », *Images documentaires*, n° 37-38 : *Paroles ouvrières*, 2000.

36. Bernard Pudal, « Désinvestir : de la fusion à l'auto-analyse, le cas de Gérard Belloin », *in* Olivier Fillieule (sous la direction de), *Devenirs militants*, Belin, Paris (à paraître). Isabelle Sommier, *Officier et communiste dans les guerres coloniales*, Flammarion, Paris, 2005.

37. Il ne faut pas oublier que les dirigeants communistes ont eu l'occasion d'observer le déroulement d'une crise auquel le cas français, par analogie, ne peut pas ne pas faire penser, celle du Parti communiste tchécoslovaque.

III. Georges Marchais ou l'inertie de la configuration stalinienne (1978-1993)

Jusqu'en 1977, les conflits et dissensions internes sont, soit contrôlés, soit exploités au service de «l'image» démocratique que tente de se donner le PCF. Leur expression publique fait l'objet d'une autocensure partielle tant que le processus d'*aggiornamento* n'est pas remis en cause. Les incidents ne manquent pas néanmoins. Ces évolutions sont perçues par le groupe dirigeant comme une menace d'autant plus susceptible de s'actualiser que le calcul stratégique de la direction du PCF dans sa compétition avec le PS s'avère erroné, ce qui conduit, après une phase de surenchères dans les négociations, à la rupture du programme commun en 1977.[38] En effet, la dynamique de l'union, à la différence de la période du Front populaire, profite principalement au PS tandis qu'elle renforce, au sein du PCF, les concurrents potentiels des héritiers du cadre thorézien. Les compromis instables et fragiles de la période antérieure cèdent la place à des conflits ouverts, qui se succéderont, accompagnant ou précédant les nombreux départs d'intellectuels, plus ou moins discrets. Ambiguïtés complices et flou intéressé se dissipent. Le pilonnage en 1978 de la brochure électorale du parti dans laquelle une photographie montrait Pierre Juquin (agrégé d'allemand et membre du bureau politique) serrer la main, en octobre 1976, du dissident soviétique Leonid Plioutch, un savant, témoigne certes de la volonté de Gaston Plissonnier de ne pas heurter le PCUS mais aussi du refus de la consécration du rôle des intellectuels que symbolisent directement Juquin et Plioutch. C'est le moment (avril 1978) que choisit Louis Althusser pour exprimer cette fois sans aucune euphémisation ou langage codé son dépit quant au statut concédé à la «théorie» au sein du parti. Prenant l'exemple de la théorie du capitalisme monopoliste d'état, il écrit: «Une théorie sur ordre! Pourquoi pas, après tout? Combien de grandes œuvres musicales ont été exécutées sur commande! Et d'ailleurs, tout n'est pas sans intérêt dans le Traité, qui décrit bien certains phénomènes. Mais dans l'ensemble, ce gigantesque travail était apologétique, c'est-à-dire avait à démontrer une

38. Louis Althusser, *Ce qui ne peut plus durer dans le Parti communiste*, Maspero, Paris, 1978 (le texte fut d'abord publié dans *Le Monde*, en plusieurs livraisons, entre les 24 et 27 avril 1978). Dans ce texte, Louis Althusser formule l'hypothèse d'un «tournant stratégique *secret*» de la direction du PCF fondé sur la recherche d'un «renforcement du parti à tout prix, ce qui voulait dire l'affaiblissement du PS à tout prix, et au besoin au prix du sacrifice de l'union de la gauche», p. 48.

conclusion qui existait déjà, sous sa forme politique, avant sa démonstration “économique”. Il s’agissait en gros d’adosser, comme à sa garantie théorique, la politique anti-monopoliste du programme commun au CME. Je schématise, mais je ne suis pas loin du vrai. »[39] La rencontre à Vitry-sur-Seine, les 9 et 10 décembre 1978, entre quatre cents intellectuels communistes, membres des comités de rédaction des revues du parti et des commissions auprès du comité central, avec le bureau politique dissout le flou qui présidait aux relations intellectuelles. Georges Marchais, dans son discours appelé « Information », appelle alors la position de la direction du PCF :

« Le parti n’en est plus à l’époque révolue où quelques intellectuels clairvoyants et généreux apportaient, de l’extérieur, au mouvement ouvrier naissant la conscience du rôle révolutionnaire de la classe ouvrière. Aujourd’hui, notre Parti est devenu en lui-même un intellectuel collectif développant sa théorie et sa politique. Les intellectuels membres du Parti contribuent à cette élaboration. »[40]

Georges Labica, et nous sommes désormais très loin de la déférence des années soixante, ne veut voir dans ce rappel à l’ordre que la réactivation de l’époque stalinienne : « Je prends le temps de forcer les traits de cet intellectuel modèle (donc toutes nuances abolies). Je l’instrumentalise. D’un côté, une direction autosuffisante ; clairvoyante et incontrôlée, sinon par elle-même ; qui est le vrai Intellectuel au sens de la décision, du pouvoir, donc du *choix* des idées. De l’autre, l’intellectuel associé, employé, et l’ambivalence de son statut, que reflète et reproduit sa culpabilisation quant à son origine ou son appartenance de classe – air connu. Quant à l’exercice de la pensée, il ne lui appartient pas, quoi qu’il paraisse, mais bien à “l’intellectuel collectif”, identifié au parti, identifié au groupe dirigeant. »[41]

Les collections critiques et les textes critiques[42], les tentatives de regroupement d’oppositions diverses, font florès mais ne parviennent pas à menacer réellement la direction de Georges

39. Louis Althusser, *Ce qui ne peut plus durer…*, *op. cit.*, p 93.

40. Georges Marchais, « L’information, rencontre de Vitry », *L’Humanité*, 11 décembre 1978.

41. Georges Labica, *Ouverture d’une discussion ?*, François Maspero, collection « Débats communistes », Paris, 1979, p. 88.

42. *Cf.* Pierre Daix, *Les Hérétiques du PCF*, Laffont, Paris, 1980. Michel Dreyfus, *PCF, crises et dissidences*, Complexe, Bruxelles, 1989, et pour une récente synthèse des oppositions internes, l’article de Sophie Béroud, « Les contestataires communistes », Xavier Crettiez et Isabelle Sommier (sous la direction de), *La France rebelle*, Michalon, Paris, 2002.

Marchais. Ce dernier, tout à fait explicitement, recentre le pouvoir interne sur les « permanents » – dont il se fait le champion – et auxquels il consacre un vibrant plaidoyer lors du comité central consécutif aux élections législatives de 1978 où il justifie à la fois leur existence et leur carrière :

« Nous sommes loin de souffrir d'une pléthore de "permanents" du parti. Au contraire, nous n'en avons pas suffisamment. Les permanents du parti, ce sont des hommes et des femmes auxquels le parti des travailleurs a demandé de se dégager de la production pour consacrer tout leur temps et toutes leurs forces au travail du parti. Ces camarades touchent des salaires d'ouvriers et nous sommes prêts à comparer leurs revenus à ceux de leurs censeurs dont les attaques – d'où qu'elles viennent – sont tout simplement méprisables. J'ajoute que ces attaques contre les "permanents" visent en fait le caractère ouvrier du parti, en particulier au niveau national. [...] C'est l'originalité et l'avantage de notre parti – d'un parti révolutionnaire – que de compter des ouvriers parmi les cadres dirigeants. Nous y tenons et rien ne nous y fera renoncer. »[43]

Il reviendra sur cette question une fois encore et sans ambages dans l'ouvrage qu'il signe en 1990, *Démocratie* : « Compte tenu des conditions de vie et de travail des salariés dans notre société, cette disposition constitue le seul moyen d'offrir au monde du travail, à la classe ouvrière la possibilité de voir certains des leurs exercer des responsabilités politiques importantes, parler d'égal à égal avec l'élite bourgeoise qui monopolise les fonctions dirigeantes dans notre pays. Au fond, en creusant un peu, on finit toujours par trouver que ceux qui dénigrent les "permanents" sont ceux qui aimeraient bien que les ouvriers soient comme ils les aiment : soumis, taillables et exploitables à merci... »[44]

Ce repli sur le corps des permanents structure les relations de pouvoir internes d'une période, 1978-1993, qui peut être ana-

43. Rapport de Georges Marchais, « Avancer sur la voie du XXIIe Congrès », *L'Humanité*, 28 avril 1978. Tout indique qu'une politique délibérée de reprise en main des cadres se met en place à partir de 1978. Seules les archives permettront d'en prendre toute la mesure. Henri Fiszbin y fait allusion dans *Les Bouches s'ouvrent. Une crise dans le Parti communiste*, Grasset, Paris, 1980. Le XXIIIe Congrès est conçu de telle sorte que l'on puisse « séparer le bon grain de l'ivraie » (p. 129) : « Pour la première fois, du moins dans mes souvenirs, une circulaire-directive pour l'élection des nouveaux comités de section donne cette orientation : le choix des nouveaux membres doit tenir compte de la position politique des candidats au cours de la discussion du texte préparatoire », p. 132.

44. Georges Marchais, *Démocratie*, Messidor/Éditions sociales, Paris, 1990, p. 289-290.

lysée comme une période d'attente fondée sur le réinvestissement des formes d'autorité héritées de l'époque thorézienne et que continuent à incarner, à l'instar de Georges Marchais lui-même, nombre de cadres du PCF. Reserrant ses relations avec l'URSS, en apportant par exemple son soutien à l'intervention soviétique en Afghanistan, la direction du PCF tente de réactiver ses liens avec les États « communistes ». Progressivement, la production intellectuelle se réduit aux rapports des instances dirigeantes ou des congrès et à la publication d'ouvrages destinés à expliquer la politique du Parti communiste. Le calcul de la direction « Marchais » consiste à parier sur un affaissement électoral et politique du PS que provoquerait « l'usure du pouvoir » et qui bénéficierait en retour au PCF. L'hémorragie des intellectuels et l'affaiblissement symbolique corrélatif qui découlent de cette stratégie, s'ils sont perçus, ne sont pas pris en compte dans l'attente de ce retournement du rapport des forces, retournement auquel la direction du PCF tente de contribuer, sans l'avouer, et qu'elle sait faire passer en réactivant l'antisocialisme largement partagé des cadres communistes. C'est la raison pour laquelle, après le départ des intellectuels producteurs, les principales lignes de fracture de l'époque opposent les dirigeants entre eux. À l'affaire de la fédération de Paris (1978-1979), qui se solde par le départ de nombreux intellectuels communistes parisiens, succède la « résistance »[45] de Claude Poperen, membre du bureau politique, puis, lors du XXVe Congrès en 1985, la fronde de plusieurs fédérations entières, celles des Hautes-Alpes, de la Corse-du-Sud, du Doubs, de Meurthe-et-Moselle et de la Haute-Vienne.

45. La première « incartade » de Claude Poperen est la résistance qu'il oppose à Georges Marchais lors de l'élaboration du rapport du comité central, dont on lui a confié la confection après l'échec des élections européennes de 1984, où le PCF recueille 11,1 % des voix. Le choc conduit dans un premier temps la direction à encourager l'analyse critique, ce dont témoigne le rapport de Poperen : « Nous sentions, au cours de la campagne électorale, les difficultés auxquelles nous nous heurtions, mais il est vrai que nous n'envisagions pas l'hypothèse de 11,28 %. Le recul est d'autant plus mal reçu que trop souvent celui de 81 a été attribué unilatéralement au caractère de l'élection présidentielle et au phénomène de vote utile en dépit de l'analyse faite par le comité central et le XXIVe Congrès. [...] une formidable pression est exercée sur les communistes sur le thème du "déclin historique". Nos adversaires entendent par là, non pas simplement les reculs successifs dont nous analysons les causes, mais une prétendue fatalité socio-économique qui conduirait à la disparition inéluctable du Parti communiste dans les sociétés capitalistes développées » (p. 206). Cité dans Michel Naudy, *PCF. Le suicide*, Albin Michel, Paris, 1986. (Le rapport est publié *in extenso* en annexe de l'ouvrage.) *Cf.* Aude Marécaille, *De l'engagement au détachement : itinéraire d'un dirigeant communiste, Claude Poperen*, maîtrise, Paris-I, 2002.

Des dirigeants connus comme Félix Damette, Pierre Juquin, Marcel Rigout, bientôt Charles Fiterman, Jack Ralite, expriment ouvertement leurs désaccords. En avril 1988, enfin, Pierre Juquin se présente à l'élection présidentielle où André Lajoinie obtient, pour le PCF, 6,8 % des suffrages exprimés.

Durant toute cette période, la culture « stalinienne » semble avoir été réactivée dans les conflits internes comme en témoigne « l'appel à la conscience et à la raison des communistes du Doubs » qui, au nom des communistes fidèles au parti, dénonce la direction fédérale en re-découvrant au mot près la rhétorique des affaires et des procès.[46] Les résultats électoraux successifs démentent ce calcul, suscitant critiques et conflits internes à des rythmes variables. S'arc-boutant sur la théorie du retard pris en 1956, Georges Marchais, en 1982 puis au XXVe Congrès du PCF en 1985, tente de geler toute analyse autocritique au présent.[47] Il est encore trop tôt pour étudier le désarroi qui s'empare des niveaux hiérarchiques les plus élevés, d'autant plus qu'à la différence des intellectuels de profession, nombre de dirigeants communistes issus du sérail s'adressent à la direction du parti par voie interne. Marcel Rosette par exemple, ancien métallurgiste, permanent du PCF ayant occupé d'importantes fonctions (membre du comité central, directeur de l'école centrale du parti, maire de Vitry-sur-Seine) adresse aux membres du comité central, en septembre 1989, une véritable supplique dans laquelle il observe à sa manière le décalage entre les directions communistes et les évolutions de la société et en déduit la nécessité pour la direction du PCF de se doter d'outils « intellectuels » :

« La mise en œuvre de cette pratique politique nouvelle suppose de connaître mieux et en permanence les conditions de vie, les difficultés, les drames, les changements dans les mentalités, les aspirations, les espoirs, les rêves même des Françaises et des Français. Mais, à notre époque, la direction du parti peut-elle, avec le seul témoignage des cellules et de leurs adhérents, percevoir assez tôt et dans toutes leurs dimensions le mouvement

46. Texte ronéoté, 1988. Jean Charles, historien communiste, après avoir pris connaissance de cette charge contre la direction de la fédération du Doubs, rédige un texte de 8 pages (daté du 17 novembre 1988) dans lequel il note avec effarement : « Quand le document censé démasquer la direction fédérale m'est parvenu, j'en ai été sidéré. Des camarades qui, pour la plupart, n'ont pas lu Staline et évitent soigneusement d'en savoir trop sur le stalinisme retrouvent quasiment d'instinct les mêmes insultes, les mêmes procédés que ceux qui furent employés lors des grands procès staliniens », (p. 1).

47. *Cf.* Marie-Claire Lavabre et François Platone, *Que reste-t-il du PCF ?*, Autrement, Paris, 2003.

de la société française et l'évolution du monde ? Je ne le pense pas. Les autres partis politiques, pour leurs propres besoins, utilisent maintenant, au jour le jour, sondages, statistiques, enquêtes de toutes sortes. Nous, nous avons besoin de mieux apprécier l'évolution des phénomènes sociaux avec leurs contradictions, suivre la vie économique française, européenne et mondiale, mesurer ce qui change dans les besoins, distinguer les modifications dans les mentalités et les comportements, saisir les mutations les plus diverses dans la famille, dans la ville, dans le monde... Pour cela, je propose que la direction du parti se dote d'un genre d'observatoire qui, avec des procédés techniques modernes et des personnes qualifiées, aurait pour fonction de connaître au plus près la réalité en mouvement, en France et dans le monde. »[48]

Il va jusqu'à suggérer – ce qui aujourd'hui résonne étrangement[49] – une politique de main tendue en direction des « musulmans ». Malgré un ensemble convergent d'avertissements, de propositions et de critiques, le calcul stratégique prime, interdisant toute adaptation.

IV. Robert Hue ou la croyance en la magie des mots[50]

L'effondrement des régimes communistes dans les pays de l'Est (1989-1991) et l'épuisement progressif des ressources électorales érigées en « criterium » d'évaluation viennent sonner le glas de la politique d'attente incarnée par Georges Marchais et imposent une redéfinition de l'entreprise communiste dans les conditions intellectuelles les plus mauvaises qui soient. L'entreprise politique comme entreprise culturelle a été désertée par les intellectuels qui auraient pu participer à la mutation dont Robert Hue tente de faire un projet à partir de son élection au secrétariat général au XXVIIIe Congrès en 1994. Aucune revue, aucun espace de recherche, aucun conseil scientifique ne sont suscités pour freiner la déréliction de l'ensemble

48. Marcel Rosette, « Aux membres du comité central », 14 septembre 1989, lettre d'accompagnement d'un document ronéotypé de 15 pages intitulé « Réflexions sur notre combat pour le socialisme », daté d'août 1989, archives personnelles, p. 4.

49. Je fais allusion ici aux analyses d'Olivier Masclet qui évoquent ce qu'il appelle le rendez-vous manqué du PCF avec les « cités », *La Gauche et les cités*, La Dispute, Paris, 2003. Rappelons que Vitry-sur-Seine s'était distingué début 1980 par « l'affaire du bulldozer », *cf.* François Platone, « "Prolétaires de tous les pays...". Le Parti communiste français et les immigrés », *in* Olivier Le Cour Grandmaison et Catherine Withol de Wendel (sous la direction de), *Les Étrangers dans la cité*, La Découverte, Paris, 1993.

50. Pour une chronique du PCF de 1994 à 2001, Dominique Andolfatto, « Le parti de Robert Hue », *Communisme*, n° 67/68, 2001.

des lieux de production intellectuelle. Afin d'occuper ce vide, Robert Hue se rabat sur l'arsenal des « savoir-faire » de la communication politique : sondages, images et slogans publicitaires. « Le parler Hue »[51] jette un voile de mots nouveaux qui tient lieu d'analyse politique. Cécile Amar, dans son enquête sur le PCF de Robert Hue, insiste sur ce surinvestissement de l'équipe dirigeante sur les sondages, le conseil en communication, le désir de séduire la presse. Des néologismes apparaissent et disparaissent au gré des discours (« révolutionnement », par exemple), des slogans d'allure publicitaire associés à des innovations dans les alliances désorientent les militants : la liste Bouge l'Europe, aux élections européennes de 1999, par exemple. En 1994, de nouveaux statuts sont introduits. Aux mots-symboles du PCF sont substitués peu à peu d'autres appellations : le CC devient comité national, le bureau politique, bureau national. L'expression « force communiste » est testée puis abandonnée (XXIXe Congrès, 1996). Cette politique de « mots » et de « coups » médiatiques peut être analysée comme une politique de gestion du capital collectif hérité à laquelle procèdent des « héritiers » qui ne semblent avoir d'autre alternative réelle et qui investissent sur un mode « magique » la communication politique en « oubliant » que l'efficace d'un mot d'ordre ou d'un discours de mobilisation ne peut s'exercer que « pour autant que sont réunies des conditions sociales qui sont tout à fait extérieures à la logique proprement linguistique du discours »[52]. Permanents protégés par la bureaucratie partisane, élus communistes et militants n'ont le plus souvent d'autre capital politique que celui qui est délégué par un centre qui a cessé d'irradier son système d'action.[53] Dès lors, l'ensemble du monde communiste est l'objet de forces centripètes qui autonomisent et individualisent ses différents segments. Les revues théoriques disparaissent ou végètent. Les éditions du PCF sont démantelées et cédées. Des quotidiens régionaux disparaissent. *L'Humanité* connaît une grave crise financière menaçant jusqu'à son existence. L'appareil de formation entre en crise.[54] Les socialisations militantes à la base se déstructu-

51. *Cf.* Cécile Amar, *Les Nouveaux Communistes. Voyage au cœur du PCF*, Denoël, Paris, 1999, p. 48-49.

52. Pierre Bourdieu, *Langage et pouvoir symbolique, op. cit.*, p. 107.

53. Des maires communistes disposent néanmoins de ressources de notabilité personnelle et peuvent en jouer (c'est le cas de Gaston Viens à Orly, par exemple, ou de Robert Jarry au Mans).

54. Nathalie Ethuin, « La Formation communiste dans les processus d'homogénéisation et de (re)construction d'identités partisanes », communication au congrès de l'AFSP, Lille, octobre 2002.

rent.[55] Tous les « rites » hérités de l'époque où « l'esprit de parti » renvoyait à de forts investissements dans le militantisme communiste s'estompent (carte d'adhérent, existence et fonctionnement des cellules, etc.), tandis que la capacité à susciter des vocations communistes, à sélectionner et former des cadres d'origine populaire s'affaisse irrésistiblement.[56]

C'est donc une direction sans « voix », neutralisée par ses oppositions internes, qui tente constamment de redorer son « image » (sur le stalinisme, les archives, la démocratie, la repentance, etc.), qui se retrouve aux commandes du parti. Alors qu'elle ne peut plus continuer comme avant (quoi qu'en disent les « nostalgiques »[57]), elle vit d'expédients divers. Sur la scène médiatico-politique, la direction Robert Hue s'en remet donc aux recettes des sondeurs et autres conseillers en communication, tandis que, sur la scène intérieure du parti, la crise symbolique prend la forme d'une inflation démocratique discursive et pratique. Comme le dit Pierre Blotin, qui est l'un de ceux qui ont « théorisé » la nouvelle orientation : « Ce qui a changé, essentiellement, c'est la représentation que le PC se fait de son rôle dans la société. On est passé de la conception d'une espèce de parti-guide à un parti qui a des idées, des propositions mais qui soumet tout ça à l'appréciation des gens, essaie de faire avec eux. On passe d'un parti qui s'était autopersuadé qu'il avait la vérité révélée à un parti qui cherche cette vérité avec les gens, qui en discute, qui tente d'élaborer avec tous ceux qui souhaitent le changement. »[58] Cette « démocratisation » est mise en œuvre dans la préparation du XXIXe Congrès (La Défense, décembre 1996) et du XXXe Congrès (Martigues, mars 2000) jusqu'à faire participer les militants, qui n'en peuvent mais, à la définition de l'ordre du jour. Grâce à tout un dispositif extrêmement complexe de « remontée » des discussions de la base vers le centre, de l'ensemble des adhérents doivent émerger non seulement les thèmes de l'ordre du jour, mais aussi les analyses et

55. *Cf.* les travaux de Julian Mischi : « La recomposition identitaire du PCF », *Communisme*, n° 72-73, 2002-2003, et « Travail partisan et sociabilités populaires », *Politix*, vol. 16, n° 63, 2003.

56. C'est de manière plus générale le caractère ouvrier lui-même du parti qui se dissipe. *Cf.* François Platone et Jean Ranger, *Les Adhérents du PCF en 1997*, *Cahiers du Cevipof*, n° 27, 2000.

57. La direction Robert Hue suscite une vive opposition de ceux que l'on pourrait appeler les « restaurateurs », tous ceux qui, à l'image d'une aristocratie déchue, une aristocratie militante en ce cas, ne voient d'autre solution qu'un « retour » au passé, expliquant les échecs du communisme par l'abandon de sa tradition.

58. Cécile Amar, *Les Nouveaux Communistes…*, *op. cit.*, p. 194.

points de vue. Tout cela afin d'éviter la constitution de tendances autour des textes en concurrence soumis aux votes. Les moyens informatiques utilisés, bien faits pour donner une image moderniste, rendaient possible cette mise en scène démocratique à laquelle en réalité à peine 20 % des adhérents ont participé tandis qu'elle interdisait l'organisation d'un véritable affrontement sur la « mutation » communiste. La fonction dilatoire de ces dispositifs d'élaboration d'un programme politique ne pouvait être que provisoire et, au XXXIIe Congrès, des textes concurrents sont soumis aux adhérents. Celui de la direction du parti recueille à peine 55 %, tandis que les deux textes des opposants se partagent le reste (23,6 % et 21,4 %). Les échecs électoraux que continue de subir le PCF signent peu à peu la marginalisation de la direction Robert Hue. Évincé du secrétariat général au XXXIe Congrès (2001) au profit d'un provisoire poste de président du parti, il tente une dernière fois de jouer sa carte à la présidentielle de 2002, avec les résultats que l'on connaît : 3,4 % des suffrages exprimés.

Tout semble se passer comme si Robert Hue et son équipe n'avaient pu conduire la *mutation* jusqu'à l'un de ses termes possibles : soit la reconfiguration à l'italienne du parti, soit une reconfiguration « révolutionnaire » ou « radicale », ce qui impliquait dans un cas comme dans l'autre l'ouverture de la compétition interne aux prétendants issus de diverses fractions des classes intermédiaires salariées et aux professions intellectuelles. Dans les deux cas, on mettait fin à la spécificité de l'aventure communiste en France : la promotion d'une élite militante et dirigeante d'origine populaire dans *tous* les postes du système d'action communiste (syndicats, municipalités, associations, presse, etc.), y compris dans les lieux de production intellectuelle. Le faire eût été interroger l'inconscient historique de cette aventure, c'est-à-dire pour le moins la nature du mode de légitimation de la « vocation communiste » ou, si l'on veut, du bonheur militant. Aucune reconfiguration partisane n'a donc réussi à ce jour à enrayer le processus de dissociation de l'entreprise communiste. Le déclin du Parti communiste, si cette analyse s'avère fondée, est moins le résultat mécanique d'une nécessité historique extérieure au communisme que l'effet d'une crise symbolique continuée, dont les formes historiques ont certes changé, mais que caractérise une constante : l'impossibilité pour des hommes d'appareil et les intellectuels qui se sont fait leurs alliés de faire la révolution symbolique qui s'imposait, la révolution *contre les hommes d'appareil et leurs alliés*.

Chapitre V

Les journalistes politiques : des spécialistes du jeu politique

Jean-Baptiste Legavre

Il semble qu'il faille aujourd'hui (presque) s'excuser de travailler sur le journalisme politique. Ce serait oublier l'essentiel des journalistes et s'en tenir à une seule presse d'*establishment*. Ce serait consacrer les hiérarchies légitimes de l'espace journalistique. Un politiste comme Érik Neveu souligne en ce sens que « la plupart des visions du journalisme, jusque dans les travaux savants, théorisent à partir d'une population qui ne représente pas 5 % des journalistes en exercice »[1]. Le sociologue Jean-Marie Charon indique pour sa part que « la question des relations nouées par une poignée de journalistes parisiens avec le pouvoir politique (*i.e*, qui attirent le regard de tous) ne concerne que 10 à 15 % de la profession ».[2] Une autre politiste, Sandrine Lévèque, défend une « analyse de la profession journalistique non pas depuis l'élite qui la domine mais "par le bas", c'est-à-dire par l'ensemble des segments qui la composent ».[3] C'est pourquoi les spécialistes des médias – et ici trois des meilleurs – appellent depuis une bonne dizaine d'années à une

1. Érik Neveu, *Sociologie du journalisme*, La Découverte, Paris, 2001, p. 5.

2. Jean-Marie Charon, *Cartes de presse*, Stock, Paris, 1993, p. 25.

3. Sandrine Lévèque, « Analyser la profession journalistique "par le bas" », *in* Jean-Baptiste Legavre (sous la direction de), *La Presse écrite : objets délaissés*, L'Harmattan, Paris, 2004, p. 16.

réorientation des travaux savants. Avec succès à voir la production scientifique récente.[4] Mais à regarder ce qu'il reste encore à découvrir du journalisme politique, ces nouvelles orientations légitimes pourraient produire quelques cécités ou, en tout cas, pourraient faire croire que le journalisme dit « de référence » est un « continent » définitivement exploré. À tort. Ainsi du traitement médiatique de la réalité politique comme un « jeu » politique.

Comment situer et comprendre l'importance de ces « batailles », « coups » et « petites phrases » dans l'horizon quotidien des journalistes politiques ? La question n'est pas anodine. Attachés à décrire quotidiennement les stratégies des compétiteurs pour l'occupation des positions de pouvoir, toujours attirés par les rivalités de personnes, dans la crainte perpétuelle de « rater » ce qu'un confrère aurait pu déceler dans la posture de tel ou tel professionnel, les journalistes politiques en arrivent à « oublier » que la politique, dans un sens moins restrictif, est aussi faite de programmes ou de politiques publiques qui pourraient susciter tout autant analyses, comparaisons, reportages, notamment pour en situer leurs usages et effets pratiques. Ils préfèrent en général « déléguer » ces questions à des journalistes moins en vue. Tout se passe comme si les journalistes politiques, hier moins intéressés par le décryptage des stratégies des compétiteurs, ne pouvaient aujourd'hui se penser autrement que comme des spécialistes de la maîtrise du jeu politique.

C'est dire d'une autre manière qu'il est utile de comprendre les logiques pratiques qui les poussent autant à s'intéresser à des jeux si lointains pour beaucoup d'agents sociaux souvent très critiques vis-à-vis de la politique ordinaire. Ces derniers peuvent y voir de vaines luttes d'ambition, éloignées de l'idée plus ou moins « noble » qu'ils s'en font et, en tout cas, déconnectées de leur quotidien. Le constat est certes classique : l'intérêt d'un agent social pour la politique est directement lié à la détention d'une compétence politique, entendue comme une maîtrise des logiques propres à l'espace politique.[5] C'est bien cette compétence politique qui permet d'adopter les « bonnes » grilles de lecture des processus politiques au bon moment et ainsi de comprendre ce qui s'y joue. S'il n'y a pas lieu, encore aujourd'hui, de remettre en cause la pertinence générale d'un tel modèle, il faudrait cependant pouvoir mieux expliquer pourquoi le désintérêt pour la politique est aujourd'hui si

4. Voir Dominique Marchetti, « Les sous-champs spécialisés du journalisme », *Réseaux*, n° 111, 2002.

5. *Cf.* en particulier Daniel Gaxie, *Le Cens caché*, Le Seuil, Paris, 1978.

répandu, y compris parmi ceux qui ne sont pas vis-à-vis de la politique dans un rapport d'extériorité et qui fréquentent de manière plus ou moins critique les médias. L'écriture journalistique pourrait avoir quelques effets sur ces perceptions de la politique. On peut certes penser, comme le soutient Daniel Gaxie, que la question est mal posée et, qu'en particulier, les fractions les moins dominées (celles qui fréquentent la presse quotidienne) sont relativement « immunisées », les effets des médias étant alors très limités. Si elles sont critiques, ce serait d'abord que « l'humeur du temps » pousserait à dénoncer la politique actuelle dans tous les univers sociaux.[6] Il faudrait aussi avoir en tête que « ces fractions sont prédisposées à s'affranchir [des représentations que donnent les médias de la politique]. Leurs visions critiques doivent peu aux médias auxquels ils attribuent d'ailleurs souvent une responsabilité dans ce qu'ils perçoivent comme une “dégradation” de la politique. »[7] Sans présager d'un effet propre des médias, on peut penser cependant que l'écriture médiatique quotidienne, telle qu'elle est perçue par les (des) lecteurs, peut renforcer ou cristalliser la critique.[8]

Ce n'est pas tout. Se pencher sur le jeu politique médiatisé présente un autre intérêt : mieux comprendre les logiques de « territoires » qui structurent une rédaction. En adoptant un tel mode ordinaire de traitement de « l'actualité », les journalistes politiques sont en effet souvent perçus par leurs pairs d'autres services comme appartenant à un monde en quelque sorte irréel, à part en tout cas, futile le plus souvent. Ce questionnement est enfin l'occasion de tester à nouveau – à travers un travail statistique – l'importance de catégories analytiques mobilisées par des politistes, comme celles précisément du « jeu » (les stratégies de conquêtes et de positionnements) et des « enjeux » (les programmes et les politiques publiques) qui peuvent fournir quelques clefs pour avancer dans la compréhension des lectures médiatiques de la réalité politique.

La couverture par la presse quotidienne des dernières élections régionales et cantonales de 2004 en fournit l'occasion.[9] Il peut paraître paradoxal de retenir cette compétition, plus ou

6. Daniel Gaxie, « Une construction médiatique du spectacle politique ?... », article cité, p. 342.

7. *Ibidem*, p. 354.

8. Comme l'indique cependant très bien Daniel Gaxie, l'observation incontestable d'un tel processus pour certaines fractions du public est fort complexe à généraliser. *Ibidem*, p. 329 en particulier.

9. Ont été systématiquement dépouillés sur six semaines, *Le Monde*, *Libération*, *Le Figaro*, *Aujourd'hui en France* (édition nationale du *Parisien*), *La Croix*, *Ouest-France*, *Les Dernières Nouvelles d'Alsace*, *Les Échos*.

moins « locale », pour revenir sur une question apparemment réservée au « national » – le traitement de la politique comme un jeu de compétition. Pourtant, la couverture médiatique de cette campagne a été proche du traitement d'une campagne pour un scrutin « national ». La conjoncture politique pourrait l'expliquer, au moins en partie. Le traitement médiatique avait toute chance d'être assez intense : très fort investissement des ministres du gouvernement Raffarin – pas moins de dix-neuf ministres candidats aux régionales –, déplacements nombreux d'un Premier ministre souhaitant pourtant en faire des élections… « locales », premières consultations depuis la présidentielle de 2002, test pour un gouvernement impopulaire à l'aune des sondages et des mobilisations sectorielles. Autrement dit, et d'un certain point de vue, ces élections pouvaient s'apparenter pour des entrepreneurs politiques – professionnels élus, militants, conseillers en tout genre, journalistes, sondeurs, politologues… – à des *mid-term* élections ou élections intermédiaires[10], sortes d'oracles livrant encore mieux que les sondages, et cette fois-ci « en-grandeur-nature », « les-sentiments-des-Français ».

Cette campagne ne fait pas exception, qu'elle soit abordée de manière qualitative ou quantitative : comme d'ordinaire, les journalistes ont couvert « l'actualité » en regardant la politique avant tout comme une lutte d'ambitions et de personnes. Ils n'ont pas tort : la science politique a suffisamment montré que la politique est (aussi ou d'abord) une compétition pour l'occupation de positions de pouvoir ! Ce qui frappe est cependant le peu d'attrait des rédacteurs pour l'analyse des politiques publiques mises en place par les équipes politiques ou pour les projets des équipes en compétition. Mais il ne suffit pas d'en rester au simple constat sous la forme jamais éloignée de la déploration normative : les journalistes politiques sont pris dans des réseaux de contraintes qui les « tiennent ».

I. L'attraction du jeu

L'attrait des rédacteurs des services politiques pour le « jeu » est si fort lors de ces élections que certains, comme à *Libération*, proposent à leurs lecteurs… un jeu le jour précédant le premier tour du scrutin. « Dimanche, serez-vous un électeur éclairé ? » interroge le quotidien.[11] Le questionnaire est en lui-

10. Jean-Luc Parodi, « Les élections "intermédiaires" du printemps 2004, entre structure et événement », *Revue française de science politique*, n° 4, 2004.

11. *Libération*, 20 mars 2004.

même intéressant, moins parce qu'il permettrait de tester sa propre connaissance du jeu politique que parce qu'il pourrait fort bien situer ce qu'un journaliste politique pense devoir être les « bonnes » connaissances du « bon » lecteur-électeur. Avec le zeste d'humour et de second degré qui sied à ceux-qui-en-sont. D'abord, *la maîtrise des joutes politiques* (« Pour embêter Alain Juppé, François Bayrou veut présider... [suivent plusieurs réponses possibles] » ; « Une seule de ces phrases n'est pas d'André Santini, tête de liste UDF en Île-de-France... »), ensuite *la maîtrise des positions institutionnelles* (« Qui a succédé à Jean-Pierre Raffarin à la tête de la région Poitou-Charentes ? »), mais aussi *l'instruction civique jugée minimale* (« Pour se maintenir au second tour, une liste doit obtenir... » ou « Combien la France compte-t-elle de régions ? ») et, bien sûr, *la maîtrise des compte-rendus journalistiques* (« Qu'a dit Bernadette Chirac aux journalistes le 8 mars, lors de la visite du musée de Sarran ? »)...

Le trait n'est pas typique de l'Hexagone. Les spécialistes américains qualifient volontiers leur journalisme politique de *horse-race-journalism*, course de chevaux. La métaphore, importée en France depuis une quinzaine d'années, est reprise par des politistes différents, de manière plus ou moins relâchée. L'un, dans un texte paru en anglais et fondateur des études qui tentent de saisir statistiquement la propension des rédacteurs à penser la politique comme un « jeu », mobilise les expressions *horse-race* et *horse-race stories.*[12] Un autre a pu adapter ces expressions en inventant un dérivé, la « course de petits chevaux », pour catégoriser les questions posées aux professionnels de la politique par les journalistes politiques[13] ou voir dans ceux-ci des « pronostiqueurs hippiques »[14] évaluant constamment les positions des compétiteurs. Un autre va encore plus loin en parlant de « journalisme d'état-major ». Ce serait la phase suivante du *horse-race journalism* : les journalistes politiques ne rendraient plus seulement compte d'une course d'obstacles mais dévoileraient « les logiques de communication des candidats ».[15]

12. Jacques Gerstlé *et al.*, « Television News and The Construction of Political Reality in France and the United States », *in* Linda Lee Kaid, Jacques Gerstlé et K. Sanders (sous la direction de), *Mediated Politics in Two Cultures*, Praeger, New York, 1991, p. 120.

13. Érik Neveu, « Des questions jamais entendues », *Politix*, n° 37, 1997, p. 36.

14. Érik Neveu, « Quatre configurations du journalisme politique », *in* Rémy Rieffel et Thierry Watine (sous la direction de), *Les Mutations du journalisme en France et au Québec*, Éditions Panthéon-Assas, Paris, 2002, p. 263.

15. Arnaud Mercier, « Les médias en campagne », *in* Pascal Perrineau et Colette Ysmal (sous la direction de), *Le Vote de tous les refus...*, *op. cit.*, p. 77-78.

Le journalisme politique a changé. Incontestablement. Il n'est plus autant travaillé qu'il le fut entre la troisième République et le début de la cinquième par une logique dominante de *publicité*, intriquée plus ou moins à une logique d'*opinion(s)*. Les rédacteurs se pensaient d'abord comme des intermédiaires chargés de sélectionner les propos des parlementaires. Ils le faisaient, en fonction de positions politiques plus ou moins fortes (par exemple, ils rapportaient plus volontiers les propos des parlementaires de gauche s'ils étaient eux-mêmes à gauche). Aujourd'hui, le journalisme politique est pris comme un journalisme de « décryptage » teinté plus ou moins selon les médias et selon les « papiers » d'une logique de « vulgarisation ». Il y a trente ou quarante ans, les analyses stratégiques existaient cependant. Elles étaient le propre des rédacteurs en chef ou chefs de service qui très souvent, à l'aide des propos rapportés par les « couloiristes », ainsi que par leur propres sources, écrivaient beaucoup plus qu'aujourd'hui. Les autres journalistes politiques, soit l'essentiel des « troupes », se contentaient de présenter longuement les joutes parlementaires et les échanges proprement techniques sur les textes en débat au Parlement. À cette époque, journalisme politique et journalisme parlementaire sont d'ailleurs quasi synonymes.[16]

La lecture de la couverture médiatique de la campagne des régionales et des cantonales donne bien à voir un journalisme politique éloigné d'une seule « logique de publicité » qui verrait des journalistes présenter les prises de positions programmatiques des compétiteurs. Les rédacteurs passent sans doute beaucoup de temps à situer les déclarations des professionnels de la politique. Mais ils s'arrêtent rarement au fond des programmes. Ils décrivent marginalement les politiques publiques passées mises en place par les sortants. Ils rendent compte d'abord des échanges qui touchent le jeu politique. L'enjeu d'un scrutin, pour un journaliste politique ordinaire, est « étroitement » politique. Hors la compétition, point de salut ! Le constat vaut pour tous les types de presse quotidienne, la presse nationale comme la presse quotidienne régionale, la presse dite de référence comme la presse dite populaire.

Ainsi du *Monde*, qui se place traditionnellement au pôle intellectuel de l'espace médiatique : le traitement du scrutin par son service politique est tout entier tendu vers une analyse des

16. Voir Nicolas Kaciaf, « La dernière séance. Mutations stylistiques et déclin d'un genre caractéristique du journalisme politique français : le compte rendu parlementaire », *in* Rosalyne Ringoot (sous la direction de), *Les Genres journalistiques*, L'Harmattan, Paris, 2005.

stratégies, coups, petites phrases et déclarations des compétiteurs. Comme cette « manchette » (soit le titre le plus important de la première page d'un quotidien) : « Régionales : les enjeux de la bataille en Île-de-France ». Le papier leader en pages « France » titre sur « Les six enjeux de la bataille d'Île-de-France ». Les seuls enjeux repérés sont proprement politiques : on y apprend notamment qu'André Santini (tête de liste UDF) « veut faire entendre sa différence », que Jean-François Copé (tête de liste UMP) est « face au risque du vote sanction » ou que Marie-George Buffet (tête de liste PCF) « joue son va-tout ». La seule question non proprement « politicienne », une question de politique publique, est évoquée en une demi-phrase. Il s'agit d'expliquer que Bertrand Delanoë, le maire de Paris, soutient Jean-Paul Huchon par intérêt pour « des projets, interdépendants, de transports publics, comme le tramway ». Et encore, est-il aussitôt indiqué « pas seulement ». C'est qu'une défaite « mettrait Bertrand Delanoë en grande difficulté pour le renouvellement de son propre mandat en 2007 [...]. Compte tenu du poids de l'Île-de-France, ce serait de surcroît, pour le PS, une défaite très lourde ». De manière significative, le rédacteur en charge au *Monde* de l'ensemble des questions de l'Île-de-France, appartenant au service Régions, n'est pas convoqué dans cette page tout entière consacrée à « la bataille d'Île-de-France » : la campagne est d'abord réservée aux spécialistes de la compétition, c'est-à-dire aux journalistes du service politique, ici trois rédacteurs.

C'est d'ailleurs une telle division du travail qui est presque systématiquement adoptée. *Le Monde* consacre sa page « Régions », en plus du traitement quotidien du déroulement de la campagne dans les pages « France », à une série « Élections régionales 2004 ». Elle lui permet de passer en revue toutes les régions un mois avant le scrutin – la plupart des rédactions retenant aussi cet effeuillage quotidien. Au *Monde*, soit un journaliste du service Régions, soit un correspondant local, se charge du papier « de fond » qui fait le point de la situation locale, non proprement politique. De manière significative, cette série apparaît dans les pages « Régions » puisque ne sont pas seulement abordées des questions de compétitions électorales. Par exemple, « La plaque tournante des réseaux de coopération du Grand Ouest » (pour les Pays de la Loire)[17] ou « Auvergne : enrayer le vieillissement de la population »[18] ou « Nord - Pas-de-

17. *Le Monde*, 25 février.
18. *Le Monde*, 27 février.

Calais : la fracture sociale »[19]. Inversement, et sauf (rares) exceptions dans cette série, ce sont toujours les rédacteurs du service politique qui sont chargés d'analyser la situation politique locale dans un deuxième papier, « monté » dans la page. Ces rédacteurs peuvent la connaître moins bien que les précédents spécialistes des régions, et *a fortiori* que les correspondants, puisqu'ils ne s'y rendent qu'exceptionnellement. Ainsi cet article « La gauche rêve d'ébranler le fief du "ministre du chômage" » (*i.e.*, François Fillon, alors ministre de l'Emploi) paru dans la même page consacrée aux Pays de la Loire[20] et poussant très loin les divisions du travail : le « papier » est écrit depuis Paris par un journaliste du service politique, qui ne couvre pas l'UMP ordinairement et qui ne s'est pas rendu en reportage sur place. L'exemple, à lui seul, désigne une stratégie d'occupation et des logiques de « territoire » classiques dans les rédactions : il est impensable, pour un service politique, de laisser les questions de compétition proprement politique à un autre service. Mais les logiques de « territoire » jouent aussi à l'intérieur de chaque service. Le fait que le rédacteur en charge de l'UMP n'ait pas signé ce papier (il l'est par un autre membre du service politique) révèle certes une charge de travail importante en phase de campagne mais aussi (surtout ?) que les questions de politique locale ne sont pas premières dans les hiérarchies des rédacteurs du service politique, même si elles concernent un ministre politiquement important. Plus couramment, dans cette phase de campagne électorale et pour cette série, la division du travail conduit la rédaction du *Monde* à envoyer en reportage (hors meetings) deux journalistes. Le premier appartient au service Régions (à moins qu'un correspondant ne s'en charge) : il enquête sur les enjeux ou, en tout cas, sur une question jugée centrale – d'aménagement du territoire, par exemple – pour la région concernée. Le second vient du service politique : il couvre la compétition proprement dite.

La place du service Régions dans ces élections régionales et cantonales peut en fait s'analyser comme annexe. Un indicateur le montre : la page quotidienne accordée à ce service est supprimée la dernière semaine au profit du service politique. Comme dans les autres rédactions, plus le scrutin se rapproche, plus les analyses en termes de jeu occupent l'espace de(s) papiers. Situation à ce point paradoxale que le médiateur du *Monde* y consacrera une chronique, se saisissant de lettres de lecteurs s'étonnant que la page quotidienne « Régions » dispa-

19. *Le Monde*, 17 février.

20. *Le Monde*, 25 février.

raisse en pleine campagne des régionales et cantonales.[21] Mais en même temps, en raison des spécialisations journalistiques ordinaires, la lecture peut tout aussi bien s'inverser. Le fait que la page « Régions » puisse réclamer avec succès de couvrir un bout de campagne, fût-ce de manière partagée, et même de revenir sur les 22 régions après les élections des présidents de région pour analyser les futures politiques publiques locales annoncées par les nouvelles équipes (une région par jour sur une page entière avec un envoyé spécial ou un correspondant local) pourrait tout aussi bien s'analyser comme une plus grande difficulté du service politique à produire des frontières toujours aussi étanches sur les questions entendues comme étroitement « politiques ».

II. Un jeu de personnes

Cette compétition politique décryptée par les rédacteurs politiques est une lutte étroitement personnalisée. Si le constat est connu, il ne s'applique pas seulement à une presse au lectorat plus populaire qui, pour « accrocher » des lecteurs pensés rétifs à la politique, devrait adopter un ton et des angles plus ludiques et domestiques, comme le croit *Aujourd'hui*[22] poussant certes plus loin que d'autres cette stratégie d'écriture dans ses titres : « La fête à Dédé » (pour André Santini) ou « Huchon fait de la luge » (sur la base de loisirs de Vaires-sur-Marne)[23].

Autre exemple, *Ouest-France* propose une série, un mois avant le scrutin, « Qui sont ceux qui dirigent les régions ? » Il n'est nullement question d'équipes mais de présidents de région dont ce quotidien offre des portraits comme « Jean-Paul Huchon, patron de la plus grosse région »[24]. Mais les journaux appartenant au pôle intellectuel de l'espace médiatique ne s'éloignent pas non plus des leaders régionaux. Penser une liste à travers sa tête est une évidence pour les rédacteurs : les suivants ne sont pas supposés être connus nationalement par « les » électeurs. Ainsi ces exemples parmi des dizaines possibles : des titres du *Monde* (« Derrière son image d'amuseur, André Santini nourrit de nouvelles ambitions »[25] ou « À la

21. Robert Solé, « À l'autre bout du *Monde* », *Le Monde*, 4 avril.

22. Voir par exemple les propos typiques de ce point de vue que l'ancien chef du service politique du *Parisien* tient dans *Mots*, n° 37, 1993, p. 102-103.

23. Respectivement *Le Parisien* du 8 mars et du 25 février.

24. *Ouest-France*, 25 février.

25. *Le Monde*, 25 février.

soirée de soutien à Jean-Paul Huchon, c'est "Bertrand" la vedette »[26]) à ceux de *Libération* (« À 78 ans, Giscard ne voit sa vie qu'en président »[27]) en passant par ceux de *La Croix* (« Marine Le Pen plonge dans la vague du 21 avril »[28]) ou du *Figaro* (« Pour gagner la campagne en Île-de-France, trois femmes se livrent bataille dans Paris »[29]).

Le prisme « présidentiel » ne fonctionne cependant pas de manière tout à fait univoque. Les femmes candidates ne se voient en effet pas réserver le même traitement médiatique que les hommes. On pourrait penser qu'il s'agit là d'abord d'une contrainte de genre touchant plus particulièrement la presse se situant au pôle le moins intellectuel de la presse quotidienne. Ségolène Royal y est sans doute plus souvent qu'ailleurs appelée « Ségolène » : « Ségolène humilie Raffarin » (et non... Jean-Pierre !) diagnostique *Aujourd'hui*[30], « Ségolène, vraie pro de la politique » soutient *Ouest-France*.[31] Elle n'est pas seule : ainsi Marine Le Pen – « L'échec de Marine » [32] –, Marie-George Buffet – « La joie de Marie-George »[33] – ou Bernadette Chirac – « Bernadette s'affiche avec Raffarin » (et non avec... Jean-Pierre !)[34]. Incontestablement, on retrouve ce qu'ont bien montré Delphine Dulong et Frédérique Matonti pour les municipales de 2001 : « Les candidates sont toujours ramenées à la singularité de leur condition de femmes », le prénom étant une composante traditionnelle du « rôle privé ». Mais pas seulement. Elles soulignent aussi combien « les femmes usent volontiers »[35] de ces stéréotypes, parce qu'elles les ont intériorisés mais aussi parce que les représentations du métier politique changent et mettent beaucoup plus aisément l'accent sur des qualités hier pensées comme exclusivement féminines, notamment les « qualités relationnelles ».

S'attacher à la seule contrainte de genre serait de fait masquer d'autres facteurs. Ce serait néanmoins oublier, d'abord,

26. *Le Monde*, 25 février.
27. *Libération*, 27 février.
28. *La Croix*, 11 mars.
29. *Le Figaro*, 10 mars.
30. *Aujourd'hui*, 29 mars.
31. *Ouest-France* 29 mars.
32. *Aujourd'hui*, 23 mars.
33. *Aujourd'hui*, 22 mars.
34. *Aujourd'hui*, 26 mars.
35. Delphine Dulong et Frédérique Matonti, « L'indépassable féminité. La mise en récit des femmes en campagnes », *in* Jacques Lagroye, Patrick Lehingue et Frédéric Sawicki (sous la direction de), *Mobilisations électorales*, *op. cit.*

que toutes les femmes ne se voient pas réserver le même traitement dans l'ensemble des médias. Singulièrement Ségolène Royal subit (ou bénéficie de ?) la même stratégie de dénomination dans la quasi-totalité des médias, y compris là où l'on s'y attendrait le moins comme à *La Croix* : « Ségolène, tout simplement »[36], ou au *Figaro* : « Avec son élégance sobre, Ségolène semble bien passer auprès des électeurs »[37]. Ce serait ensuite ne pas observer que toutes les femmes n'ont pas la même probabilité de se voir nommer par leur prénom (aucun journaliste ne le fait avec les présidentes des régions Rhône-Alpes ou Poitou-Charentes). Enfin, des hommes peuvent recevoir de telles dénominations, de manière cependant nettement moins fréquente (« En voiture Dédé » titre ainsi *Aujourd'hui*[38] pour André Santini lançant sa campagne en Île-de-France). Mais elles ne sont jamais systématiques et, surtout, les jeux avec les mots se font d'abord autour des noms ou des initiales plus que des prénoms. Ainsi Dominique Strauss-Kahn (« Avant la présidentielle, DSK ne se rit pas de cantons »[39] pour *Libération* ; « DSK : il faut crier fort dimanche » pour *Le Parisien*[40]) ou Nicolas Sarkozy (« Sarko se décarcasse »[41]). Significativement, une occurrence concerne le leader du PS qui se voit appeler une fois « François » mais avec des guillemets par *Libération* et sans doute uniquement parce que l'angle du papier est justement sa relation avec sa compagne (« "François" et "Ségolène" en duo gagnant »[42]).

Il faut cependant voir aussi dans ce procédé différencié de dénomination le produit de « stratégies » de communication de candidats dans lesquelles « tombent » plus ou moins consciemment beaucoup de rédacteurs. Et d'autant plus aisément que depuis vingt ans ils sont eux aussi très souvent persuadés qu'ils doivent renouveler le traitement de la politique pour être lus par des publics perçus comme de moins en moins captifs.[43] Cette « rencontre » plus ou moins ajustée est bien celle d'agents sociaux partageant là des intérêts bien compris même s'ils sont, de prime abord, dissemblables. C'est qu'un journaliste n'est

36. *La Croix*, 23 mars.

37. *Le Figaro*, 9 mars.

38. *Aujourd'hui*, 4 mars.

39. *Libération*, 27 février.

40. *Aujourd'hui*, 24 mars.

41. *Aujourd'hui*, 23 mars.

42. *Libération*, 26 mars.

43. Brigitte Le Grignou et Érik Neveu, « Intimités publiques », *Revue française de science politique*, n° 6, 1993.

pas d'abord supposé promouvoir « ses » sources et un communicant n'est pas d'abord supposé offrir à « ses » journalistes une mauvaise image de l'homme (ou de la femme) politique conseillé(e). On se persuadera pourtant de l'existence de « stratégies » de communication en notant que Ségolène Royal signe systématiquement ses autographes d'un « Ségolène », retournant là l'éventuel stigmate et indiquant d'ailleurs sans forcément s'en rendre compte qu'elle occupe une certaine place et surtout pas une autre (aucun journaliste ne penserait appeler dans ses « papiers » Jacques Chirac ou Lionel Jospin par leurs prénoms, de même qu'on imagine mal ces derniers signer des autographes aussi souvent et d'un « Jacques » ou d'un « Lionel »). L'enjeu est bien de faire « plus proche », « plus humain » comme ne cessent de le demander les communicants pensant là résoudre la-crise-de-la-représentation, appréhendée comme une distance trop grande entre « gouvernants » et « gouvernés ».[44]

Autre exemple, André Santini joue souvent de sa figure d'amuseur (il aime peut-être vraiment passer pour un homme politique adepte des petites phrases humoristiques fumant des havanes et spécialiste de Tintin ; il « sait » surtout que, faute de ressources politiques de « poids », il aurait toute chance d'être peu repris dans les médias sans formules drôles ou ironiques. Sans un profil légèrement décalé, il perdrait auprès des journalistes son statut de « bon client »). C'est lui qui, par exemple, nomme l'automobile qui lui sert à se déplacer durant la campagne (en tout cas le temps de disposer de photos et de reportages dans la plupart des médias) sa « dédémobile »...

III. Un jeu chiffré

Plusieurs chercheurs, et en particulier Jacques Gerstlé, ont offert, depuis une bonne quinzaine d'années, des résultats chiffrés allant dans le même sens : l'analyse quantitative de la lecture médiatique de la politique fait ressortir une hypertrophie du « jeu » au détriment des « enjeux ».[45] La comparaison temporelle ou spatiale est significative : ainsi de l'élection présidentielle de 1988 (un peu plus du quart des unités d'information télévisée

44. Jean-Baptiste Legavre, « Crise de la représentation et nouvel homme politique. Le métier politique au prisme des conseils en communication politique », *in* Yves Poirmeur et Pierre Mazet (sous la direction de), *Le Métier politique en représentations*, L'Harmattan, Paris, 1999.

45. À l'exception des élections de 1992 pour la presse quotidienne régionale, voir Jacques Gerstlé, « La région, entre nation et département », *in* Philippe Habert, Pascal Perrineau et Colette Ysmal (sous la direction de), *Le Vote éclaté...*, *op. cit.*

– pour TF1 – traitent d'abord des enjeux[46]) ou des élections législatives de 1993 (un peu plus de 20 % des unités d'information télévisée – ici TF1)[47] ou des élections européennes de 1999 (un peu plus ou un peu moins de 20 % des unités d'information selon les quotidiens de presse écrite – pour la presse quotidienne nationale et pour la presse quotidienne régionale)[48] ou des élections municipales et cantonales de 2001 (un peu moins de 30 % des unités d'information télévisée – pour une télévision locale)[49]. Pour toutes ces élections, les journalistes politiques se focalisent essentiellement sur la compétition pour l'occupation des positions de pouvoir et sur ses stratégies afférentes. Le jeu occupe grosso modo entre 60 et 80 % de l'espace d'information.[50]

La distinction entre le *jeu* et les *enjeux* pose cependant d'évidents problèmes. Les productions journalistiques mêlant souvent du jeu et des enjeux, les chercheurs adoptent une solution bien formalisée par Jacques Gerstlé : « Juxtaposition, chevauchement et emboîtement sont fréquents. Nous avons cependant pris le parti d'interpréter chaque sujet à partir de son centre de gravité ou noyau thématique. »[51] C'est dire qu'un article pouvant sur deux colonnes privilégier le jeu et sur une colonne privilégier des enjeux sera comptabilisé comme du jeu. Le travail statistique grossit donc ce qu'il fait émerger. Ces catégories rabattent aussi des pratiques diversifiées sur quelques

46. Jacques Gerstlé *et al.*, « La couverture télévisée des campagnes présidentielles. L'élection de 1998 aux États-Unis et en France », *Pouvoirs*, n° 63, 1992, p. 59.

47. Jacques Gerstlé, « La campagne électorale au prisme de l'information télévisée », *in* Philippe Habert, Pascal Perrineau et Colette Ysmal (sous la direction de), *Le Vote sanction. Les élections législatives des 21 et 28 mars 1993*, Presses de Sciences Po, Paris, 1993, p. 68.

48. Hugues Combet, Aline Grange, Olivier Hirsch et Sonia Kléber, *Le Traitement par la presse française des élections européennes*, mémoire secondaire sous la direction de Jean-Baptiste Legavre, DEA de science politique, IEP de Strasbourg, 2000.

49. Jean-Baptiste Legavre, « Une séquence de (re)connaissances. TV Fil 78 et la campagne des municipales à Saint-Quentin-en-Yvelines », *in* Jacques Lagroye, Patrick Lehingue et Frédéric Sawicki (sous la direction de), *Mobilisations électorales, op. cit.*

50. Voir aussi, pour une étude des unes sur trois mois en 2002, Nicolas Hubé, « L'Union européenne en "Une" : un cadrage difficile d'une actualité peu visible. Regard comparé sur la presse française et allemande », *in* Guillaume Garcia et Virginie Le Torrec (sous la direction de), *L'Union européenne et les médias. Regards croisés sur l'information européenne*, L'Harmattan, Paris, 2003.

51. Jacques Gerstlé, « La couverture télévisée... », article cité, p. 54. C'est d'ailleurs la solution que nous avons retenue plus loin.

cadres homogénéisants – en particulier pour « le jeu ». Tout type de propos journalistique, dès lors qu'il n'est pas d'abord question de programmes et de politiques publiques, devient du « jeu ».[52]

Reste que l'existence cumulée de travaux portant sur d'autres espaces médiatiques a l'avantage de permettre une comparaison et donc une saisie de la spécificité de la couverture médiatique retenue. C'est d'abord pour cette raison qu'un travail statistique similaire est ici proposé. Les résultats sont issus d'un comptage systématique des articles « politiques » (*i.e*, parus dans les pages labellisées ordinairement comme telles – dans la PQN – ou se présentant comme telles – dans la PQR). Ces articles sont parus pendant six semaines dans huit quotidiens : *Le Monde*, *Libération*, *Le Figaro*, *Aujourd'hui*, *La Croix*, *Les Échos*, *Ouest-France*, *Les Dernières Nouvelles d'Alsace*. L'observation porte sur les quatre semaines précédant le premier tour, l'entre-deux-tours et la semaine qui suit, et se termine par l'élection des présidents des conseils régionaux.[53]

L'enquête débouche sur le même constat que les analyses précédentes, dans des proportions encore plus importantes[54] : le jeu définit l'horizon quotidien des journalistes politiques. Selon les médias écrits concernés, il occupe entre 77 % (*Ouest-France*) et 96,5 % (*Libération*) des unités d'information (*tableau I*, p. 130). Ce n'est pas dire que tous les journaux se ressemblent (même si *Ouest-France* apparaît comme une exception d'ailleurs relative) mais l'écart, pour la seule PQN, est seulement de 10 points, et sept quotidiens sur les huit retenus proposent dans leurs colonnes plus de 85 % d'articles comptabilisés comme du jeu politique.

D'autres comptages permettent d'affiner encore l'analyse. C'est le cas des « unes » qui « grossissent » les logiques ordinaires de l'actualité politique envisagée par la presse. Entre 90 % (*La Croix*) et 100 % (*Libération*) des manchettes sont consacrées

52. Même si rien n'interdit de comptabiliser des catégories diversifiées de jeu comme le fait Jacques Gerstlé. *Ibidem*.

53. 293 unes et 2 942 articles ont été codés. Le travail quantitatif a été réalisé en collaboration avec Nicolas Hubé (nous nous sommes divisé les médias retenus, lui-même réalisant les comptages pour *Le Monde*, *Le Figaro*, *Les Échos*, *Les Dernières Nouvelles d'Alsace*). Voir Nicolas Hubé, « Ein nationales Theaterstück. Die Wahlenberichterstattung acht Tageszeitungen », *Lendemains*, n° 114, 2004. Les tableaux ont été réalisés par Nicolas Hubé. Je l'en remercie vivement.

54. Mais le pourcentage plus important pourrait s'expliquer ici par la prise en compte, contrairement à la plupart des auteurs cités, de l'entre-deux-tours et de la semaine postérieure aux élections, moments où le jeu politique est encore plus présent qu'à l'ordinaire.

à du jeu politique (voir *tableau I*). Pour en situer l'importance, il faut savoir que la «une» est un lieu d'objectivation des classements et luttes internes pour définir la «bonne» actualité. Elle est aussi, pour les protagonistes, un dispositif susceptible de déclencher l'acte d'achat: les lecteurs étant de plus en plus irréguliers, cet aspect du travail de «une» est pensé comme décisif dans les rédactions. Elle est enfin une prérogative des journalistes les plus titrés (directeur de la rédaction, rédacteurs en chef, chefs de service).[55]

C'est dire que le constat statistique permet, d'abord, d'observer que l'actualité politique électorale, et plus largement l'actualité politique, reste «primée» par les rédactions en chef les plus légitimes – pendant les six semaines couvertes, *Le Monde*, *Libération* ou *Le Figaro* accordent aux élections entre 15 et 17 unes sur 37 possibles (*Le Monde* accorde même à la politique «intérieure» au cours de la même période 25 unes sur 37 possibles) – voir *tableau II*, p. 130. Sans compter que, pour ces trois quotidiens, les élections sur ces six semaines sont absentes entre une et neuf fois de la page de «une»[56]. Autrement dit, et en phase de campagne, l'actualité politique, synonyme de compétition pour les postes, relègue encore plus que d'habitude les autres thèmes possibles. La remarque vaut non seulement pour les enjeux mais aussi pour les questions relevant d'autres services. Significativement et en dehors du *Parisien,* qui accorde 19 unes à une actualité autre que politique *lato sensu* (c'est-à-dire intégrant l'actualité internationale), les quotidiens les plus légitimes retiennent entre 1 (*Le Monde*), 5 (*Libération*) et 8 (*Le Figaro*) unes autres que politiques (*lato sensu*) sur la période retenue (voir *tableau III*, p. 131).

L'observation statistique permet ainsi de bien voir que les journalistes les plus «titrés», les producteurs de unes, sont persuadés qu'une manchette proprement politique centrée sur le jeu a plus de chances d'être rentable commercialement qu'une manchette consacrée à des enjeux et, en tout cas, est plus légitime aux yeux des pairs et du public. Mais tout type de jeu n'intéresse pas les rédactions en chef. Les «leçons» générales de l'événement, et leurs tendancielles «dramatisations» ont toute chance d'être primées: «Régionales: l'heure de vérité» prévient *Le Figaro* la veille du second tour[57], «Attention, élection», rap-

55. Voir Nicolas Hubé, «La conférence de rédaction du *Monde*. Une approche ethnographique de l'élaboration de la "Une"», *in* Jean-Baptiste Legavre, (sous la direction de), *La Presse écrite, objets délaissés, op. cit.*

56. Une fois pour *Le Figaro*, quatre fois pour *Le Monde* et neuf fois pour *Libération*.

57. *Le Figaro*, 27-28 mars.

Tableau I - La place du jeu dans les quotidiens								
Pourcentage de jeu	*Le Monde*	*Libération*	*Le Figaro*	*Aujourd'hui*	*La Croix*	*Ouest-France*	*DNA*	*Les Échos*
En « une »	91	100	97,5	95	90	96,5	91	93
Dans les articles	88,6	96,5	91,5	94,6	86,5	77	95,4	86

Tableau II - Les thèmes de Une								
Thèmes en « une »	*Le Monde*	*Libération*	*Le Figaro*	*Aujourd'hui*	*La Croix*	*Ouest-France*	*DNA*	*Les Échos*
Élections du 14/03 au 3/04	17 14	17 12	15 13	9 8	8 8	15 11	15 8	6 5
Politique intérieure	8	5	6	4	2	2	7	5
Politique internat.	11	10	8	5	17	11	8	5
Autres	1	5	8	19	8	9	14	12
Total	37	37	37	37	35	37	44	28

TABLEAU III - LE « POIDS » DES ÉLECTIONS EN UNE								
Élections en...	*Le Monde*	*Libération*	*Le Figaro*	*Aujourd'hui*	*La Croix*	*Ouest-France*	*DNA*	*Les Échos*
manchette	17	17	15	19	8	15	15	6
deuxième titre	3	2	3	-	-	2	1	4
autre titre	13	9	18	10	16	11	11	5
pas en « une »	4	9	1	18	11	9	17	13
du 14/03 au 4/04	-	-	-	5	3	2	2	4
Total	38	37	37	37	35	37	44	28

TABLEAU IV - LE CADRAGE EN UNE								
Cadrage en « une »	*Le Monde*	*Libération*	*Le Figaro*	*Aujourd'hui*	*La Croix*	*Ouest-France*	*DNA*	*Les Échos*
Élections nationales	22	14	21	12	10	10	4	14
régionales	11	2	14	5	10	12	19	1
Les deux	1	1	-	2	4	3	4	-
Autres	-	1	1	-	-	3	-	-
Total	34	28	36	19	21	27	27	15

pelle *Libération* la veille du premier craignant une « abstention massive »[58], laquelle est également combattue par *Aujourd'hui* : « Mais si, il faut voter »[59] ou *Ouest-France* : « C'est à vous de jouer »[60]. « La moitié du gouvernement est en campagne régionale » comptabilise *Le Monde* un mois avant l'échéance[61], « Les plans de bataille du second tour » décrypte *La Croix*[62].

Le travail statistique objective bien cette tendance (*tableau IV*, p. 131), d'autant plus nette qu'un quotidien appartient à la PQN, à la presse dite de référence, et dispose des plus gros tirages : les trois « grands » quotidiens, lorsqu'ils retiennent en « une », entendue au sens large (pas seulement la manchette), les élections, les « cadrent » comme des élections « nationales » 22 fois pour *Le Monde* (sur 34 apparitions en « une »), 24 fois pour *Libération* (sur 28 apparitions), 21 fois pour *Le Figaro* (sur 36 apparitions).

On aura, enfin, une idée supplémentaire de l'importance de la construction de l'actualité en termes de jeu en se penchant sur les modes de traitement des enjeux. Il ne suffit pas en effet de constater qu'ils sont faiblement présents : d'un peu moins du quart des occurrences pour *Ouest-France* à 3,5 % pour *Libération* (moins de 12 % pour *Le Monde* et 8,5 % pour *Le Figaro*). Les journalistes politiques sont donc loin de décrypter en détail les politiques publiques passées et les programmes proposés. Souvent, ils se contentent même de donner la parole directement aux compétiteurs. Par exemple, *Le Figaro* chaque jour et par région (mais aussi *Aujourd'hui*) dispose d'une rubrique « Les propositions des principaux candidats » qui n'est rien d'autre que le résumé des programmes. *Le Figaro* retient cependant quotidiennement dans un « papier » de la même page un thème jugé décisif pour ladite région. Par exemple, pour le Languedoc-Roussillon, « L'aménagement au cœur de la campagne ». Mais, significativement, l'article est moitié moins important que celui traitant de la compétition proprement dite (« En Languedoc-Roussillon, Blanc et Frêche jouent le dernier acte »).[63] Certains jours, l'article d'analyse des enjeux est encore plus réduit, comme pour la région Lorraine. Le cas mérite un plus long détour. Les luttes à droite ont été si fortes dans cette région que les journalistes paraissent « aspirés »

58. *Libération*, 20-21 mars. Significativement, « Élection » est au singulier.
59. *Aujourd'hui*, 9 mars.
60. *Ouest-France*, 20-21 mars.
61. *Le Monde*, 20 février.
62. *La Croix*, 19 mars.
63. *Le Figaro*, 15 mars.

encore plus que d'habitude par le jeu, ajoutant au papier « de tête » un autre sur la tentative d'implantation récente du ministre de la Culture (« Aillagon s'installe à Metz en douceur »). Les enjeux (« Une économie qui reste sinistrée ») se voient du coup relégués.[64]

Mais l'intensité de la lutte n'est pas le seul critère à prendre en compte pour saisir la place prise par les jeux dans la couverture médiatique. Le profil des journalistes appelés à commenter est décisif, au *Figaro* en particulier, où des marges d'autonomie peuvent être laissées aux rédacteurs, plus qu'au *Monde* en particulier. Ainsi, il est même certains jours, comme avec les Pays de la Loire, où la question des enjeux est réduite à la présentation des « propositions » des candidats, exception faite de deux maigres colonnes dans un article de jeux (« Fillon sur un long fleuve tranquille », « Philippe de Villiers mise sur les européennes » et « La droite ne s'inquiète qu'en Loire-Atlantique »).[65] Il n'est pas anodin de noter que l'envoyée spéciale qui rédige l'ensemble de la page est Christine Clerc, une journaliste politique rompue aux joutes partisanes, titrée dans les hiérarchies symboliques et qui n'écrit justement jamais sur les enjeux non proprement politiques et, pendant la campagne, beaucoup plus souvent dans la rubrique quotidienne « Carnets de campagne », qui lui permet d'expliquer les stratégies et positionnements des uns et des autres.

De même, *Ouest-France* donne assez souvent la parole aux têtes de liste (mais plus souvent aux plus légitimes) à travers des entretiens ou des tribunes dans lesquels ils peuvent décliner leurs programmes. Mais, contrairement aux autres quotidiens (et y compris *Les Dernières Nouvelles d'Alsace*), le quotidien régional passe aussi en revue, et sur plusieurs jours, un ensemble d'enjeux jugés importants. Il offre alors une analyse des actions menées pendant la mandature passée, autant qu'il présente l'importance de la question traitée pour la région (par exemple : « Culture : 11,30 euros par habitant et par an »[66] ou « Les deux défis bretons du transport »[67]). En complément de cet article « de tête », chaque leader est appelé à présenter sur cet enjeu son programme d'action. *Ouest-France* se distingue aussi d'une autre manière : lorsqu'il couvre les meetings des candidats, le quotidien a tendance à plus souvent et plus nettement consacrer des passages aux enjeux quand la plupart des autres rédactions se

64. *Le Figaro*, 17 mars.
65. *Le Figaro*, 11 mars.
66. *Ouest-France*, 24 février.
67. *Ouest-France*, 27 février.

concentrent, à cette occasion aussi, sur les stratégies de positionnement des candidats les uns vis-à-vis des autres ou y voient l'occasion de traquer les « petites phrases » signifiantes.

IV. Des logiques pratiques

Quelques éléments d'explication sont généralement avancés pour expliquer la suprématie d'une mise en récit centrée sur le jeu. Première explication, le déclin des idéologies abaisserait l'intérêt des journalistes pour des programmes pensés comme plus ou moins interchangeables, mettant du coup « à nu » la lutte pour les postes.[68] Par ailleurs, « la logique marchande », en particulier à la télévision et par ricochet dans l'ensemble des médias, transformerait les conditions d'exercice du métier. La concurrence accrue abaisserait les anciennes exigences civiques inclues en particulier dans les obligations de service public, de même que la course à l'audimat pousserait les producteurs de nouvelles à « la fragmentation, la personnalisation et la dramatisation ».[69] Les journalistes disposeraient aujourd'hui de plus de ressources scolaires que leurs homologues des années cinquante ou soixante et bénéficieraient de la diffusion à grande échelle aussi bien des sciences sociales que de valeurs anti-institutionnelles.[70] Le tout les pousserait à décrypter plus souvent les stratégies des compétiteurs.

Au moins trois éclairages complémentaires méritent d'être pris en compte. Premier éclairage : à l'intérieur des entreprises de presse, toutes les catégories de journalistes n'ont pas les mêmes représentations du « bon » travail journalistique. Ce n'est pas sans effet sur les manières concrètes de faire son métier. La division entre le « jeu » et les « enjeux », entre, d'un côté, la compétition et ses jeux de pouvoir et, de l'autre, les politiques publiques, est extrêmement routinisée dans les rédactions, d'autant que les journalistes politiques chargés de couvrir l'actualité législative du Parlement sont aujourd'hui moins nombreux dans les services politiques et disposent de moins d'espaces d'écriture. Depuis une dizaine d'années, plusieurs médias ont pourtant tenté de restructurer leurs services politiques

68. Jacques Gerstlé, « La campagne électorale... », article cité, p. 72. Voir aussi Daniel Gaxie, « Une construction médiatique... », article cité, note 1, p. 523.

69. Jacques Gerstlé, « La persuasion de l'actualité télévisée », *Politix*, n° 37, 1997, p. 86.

70. Voir Érik Neveu, « Quatre configurations du journalisme politique », article cité, p. 261, et Cyril Lemieux, « Les formats de l'égalitarisme. Transformations et limites de la figure du journaliste-justicier dans la France contemporaine », *Quaderni*, n° 45, 2001, p. 57.

en intégrant des rédacteurs en charge de plusieurs politiques publiques (des questions « macro » de politiques économiques ou de politiques sociales). Ainsi *Le Monde* a créé au milieu des années quatre-vingt-dix un service « France ». Mais les représentations croisées de la « bonne » information se sont maintenues. Les rédacteurs politiques ont, souvent, un regard plus ou moins ambigu sur ces pairs physiquement proches (ils partagent le même espace de bureaux). D'un côté, une certaine admiration : le travail d'enquête est souvent plus long, un « papier » ne se construit pas aussi rapidement qu'un article proprement politique, la technicité des dossiers peut être élevée. D'un autre côté, une *condescendance* marquée : ces journalistes sont souvent regardés par les rédacteurs politiques comme ne-comprenant-rien-à-la-politique. C'est que, pour eux, la compréhension de l'univers politique supposerait des qualités journalistiques spécifiques : disponibilité totale, réactivité à l'événement, anticipations, subtilités, maîtrise des tentatives quotidiennes de manipulation de sources maniant séduction ou autorité et sentiments partagés que les luttes produisent des effets considérables. Autrement dit, ces rédacteurs non « politiques » sont le plus souvent placés en position seconde par les journalistes politiques.

C'est ce que montre un entretien avec une ancienne journaliste politique, aujourd'hui dans un autre service d'un quotidien dit « de référence ». Elle revient sur ce qui l'intéressait alors dans la couverture de la politique, c'est-à-dire avant tout les petites phrases, les batailles, les coups :

> « On avait intégré [dans le service] la macro-économie, ça prenait de plus en plus de place et je trouve que… […] il y avait une espèce de compétence d'experts (chez ces journalistes), mais on les méprisait un peu alors qu'on aurait été incapables de faire ce qu'ils faisaient […]. On avait quand même une espèce de mépris […]. Je ne sais pas si c'était du mépris, j'essaie de mettre un mot… nous, on était plutôt dans le futile ! Et on se disait qu'ils ne savaient pas le faire. Eux, ils avaient une compétence, alors, c'était extrêmement pratique, ça c'est le budget, nous on n'y comprend rien, c'est pour vous. […] Je ne l'aurais jamais dit [à l'époque], mais c'est plus rigolo un papier sur la dernière crasse que Fabius fait à Strauss. »[71]

Ces représentations croisées ont largement à voir avec les modes d'investissement quotidiennement réactivés en situation par les agents concernés. Cette journaliste d'une petite quaran-

71. Entretien avec A., juin 2004.

taine d'années (diplômée de l'IEP de Paris), confesse ne plus réussir désormais à lire la plupart des papiers politiques (« c'est mortellement chiant », lance-t-elle), comme s'il fallait « en être » et « y être » pour y croire, et pour vivre de l'importance des « petites phrases » et de la compétition proprement politique. Elle revient significativement sur ses débuts au service politique :

> « Ce qui m'a frappée [au début], c'est à quel point on était dépendants quotidiennement de l'actualité, à quel point..., je sais que les choses qui m'ont frappée, qui m'ont choquée au début et que j'ai comprises après [...], c'est toujours cette volonté de fabriquer artificiellement des événements politiques. C'est-à-dire qu'on nous apprenait à fabriquer des événements, c'est-à-dire qu'on nous disait..., je me souviens, X, qui était chef du service politique, qui nous disait : "Bon, il faut les solliciter tout l'après-midi, comme ça, on fait un papier de réactions et ça va faire rebondir pour demain." Des choses comme ça. C'est-à-dire que je n'avais pas compris qu'on fabriquait aussi quand on faisait du journalisme politique. "Comment on fait pour rebondir là-dessus ? Il faudrait que quelqu'un appelle tous les députés et puis on ferait un papier, etc." Et la deuxième chose qui m'a frappée, c'est que je trouvais au début, et plus après, comme quoi !, c'est qu'on donnait trop d'importance aux petites phrases, c'est-à-dire que je n'ai pas compris tout de suite l'importance, réelle je pense aujourd'hui, qu'une petite phrase peut avoir en politique. »[72]

Cette journaliste commençait classiquement sa journée (alors qu'elle pense que l'énoncer n'est « pas très intellectuel ») par la lecture « angoissée » de ses confrères pour voir si elle avait été « la première ». Elle nous rappelle ainsi que le jugement des pairs est décisif dans l'univers journalistique[73] (avant celui des sources et *a fortiori* celui des lecteurs, même si le constat varie selon les journaux et les journalistes). Le constat n'est pas sans conséquence. La « circulation circulaire de l'information »[74] entre rédacteurs de titres concurrents (faite d'autosurveillance mutuelle et « d'effets d'interlecture »[75]) accentue pro-

72. *Ibidem*.

73. Voir en particulier Rémy Rieffel, *L'Élite des journalistes*, PUF, Paris, 1984, p. 109 *sq*, Jean Charron, *La Production de l'actualité*, Boréal, Québec, 1994, notamment p. 182 *sq*, et Philip Schlesinger, « Le chaînon manquant. Le "professionnalisme" et le public », *in* Paul Beaud, Patrice Flichy, Dominique Pasquier et Louis Quéré (sous la direction de), *Sociologie de la communication*, Réseaux-CNET, Paris, 1997, p. 689 *sq*.

74. Pierre Bourdieu, *Sur la télévision*, Liber, Paris, 1996, p. 22.

75. *Ibidem*, p. 25.

bablement la focalisation sur le jeu politique, la concurrence n'étant pas en elle-même productrice de diversité, ici encore moins qu'ailleurs.[76]

> « Ce qui m'intéressait, je vais te le dire, d'une manière très..., ça n'est pas très intellectuel ! C'était d'abord d'être la première dans ma rubrique. Je ne voulais pas qu'il y ait d'autres infos qui sortent avant moi. Tous les matins je venais très tôt, je regardais tous les journaux et je voulais absolument que tout ce qu'il y ait dans ma rubrique, ça soit dans [le journal], et c'était à l'époque extrêmement important ».[77]

Il faut « en être » et donc « y être ». Comme l'a souvent montré Pierre Bourdieu, l'*illusio* est en relation étroite avec l'investissement des agents dans l'activité concernée. Et l'*illusio* est un arbitraire. C'est « être investi, pris dans le jeu »[78]. Comme il l'écrit dans ses *Méditations pascaliennes* : « L'*illusio* n'est pas de l'ordre des principes explicites, des thèses que l'on défend, mais de l'action, de la routine, des choses que l'on fait parce qu'elles se font et que l'on a toujours fait ainsi. »[79] Une autre journaliste d'un des « grands » quotidiens l'explique avec ses propres mots. Elle a aussi une petite quarantaine d'années, est diplômée de l'IEP de Paris, et a appartenu aux services politiques de plusieurs hebdomadaires et d'un autre quotidien national que celui dans lequel elle travaille aujourd'hui. Elle revient sur son expérience passée (elle n'est plus journaliste politique), explicitant sa difficulté à en parler après coup. Ce faisant, cet extrait d'entretien donne quelques pistes pour mieux comprendre l'importance de l'investissement, en situation, et du sens du jeu intériorisé : « J'étais dedans », explique-t-elle.

> « C'est difficile de parler du journalisme politique quand on n'est plus journaliste politique. On a l'impression de ne pas être légitime si on n'est pas précisément dans le jeu, c'est-à-dire si l'on n'est plus journaliste politique. On est sorti du ring – ça ressemble à un ring de boxe – on a le sentiment d'avoir le discours de quelqu'un qui pourrait paraître... je vais employer des qualificatifs psychologiques : déçu, frustré, jaloux, mais ça ne relève pas de ça. *Quand on n'est pas en situation on a un autre regard sur la pratique.* [...] Je peux parler du journalisme politique en tant que journaliste mais en même

76. *Ibidem*, p. 87.
77. Entretien avec A., juin 2004.
78. Pierre Bourdieu, *Réponses*, Le Seuil, Paris, 1992, p. 92.
79. Pierre Bourdieu, *Méditations pascaliennes*, Le Seuil, Paris, 1997, p. 123.

temps je sais bien *qu'une fois qu'on est dedans il faut qu'on soit dans l'illusion que c'est important les sujets qu'on traite pour les traiter*, et d'ailleurs ça vaut pour tous les autres sujets [...]. Je crois qu'on ne se rend pas compte quand on est dedans quel que soit le sujet [...]. Avec le recul, et à un moment donné j'ai voulu m'en écarter... c'est passé pour moi par un intérêt pour les acteurs, leurs parcours, leur histoire [...]. Pour moi, les journalistes politiques n'étaient pas assez moralistes, pas au sens de moralisateurs mais au sens ancien, le moraliste c'est celui qui décrivait les mœurs de ses contemporains [...]. On n'est pas là pour donner des leçons, pour dire : "Il faut qu'un tel gagne contre un tel" ou pour seulement s'exciter sur les petites phrases mais on doit être moraliste au sens où l'on doit raconter ce qui se passe dans la sphère politique. [...] Mais *j'étais dedans*, il fallait comprendre ce qui se passait au Parlement..., les luttes [...], tout ça, il fallait le suivre, c'était typiquement du jeu politique. [...] *Je n'étais pas dans une position de surplomb. J'étais dans le jeu* [...]. Les journalistes politiques sont prisonniers. Ça me fait penser à cette histoire du fou qui est enfermé dans un hôpital psychiatrique. Il est derrière les grilles et il regarde les passants et il leur dit : "Qu'est-ce que ça vous fait d'être enfermé ?" Tu vois, le regard du fou qui dit à ceux qui se croient libres : "C'est vous les aliénés." Ce fou-là, est-ce que ce n'est pas le journaliste politique ? On est prisonniers. »[80]

« Prisonniers », le mot synthétise bien le deuxième éclairage que l'on souhaite apporter. Prisonniers, c'est bien ce que beaucoup de journalistes pensent des rédacteurs politiques. Prisonniers, parce que vivant dans un espace « séparé », habitant un « autre » monde fait de limites plus ou moins franchissables. Si l'on se rend dans une rédaction, que l'on quitte le service politique, que l'on change d'étage, ou de couloir, on trouve souvent des rédacteurs critiques. Ces rédacteurs sont souvent effarés par – ou ne supportant pas (ou plus) – l'importance que tel journaliste politique accorde à ce qu'ils jugent être un micro-événement. Ils ne comprennent pas (toujours) pourquoi le service politique dispose « soudainement » d'autant de « place » si difficile à obtenir chaque jour. Ils sont agacés – pour ne pas dire plus, même si cette remarque trop générale empêche de voir qu'à chaque fois la règle est fonction du « poids » du rédacteur dans les hiérarchies plus ou moins informelles faites de réputations, de réseaux ou d'aptitudes différenciellement parta-

80. Entretien avec B., juin 2004. C'est nous qui soulignons.

gées à « vendre » ses sujets à la hiérarchie –, agacés donc de voir que les journalistes politiques peuvent, à l'intérieur d'une rédaction, se saisir de questions dès lors qu'un professionnel de la politique s'en saisit et alors même que d'autres rédacteurs spécialisés ont pu montrer, hors cette conjoncture, une compétence au long cours à traiter le sujet.[81]

C'est dire autrement que le journalisme politique dispose encore d'indicateurs de « noblesse » – contrairement à ce qui peut se dire parfois. L'un des plus objectivables est la place dans « un chemin de fer » quotidien. L'autre étant que l'on ne quitte pas toujours « volontairement » les services politiques. Les restructurations (en interne aussi) des marchés ou espaces de la presse obligent souvent à des « choix » qui ne le deviennent qu'ensuite, précisément quand ces rédacteurs ne sont plus dans le jeu (dans tous les sens du terme) et peuvent, en proportion variable, en percevoir la (bien) relative importance.

Reste un troisième éclairage : il se pourrait fort bien, comme l'explique cette ancienne journaliste politique citée à l'instant, que le « poids » des jeux dans l'écriture médiatique soit à mettre en relation, plus ou moins étroite selon les rédacteurs, avec le principe de distanciation qui structure, pour partie au moins, le travail journalistique aujourd'hui. Ce serait ainsi son mode opératoire pour le journalisme politique (le principe de distanciation ne se déployant pas identiquement dans toutes les spécialités journalistiques) qui rendrait difficile son usage hors les décryptages des stratégies, coups et petites phrases. C'est qu'un rédacteur doit pouvoir produire de la distance avec ses sources, en tout cas ne pas être pensé, en particulier par ses pairs, comme trop proche ou comme « s'étant-fait-avoir », sauf à perdre une partie de sa crédibilité (ce qui ne signifie pas qu'un journaliste, s'il désire obtenir des informations, ne doive pas, à d'autres moments, s'investir dans une relation qui aurait toute chance, et à tort, d'être perçue par les profanes comme de la « complicité »[82]). Ce principe de distanciation s'apprécie et s'évalue d'abord entre pairs. Du coup, chacun tend à traiter les questions politiques comme ses confrères ou tente de produire des micro-différences qui ne peuvent apparaître comme

81. Voir aussi, à l'occasion de la médiatisation de l'affaire du sang contaminé, les analyses de Dominique Marchetti sur les effets des concurrences entre services et types de journalistes : *Contribution à une sociologie des transformations du champ journalistique dans les années 1980 et 1990*, thèse de doctorat de sociologie, EHESS, Paris, 1997, 2e partie, chapitre II.

82. Cyril Lemieux, *Mauvaise presse*, Métailié, Paris, 2002, chapitre IV. Voir aussi Jean-Baptiste Legavre, « *Off the record*. Mode d'emploi d'un instrument de coordination », *Politix*, n° 19, 1992.

des différences qu'aux seuls initiés.

> « Si on fait un traitement du contenu politique, on a peur de passer pour des naïfs, pour des candides, pour des gens manipulés. Et pour asseoir notre légitimité de journaliste, individu par individu, on a besoin de montrer qu'on n'est pas dupes. On ne va donc pas s'intéresser aux programmes. Et puis il y a une paresse après. Du coup on ne s'intéresse pas. Il ne faut pas oublier qu'on est grégaire dans ce métier. Il y a un moutonisme impressionnant. C'est un obstacle. On pourrait regarder le programme sans être dupe en disant : "Voilà, sur ce point machin a changé d'avis." On ne le fait pas beaucoup. »[83]

Ce n'est pas dire qu'on dispose là de toutes les clefs pour comprendre cette focalisation journalistique présente sur le jeu politique, ses compétiteurs et leurs ambitions. Il en reste d'autres à trouver, notamment celles permettant de saisir autrement qu'à « coups de serpe » ce qui a fait que ce journalisme politique bien particulier s'est imposé progressivement à compter des années quatre-vingt. Le journalisme politique est loin d'avoir livré tous ses « secrets » de fabrique ! Mais insister comme ici sur les logiques pratiques qui pèsent de tout leur poids sur le travail quotidien des rédacteurs peut présenter au moins deux avantages. Le premier est de rappeler à tous les amateurs normatifs de changement (nombreux aussi parmi les spécialistes des médias) qu'il ne suffit pas de dire ce qui doit être pour que le changement s'impose de lui-même. Le second est de permettre de disposer d'un peu plus d'éléments pour reposer l'hypothèse évoquée à l'entame de cette contribution : et si ce type de traitement politique avait un lien avec le désintérêt croissant de beaucoup pour la politique ou, en tout cas, avait des effets sur les représentations que ce font les (des) agents sociaux de la politique ? Encore faudrait-il avoir toujours en tête, comme l'indique bien Daniel Gaxie, que « la construction des réalités politiques dans les discours journalistiques n'implique pas que les visions ainsi proposées soient partagées par le public touché »[84]. Or, chacun n'en est pas toujours persuadé. À preuve, « les recherches sur les médias reposent souvent sur des analyses de contenu des messages diffusés, dont les effets sur les lecteurs, les auditeurs ou les spectateurs sont plus ou moins tacitement postulés »[85].

83. Entretien avec B., juin 2004.
84. Daniel Gaxie, « Une construction médiatique… », article cité, p. 327.
85. *Ibidem*.

Deuxième partie

Retours sur l'électeur

Chapitre VI

Le vote réapproprié

Jean-Gabriel Contamin

En sociologie électorale, on a pris l'habitude d'opposer trois groupes dont on présuppose plus ou moins consciemment qu'ils relèvent d'analyses différentes.

D'abord[1], les électeurs « normaux » – au sens durkheimien du terme –, ceux qui respectent totalement les normes électorales et sur lesquels les études se sont le plus souvent focalisées puisque ce sont eux qui font la dimension « décisive » du vote.[2] Ensuite, les abstentionnistes, dont la présence et le développement ont pu être lus comme un signe de crise de la démocratie à étudier en tant que tel[3], si bien qu'aux spécialistes du

1. Le « d'abord » est tout à la fois chronologique, puisque ce sont les électeurs « normaux » qui sont les objets de la sociologie électorale naissante (*cf.* André Siegfried, *Tableau politique de la France de l'Ouest sous la troisième République*, Armand Colin, Paris, 1913), et quantitatif, puisque ce sont eux qui font périodiquement l'objet des analyses les plus nombreuses.

2. Sur la distinction entre la dimension « décisive » et la dimension « symbolique » du vote, *cf.* Nonna Mayer, « Introduction », *in* Nonna Mayer (sous la direction de), *Les Modèles explicatifs du vote*, L'Harmattan, Paris, 1997, ainsi que Sophie Duchesne, « Comment appréhender la dimension symbolique du vote ? », *in* Nonna Mayer (sous la direction de), *Les Modèles explicatifs du vote, op. cit.*, 1997.

3. Pierre Bréchon, « L'abstentionnisme électoral en France depuis 1988 », *Regards sur l'actualité*, n° 164, 1990.

vote se sont progressivement adjoints des spécialistes de l'abstention.[4] Enfin, les « votes blancs et nuls »[5], longtemps délaissés tant juridiquement que scientifiquement, avant d'être l'objet de formes d'investissements spécifiques.[6]

Rares sont du reste les études qui traitent ensemble de ces différentes catégories de vote si ce n'est, à l'occasion, pour assimiler les uns aux autres – essentiellement, l'abstention aux votes blancs et nuls – ou pour écarter plus ou moins rapidement ce dont on ne va pas vraiment s'occuper.[7] N'est-il finalement pas significatif de cette division du champ électoral que l'on puisse faire du passage du vote « normal » à l'abstention, voire au vote nul, un indicateur de « volatilité »[8], comme s'il était normal de

4. *Cf.*, parmi de très nombreuses recherches, en ce qui concerne la France, les travaux pionniers d'Alain Lancelot, puis ceux de Françoise Subileau et Marie-France Toinet insistant sur la dimension stratégique de l'abstention. Pour la période récente, voir les études périodiques de l'Insee. François Héran et Dominique Rouault, « La double élection de 1995 : exclusion sociale et stratégie d'abstention », *Insee Première*, n° 414, 1995 ; François Héran, « Les intermittences du vote. Un bilan de la participation de 1995 à 1997 », *article cité* ; et François Clanché, « La participation électorale au printemps 2002 », *article cité* et Anne Muxel, « La poussée des abstentions : protestation, malaise, sanction », *article cité.*

5. On s'autorisera à utiliser de manière indifférente les expressions « vote blanc » et « vote nul », dans la mesure où la revendication de l'une ou l'autre relève d'une lutte de labellisation et de représentation – les uns parlant de « votes nuls » pour insister sur la non-conformité et la nullité juridiques desdits votes, les autres parlant de « votes blancs » pour refuser qu'ils ne comptent pour rien – que le chercheur n'a pas vocation à trancher.

6. Soit, d'un point de vue historique, Yves Déloye et Olivier Ihl, « Des voix pas comme les autres. Votes blancs et votes nuls aux élections législatives de 1881 », *Revue française de science politique*, vol. 41, n° 2, 1991, et « Légitimité et déviance. L'annulation des votes dans les campagnes de la troisième République », *Politix*, n° 15, 1991. Soit d'un point de vue plus synchronique, Adelaïde Zulfikarpasic, « Le vote blanc : abstention civique ou expression politique ? », *Revue française de science politique*, vol. 51, n° 1-2, 2001, Fabien Le Roux, *Des voix discordantes, du bulletin annulé au vote nul*, Mémoire de DEA, EHESS-ENS, 2002. Soit, selon ces deux dimensions, Samuel Zaoui, *Le Vote blanc. Approche historique et sociologique d'une déviance électorale*, mémoire de DEA en science politique, université Paris-I, 1993.

7. Alain Lancelot (*L'Abstentionnisme électoral en France*, Armand Colin, Paris, 1968) combine en quelque sorte ces deux tentations en faisant du vote nul ou blanc une « abstention civique » qui ne le détourne donc pas de son objet : l'abstentionnisme. On pourrait de même souligner combien chacune des chroniques électorales produite par le Cevipof à la suite des principales élections françaises tend à cantonner la question de l'abstention, voire des votes blancs et nuls, dans un chapitre pour, ensuite, se focaliser sur ce qui peut sembler être l'essentiel : l'« explication du vote », c'est-à-dire du vote « normal », ou tout au moins « normalisé ».

8. Sur les différentes définitions possibles de la « volatilité électorale », *cf.* Patrick Lehingue, « La "volatilité électorale". Faux concept et vrai problème : fluidité des définitions, infidélités des mesures et flottement des interprétations », *Scalpel*, n° 2-3, 1997.

Modèle de lettre à CHIRAC
POUR NOUS AIDER À VOTER POUR LUI
LE 5 MAI

Pour ceux d'entre vous qui hésiteraient encore à voter pour Chirac le 5 mai et préféreraient voter blanc ou nul, voici un acte qui aidera votre bulletin républicain à passer dans l'urne. Envoyez une lettre à Chirac pour lui signifier votre soutien à la République et votre désapprobation de sa politique. Plus il recevra de courriers de ce genre, plus il devra réfléchir. La lettre jointe est un exemple, vous pouvez bien sûr en écrire une autre avec vos propres arguments. Faites circuler ce tract largement pour qu'on ne nous vole pas notre voix.

Notez qu'il n'est pas nécessaire d'affranchir les courriers envoyés au président de la République.

[votre nom, votre adresse]

M. Jacques Chirac
Présidence de la République
Palais de l'Élysée
55, rue du Faubourg St Honoré
75008 Paris

[votre commune], le 5 mai 2002

Monsieur le Président,
J'ai glissé aujourd'hui un bulletin à votre nom dans l'urne. Ce suffrage que je vous ai accordé n'est pas un vote de soutien mais l'expression de mon attachement à la République. Je n'aurais jamais voté pour vous en d'autres circonstances.
Vous ne devez donc en aucun cas me compter au nombre de vos partisans et revendiquer ma voix pendant votre présidence.
La France ne vous a pas élu aujourd'hui pour que vous sauviez la République, elle a sauvé la République en votant pour vous.
Aussi espéré-je que vous saurez tirer toutes les conséquences de cette situation et vous poserez la question de votre légitimité.
Je vous prie de croire, Monsieur le Président, en mes sentiments républicains.
[signature] »
(Message envoyé le 3 mai 2002 sur le forum internet « Place publique »)

toujours voter ou de toujours s'abstenir, et moins normal de passer d'un statut à un autre?

Ainsi, la césure entre votes normaux, votes blancs et abstention relèverait d'une triple forme d'objectivation. Une objectivation juridique à l'origine, puisque c'est le droit qui crée formellement une distinction entre les « suffrages exprimés »[9] – seuls votes considérés comme valablement émis –, les bulletins blancs ou nuls – non valables parce que non conformes aux prescriptions de la loi électorale – et l'abstention, la non-participation étant mesurée (en France, tout au moins) en retranchant du total des électeurs inscrits le total des votants. Mais une objectivation juridique que viendrait confirmer une objectivation sociologique – chacune de ces pratiques relèverait de logiques différentes – et que couronnerait une objectivation scientifique: à cette diversité des logiques correspondrait une diversité des objets d'étude.

Dans ce triptyque, les votes nuls ou blancs se verraient accorder un statut particulier puisqu'il s'agirait du seul biais par lequel l'électeur pourrait explicitement se réapproprier le geste électoral, en votant, mais en refusant de se voir imposer la structure de l'offre électorale et cette « alchimie électorale » qui, sitôt le scrutin achevé, tend à assimiler tous les électeurs qui ont choisi un même bulletin de vote comme s'ils lui donnaient tous la même signification.[10] C'est ainsi qu'on pourrait interpréter la forte augmentation du nombre de votes explicitement réappropriés à l'occasion du référendum sur le quinquennat du 24 septembre 2000: près de deux millions, soit 4,9 % des électeurs inscrits et 16,3 % des votants.

Pourtant, ce que suggère le message qu'on a reproduit en encadré (p. 145), c'est qu'à l'occasion du second tour de l'élection présidentielle de 2002, devant le choix improbable qui leur était proposé, un ensemble d'électeurs ont tenté d'inventer d'autres formes de réappropriation de leur vote, d'autres façons d'échapper aux rets de l'alchimie électorale. On pourrait être tenté de rattacher ce souci à la spécificité d'une conjoncture électorale qui en vient à déjouer toutes les tentatives de mesure de la volatilité électorale.[11] Le plus souvent, l'électeur « normal » en

9. L'expression est elle-même significative puisqu'elle laisse supposer qu'un suffrage qui n'est pas valablement émis n'exprimerait rien.

10. Sur le processus historique qui a progressivement conduit à cette « alchimie électorale », qui fait d'une multiplicité de votes liés à des logiques très hétérogènes des « électorats », *cf.* Michel Offerlé, « Électeurs, partis et électorat socialistes à la fin du XIXe siècle en France », *Actes de la recherche en sciences sociales*, n° 71-72, 1988.

11. En effet, doit-on considérer les électeurs qui ont voté pour un candi-

resterait à cette situation de frustration que résume une ingénieure interrogée peu après la dernière élection présidentielle :

« — Le vote, c'est une façon pour vous de faire passer toutes ces idées-là...
— De faire passer, non, parce que, finalement, le vote, c'est anonyme. Donc, je ne fais pas passer d'idées, mais c'est la voix, le sens que je donne à la voix parmi des milliers de voix, et je pousse vers quelque chose qui me paraît être une bonne solution pour l'humanité. Mais, je sais que je ne fais pas passer... Je donne mon avis, mais de manière anonyme. Et, c'est toujours très restreint un vote. Je dis : "Oui, je suis d'accord", mais je n'ai pas le droit d'en dire plus. C'est toujours très frustrant un vote, je trouve. "Je vote pour toi, mais je ne suis pas d'accord avec toi, mais l'autre il est pire" ; mais, ça, on ne peut pas le dire, on n'a pas le droit d'écrire sur le bulletin. » (Femme, 41 ans, Oise.)

Faute de pouvoir « écrire sur le bulletin », l'électeur est contraint de « faire la part des choses », comme elle le dit un peu plus tard, de « juger globalement » même si « on n'est jamais complètement d'accord ».

Pourtant, ce que semblent montrer tant l'observation ethnographique continue d'un même bureau de vote lors des deux tours de la dernière élection présidentielle[12] qu'un ensemble d'entretiens recueillis auprès de divers électeurs avant, pendant (entre les deux tours) et après l'élection[13], c'est que le second tour de la dernière élection présidentielle n'a été qu'une illustration paroxystique d'un phénomène dont on peut trouver la trace dans toutes les conjonctures électorales : la capacité qu'ont certains citoyens de se réapproprier le geste électoral dont

dat de gauche au premier tour de cette élection et en faveur de Jacques Chirac au second tour comme des électeurs « volatiles » ou comme des électeurs « stables » ? Difficile de mesurer une volatilité dans une telle conjoncture. Mais est-elle si exceptionnelle ?

12. On a mené une telle observation dans un bureau de vote de la banlieue ouest parisienne, à laquelle s'est ajoutée une observation depuis l'extérieur de ce même bureau à l'occasion des deux tours des élections législatives qui ont suivi.

13. Il s'agit de trente entretiens réalisés, pour onze d'entre eux, auprès de « jeunes votants », dans la région parisienne avant, pendant et juste après l'élection présidentielle de 2002, auxquels se sont ajoutés dix-neuf entretiens réalisés l'année suivante par des étudiants de l'IEP de Lille dans le cadre d'un cours de méthodes des sciences sociales. Qu'ils trouvent ici l'expression de nos remerciements. L'échantillon ne saurait bien sûr être considéré comme représentatif, mais vaut essentiellement par sa diversité et par les modèles de rapport au vote qu'il permet de mettre en évidence.

on veut leur imposer le sens.[14] Aux formes extra-ordinaires de réappropriation du vote, dont le second tour de l'élection présidentielle a été la scène et qu'on mettra en évidence dans un premier temps, correspondent les formes plus « ordinaires » de réappropriation dont tout processus électoral semble être finalement le lieu.

En ce sens, le vote explicitement réapproprié et qui va être annulé ne paraît être qu'une modalité particulièrement visible des multiples formes de réappropriation plus souterraine auxquelles s'adonnent tant ceux qui ne votent pas que ceux qui votent « normalement ».[15] Alors que la focalisation sur la dimension décisive du vote tend à partir du postulat juridiquement fondé mais sociologiquement contestable que les gestes de deux électeurs qui mettent un même bulletin dans une urne peuvent être assimilés et réduits à une même signification, à une même voix[16], on voudrait montrer qu'il y a plusieurs manières de déposer un bulletin « Chirac » – ou un autre – dans une urne et de se réapproprier, fût-ce symboliquement, la signification d'un tel geste, si bien que deux votes formellement identiques peuvent être plus éloignés en termes de signification que deux votes formellement opposés. Mieux, on souhaiterait suggérer que ces formes de réappropriation symbolique sont la condition même qui rend possibles ces votes formellement identiques, voire l'acte de vote lui-même, si bien qu'à les nier au nom de normes juridiques ou d'un souci de légitimation des gouvernants, on pourrait contribuer à gripper le processus électoral lui-même.[17] C'est donc alors à une autre lecture du geste électoral, de l'abstention, de la division entre les groupes d'électeurs, des commentaires électoraux, voire de la démocratie, qu'on est conduit.

14. Pour un raisonnement similaire concernant les pétitions et les formes de réappropriation dont elles peuvent être l'objet en dépit de la nécessaire standardisation et « alchimie » – faire de l'homogène à partir de l'hétérogène – dont elles sont le lieu, *cf.* Jean-Gabriel Contamin, *Contribution à une sociologie des usages pluriels des formes de mobilisation : l'exemple de la pétition en France*, thèse de science politique, université Paris-I, 2001, partie V.

15. Sur une lecture parente, centrée sur les votes nuls, *cf.* Fabien Le Roux, *Des voix discordantes…, op. cit.*, 2002.

16. Sur ce constat, *cf.* Patrick Lehingue, « Faire parler d'une seule voix ? Les élections municipales des 11 au 18 mars 2001 », *Regards sur l'actualité*, n° 270, 2001.

17. Pour ce faire, on se fondera essentiellement sur l'analyse des bulletins explicitement réappropriés à l'occasion de l'élection présidentielle de 2002, sur l'observation ethnographique de la manifestation parisienne du 1er Mai, de la manière dont les manifestants en ont fait l'occasion de se réapproprier le vote qu'ils avaient émis et/ou qu'ils allaient émettre, et sur

I. Les formes extra-ordinaires de réappropriation d'un geste électoral « particulier »

> « [Le vote], c'est une chance qu'on a de pouvoir donner sa voix, enfin de pouvoir exprimer… une préférence, parce qu'on ne dévoile pas toutes ses idées. On choisit entre plusieurs candidats. On a le choix… un peu comme un QCM, on a une question à choix multiples mais il n'y pas de cases pour "et autres". Il faut qu'on fasse un choix. Donc, c'est assez difficile parfois, comme lors des dernières élections présidentielles. Il faut faire un travail sur soi pour finir par voter quand même, entre deux solutions qui ne sont peut-être pas idéales l'une ou l'autre » (F, 41 ans, ingénieure, Oise, 2003).

Cette nécessité de « faire un travail sur soi » pour voter dans les formes qui sont celles du geste électoral, nombreux sont ceux qui s'en font l'écho en entretien. Pourtant, ce qui frappe d'abord quand on analyse la période qui va du premier au second tour de l'élection présidentielle, c'est à l'inverse la multiplicité des instruments qui sont proposés aux électeurs pour que leur vote ne se limite pas à un QCM, pour leur permettre de voter « dans les formes », sans que pour autant leur voix puisse être mêlée à celles de ceux qui auraient choisi sans états d'âme de voter pour le président sortant : tout un ensemble d'électeurs cherchent les moyens de faire de leur vote une « prise de parole » au-delà de sa dimension de « fidélité » à une certaine éthique républicaine.

un ensemble de matériaux plus hétérogènes (presse, forums cybernautiques…) à partir desquels des citoyens ont tenté de contrôler préventivement la signification de leur geste électoral.
On a notamment dépouillé, dans cette période, les forums « place publique » (www.place-publique.fr ; FPP) et « présidentielles.org » (http://www.presidentielles.net ; FPO), ainsi que le groupe de discussion « fr.soc.politique » (FSP) et le site internet créé à cette occasion et dont le nom, à lui seul, signifie beaucoup : « CommentVoterChirac.com » (site CVC).
Ces forums ont en effet l'avantage pour le chercheur de lui permettre d'accéder, presque en temps réel et sans tri institutionnel, aux visions du monde d'un certain nombre de citoyens, sans passer par le truchement des entretiens ou des reconstructions *a posteriori*. En retour, ils ne donnent accès qu'à un public socialement restreint – ceux qui ont les compétences techniques, politiques et statutaires pour intervenir –, dont on ne connaît que des caractéristiques minimales et dont on peut supposer qu'il adapte son propos au support sur lequel il s'engage. Plus largement, sur l'intérêt et les limites du recours à un tel matériau, *cf.* Fabrice Ferrier, *Internet : un espace public alternatif. Contribution à une sociologie politique du « netoyen », citoyen du réseau*, mémoire de DEA, IEP de Paris, 1997.

Le « modèle de lettre à Chirac » qu'on a repris plus haut en est bien sûr un exemple emblématique puisqu'il se présente explicitement comme un moyen d'« aider à voter pour lui le 5 mai », mais aussi comme un moyen d'empêcher qu'« on ne nous vole notre voix ». Or, l'examen des tracts recueillis à l'occasion de la manifestation parisienne du 1er Mai 2002, des banderoles, pancartes et slogans affichés lors de cet événement, des messages dont différents forums de discussion entre les deux tours de l'élection présidentielle sont les récepteurs ainsi que des entretiens qu'on a pu recueillir par la suite, nous met en présence d'une multitude de formes de réappropriation du « vote Chirac » dont on peut sommairement distinguer quatre registres.

Souvent, la possibilité d'un vote contrarié pour le candidat « Chirac » semble passer par une forme d'euphémisation de l'acte, comme le symbolise cette « prière » d'un internaute : « S'il vous plaît et si on parlait simplement de voter contre le FN et pas pour un autre candidat ? Ils ne sont que deux. On sait très bien qu'on n'a pas le choix ! » (H, 26 avril 2002, FPP).

Ainsi, on ne parle pas explicitement de voter pour Jacques Chirac, mais on insiste lourdement sur les défauts de l'autre candidat promis à la diabolisation et sur la nécessité de lui faire barrage : on souhaite « voter contre Le Pen, pas pour Chirac » (H, 3 mai 2002, FSP).

> Il s'agit de « faire massivement barrage à l'extrême droite » (tract, MJS), de « se rendre massivement aux urnes le dimanche 5 mai [...] afin de faire barrage à l'extrême droite, à la xénophobie et à la régression dont elle est porteuse » (tract, intersyndicale CFDT-CGT du ministère de la Ville), de « voter contre Le Pen » (tract LCR), de « faire barrage à l'extrême droite par tous les moyens » (tract union syndicale G10 Solidaires), ou de « faire barrage au Front national, d'appeler au vote » (tract, Riposte face à l'extrême-droite).
> À la limite, « il faut se dire que c'est un référendum contre Le Pen » (H, 26 avril 2002, FPP) : comme le résume une pancarte, « Il ne doit pas passer. Votez. » L'autre candidat, quant à lui, est passé sous silence.

Dans la même optique, on convoque des valeurs transcendantes pour ne pas avoir à donner à son vote une coloration politique positive.

> La banderole sous laquelle défile le cortège socialiste affirme ainsi que « Pour la République, contre l'extrême-droite, le

5 mai, votez. Ne le laissez pas passer », tandis que la fédération Force ouvrière de la communication appelle à « sauver la République ».

Là encore, c'est la métaphore du « référendum » qui est supposée rendre possible le vote pour un candidat omis : « Le 5 mai 2002, la France, pour le second tour des élections présidentielles, organise un Référendum où la question unique sera : pour ou contre les valeurs de la République ? Vos commentaires et autres digressions futiles et utiles, partagées ou contestées, ne seront d'aucun secours pour l'avenir de votre Pays si d'aventure, les résultats pencheront pour le NON ! Voilà l'objet du débat, voilà la raison à votre vote. Bonne chance à tous ! » (H, 25 avril 2002, FPP).

Là encore, les candidats passent après l'enjeu supposé plus essentiel de l'élection. Un internaute s'écrie ainsi : « Votez. Bon sang, votez. Pas pour nos deux diplodocus enragés qui se renvoient la balle du bon et du méchant. Votez pour vous, pour vos enfants, pour vos amis, votez pour moi si vous avez pas d'idées !!! »(H, 24 avril 2002, FPP.)

Au reste, quand bien même on appelle explicitement au vote pour le président sortant, c'est au prix d'un ensemble de circonvolutions langagières destinées à souligner combien on s'en défie.

On invite à voter pour « l'autre candidat » (tract, MJS) ou pour « le candidat républicain » (tract, FO), à « prendre l'autre bulletin » (tract non signé), à « utiliser le vote Chirac puisque c'est le seul qui reste à notre disposition » (tract, MJC), à « faire barrage à l'extrême droite et à Le Pen le 5 mai en utilisant le bulletin de vote Chirac » (tract, Association nationale des élus communistes et républicains), voire à « voter nombreux avec la cartouche/bulletin "Jacques CHIRAC" » (H, 28 avril 2002, FPP.)

Si, même, on accepte de voter pour « Jacques Chirac », c'est en se donnant le prétexte d'y voir un acronyme[18] ou de voter pour un « Jacques »[19].

18. « Pour ceux qui ont du mal à voter C.H.I.R.A.C. J'en suis. Mais je me dis que le bulletin C.H.I.R.A.C. ne servira pas à voter pour un homme ou un programme. C.H.I.R.A.C. est un logo : Contre la Honte, l'Intolérance, le Racisme : c'est un Acte de Conscience » (F, 26 avril 2002, FPP). Un autre, se prévalant d'une tribune des frères Cohn-Bendit dans *Libération*, propose d'y voir : « Contre la Haine, l'Intolérance, le Racisme, l'Antisémitisme et les Cryptofascistes » (H, 26 avril 2002, FPP).

19. Un internaute propose, ainsi, pour « décider tous les réticents à voter Chirac » de « mettre à leur disposition sur la table des bureaux de vote des

L'euphémisation peut enfin tout simplement passer par une explicitation *a priori* de la signification de son acte, à l'image de cet autocollant distribué lors de la manifestation parisienne du 1er Mai, qui stipule que « Chirac, t'auras mon bulletin, t'auras pas ma voix ».

Parler de stipulation, c'est en effet mettre en évidence une des formes les plus répandues que semble subjectivement prendre cette appropriation du vote. Il s'agit de présenter celui-ci comme une forme de contrat qu'on accepte d'honorer en votant pour le président sortant, à la condition expresse que son acte ne soit pas surinterprété, qu'on ne lui fasse pas dire plus qu'il ne veut dire.

C'est ce qu'illustre très directement la « lettre à Chirac » qu'on a reproduite en début de chapitre. C'est ce sur quoi insistent aussi très fortement plusieurs des tracts distribués à l'occasion de la manifestation du 1er Mai : les uns tenant à souligner qu'il faut « que les choses soient claires, ce n'est pas un soutien au candidat super-menteur et à son programme ultra-libéral » qu'il faudra lire dans ce vote (tract, MJC) qu'il ne s'agit pas d'un vote « par conviction ou adhésion à des idées ultra-libérales, mais bien pour empêcher Le Pen de prendre le pouvoir » (tract, Union des étudiants communistes) ; tandis que d'autres affirment qu'il « ne s'agira aucunement de soutenir un escroc » (tract, MJS).

Parler de « Chirac », d'un « super-menteur » ou d'un « escroc ». Autant d'expressions qui laissent entrevoir le deuxième registre dont usent les « malgré eux du chiraquisme » pour se réapproprier leur acte de vote : un registre qu'on pourrait qualifier de « thérapeutique ». Au-delà de l'euphémisation de leur geste, il s'agit pour ces électeurs chiraquiens d'un jour de faire passer cette pilule pour eux amère, d'un côté en faisant part aux autres de leurs tourments, et, d'un autre côté, en prenant très fortement à partie celui qui va bénéficier de leur vote.

Ainsi, rares sont les messages de ces « malgré eux » qui ne soulignent pas combien le geste qu'ils vont faire leur coûte ou leur a coûté, quitte à le transformer en argument pour persuader d'autres d'agir dans le même sens.

> L'une avance qu'il faut « courir voter Chirac le 5 mai, même si ça nous arrache les tripes » (site CVC). Un autre défile avec une pancarte, ornée d'une croix de Lorraine et d'une croix

(*Suite de la note 19 de la page précédente*) bulletins pliés en deux de façon à ne voir que "Jacques" (ils pourront croire qu'il s'agit de Jacques Delors ou de feu Jacques Duclos selon leur sensibilité) » (site CVC).

nazie, dont le texte invite à choisir son « chemin de croix, je vote Chirac ». D'autres se disent prêts à voter Chirac « la mort dans l'âme » (F, 26 avril 2002, FPP), « à regret » (H, 26 avril 2002, FPP) ou « la haine dans l'âme » (H, 3 mai 2002). Autant de sentiments qu'on retrouve chez ceux qui viennent de voter[20] et chez ceux qui racontent *a posteriori* leur geste.

Or, à cette difficulté correspond une forme d'automédication qui peut sembler relativement paradoxale : une tendance à dénigrer le candidat même pour lequel on se dit prêt à voter, pour lequel on appelle à voter ou pour lequel on dit avoir voté. Les pancartes arborées lors de la manifestation parisienne du 1er Mai sont à cet égard révélatrices puisqu'on y trouve un florilège d'appels à voter pour un président sortant qu'on brocarde autant qu'on le soutient :

« Je préfère manger une pomme véreuse que le vomi d'un porc. »
« Protégez l'environnement. Le 5 mai, triez vos déchets. Chirac dans l'urne, Le Pen dans l'autre. »
« Plutôt baisé par Chirac que violé par Le Pen : FIDEL. »
« Le Pen, facho, le peuple aura ta peau. Chirac, escroc, on ne te fera pas de cadeau. LCR. »
« L'escroc, ça passe. Le facho, ça me dépasse. »
« J'aime ton bruit, j'aime ton odeur. »
« En attendant le bon, sortons la brute, gardons le truand. »
« Je prends le menteur pour taper sur le facho. »
« Plutôt baisé par Chirac que violé par Le Pen. »
« Mieux vaut un vote qui pue qu'un vote qui tue. »

Ce registre « insulto-thérapeutique » se retrouve dans chacun des autres matériaux qu'on a pu étudier : dans certains des tracts distribués en cette même occasion, comme on a pu le voir ; dans les propos de nos enquêtés[21] ; et, surtout, dans les forums de discussion, où se multiplient les propos peu amènes à l'égard du candidat républicain qu'on se fait fort de soutenir.

Une internaute (F, 3 mai 2002, FPO) propose une « chanson pour résister » dont le refrain commence ainsi : « Un

20. Par exemple, un internaute envoie le 5 mai à 18 h 09, sur le groupe de discussion « fr.soc.politique », un message intitulé « Vote douloureux ».

21. Ainsi, une électrice de Jean-Marie Le Pen au premier tour (F, 21 ans, étudiante BTS, Val-d'Oise, avril 2002) annonce qu'elle votera Jacques Chirac au second tour, en ajoutant que « c'est vrai que [Jacques Chirac] est un "Super Menteur" », mais qu'elle « préfère voir un menteur plutôt qu'un fasciste » à la présidence.

facho ou un escroc, quand ta conscience fait défaut. À choisir y'a pas photo. Moi, je choisis le maffioso... » D'autres traitent leur favori d'un jour de « super-menteur » (H, Aurillac, 5 mai 2002, FPP), d'« escroc libéral » (H, 26 avril 2002, FPP), d'« escroc, mais pas facho » (H, 28 avril 2002, FPP), de « corrompu » (H, 29 avril 2002, FPP), d'« Al Capone français » (H, 3 mai 2002, FPO), voire de « chaude-pisse » qui vaudrait mieux que « le sida » en ce que « la chaude-pisse, ce n'est pas très agréable mais on en guérit » (H, 26 avril 2002, FPP). Et de poursuivre, dans un langage fleuri dont on use rarement pour soutenir un candidat que, de cette « chaude-pisse », il sera toujours temps de « se "protéger" aux législatives, là on aura vraiment l'occasion de dire ce qu'on pense de lui à super-menteur. Cette élection n'a pas deux tours mais quatre ».

Il est en effet un troisième registre auquel recourent largement ceux qui désirent se réapproprier leur « vote Chirac » lors de ce second tour : un registre de « relativisation temporelle ». Certes, on va voter Chirac, mais ce n'est que partie remise à un avenir plus radieux.

Certains situent cet avenir dans les élections qui vont suivre. Le tract distribué par la Gauche socialiste le 1er Mai invite à « faire son devoir le 5 mai » et à « faire gagner la gauche le 9 juin » comme si ceci compensait cela. Un internaute souligne, quant à lui, qu'il ne faut pas oublier que « le véritable deuxième tour aura lieu réellement les 9 et 16 juin 2002 » (H, 3 mai 2002, FPO).

D'autres insistent même sur les « luttes sociales » qui devraient débuter dès le 6 mai. C'est la position qu'adopte l'Union des étudiants communistes, qui clôt son message sur le fait que ses militants n'accordent « aucun crédit à Chirac pour défendre [leurs] idées » et que « dès le 6 mai, [celui-ci les] trouvera sur son chemin pour lutter contre sa politique libérale dans tous les lieux possibles en impulsant des mobilisations d'ampleur ».

De même, un internaute annonce que le 5 mai il choisira « la démocratie, la liberté et donc Chirac », mais que « la paix des braves sera courte », que « dès le 6, [il luttera] pour plus de démocratie, de liberté, pour une sixième République qui répondra mieux à [ses] attentes » (H, 2 mai 2002, FCC). Certains, d'ailleurs, appellent à manifester dès le 5 mai à la Bastille « pour engager résolument le troisième tour social », pour « sortir Chirac le 6 mai » après avoir sorti « Le Pen le 5 »

(Conseil supérieur d'initiatives et d'actions, 5 mai 2002, FCC), tandis que d'autres, au soir du verdict, appellent à la mobilisation pour les législatives suivantes : « Aidons maintenant Chirac à établir un nouveau record : 6 semaines au pouvoir ! Rendez-vous aux législatives ! » (F, 5 mai 2002, FPP).

Reste que tous ces modes de réappropriation d'un geste électoral ne semblent, aux yeux mêmes de ceux qui les font ou les proposent, n'avoir de signification que s'ils sont compris comme tels, alors même que les contraintes du rituel électoral interdisent une telle expression. Une situation que résume cet internaute qui appelle à « voter contre Le Pen, pas pour Chirac » (H, 3 mai 2002, FSP) :

> « Pour des millions de Français, le dilemme du second tour est le suivant : comment faire barrage au Front national en relativisant le triomphe annoncé d'un président sortant à qui beaucoup hésitent à offrir leurs suffrages ? [...]
> La difficulté c'est que, si beaucoup parmi ces réfractaires admettent qu'il faut voter Chirac pour bloquer Le Pen, ils n'ont guère envie, vraiment, non, de faire élire un gus qui traîne un kilomètre de casseroles derrière lui. Question de moralité publique en quelque sorte.
> C'est d'autant plus dur à avaler que la loi ne permet pas de finasser : c'est ou l'un ou l'autre. Circulez, il n'y a pas à discuter.
> Vous mettez un bulletin d'un candidat éliminé au premier tour, vote nul.
> Vous mettez un bulletin blanc, vote blanc.
> Vous faites un signe distinctif quelconque (du genre "Chirac, faute de mieux" ou "Chirac, hélas"), vote nul.
> Vous affichez votre mécontentement devant un tel choix lors de votre passage dans le bureau de vote ? Interdit.
> La situation est donc sans issue ? Marianne n'est-elle qu'une marâtre qui se désintéresse de ses meilleurs enfants ? »

C'est à ce dilemme que tente de porter réponse le dernier registre extra-ordinaire d'appropriation du geste électoral auquel ont recours les « malgré eux du vote Chirac » : un registre expressif. Il s'agit, dans le moment même où l'on vote « normalement » pour le président sortant, de se démarquer de ceux qui font le même geste « par choix du cœur », et non « par raison »[22].

22. « Je propose, à ceux qui comme moi voteront par raison et non par choix du cœur, et qui trouvent que le choix proposé ce n'est pas le pied, de mettre deux chaussures dépareillées. Ce qui montrerait que la chaussure gauche

Pour ce faire, une multitude de moyens sont proposés. Certains ont eu l'heur d'une couverture médiatique au point que certains journaux, puis le Conseil constitutionnel, ont trouvé nécessaire de mettre en garde contre de tels comportements : se rendre devant les urnes « avec une pince à linge sur le nez, ou des gants de vaisselle, voire déguisé en clown » (*Le Monde*, 2 mai 2002). Encore, ces suggestions ne sont-elles qu'un échantillon très réducteur de l'ensemble des propositions qu'on peut alors voir fleurir sur les forums internet.

> Ainsi, certains proposent-ils de venir voter « en combinaison blanche à capuche pour ne pas se contaminer », en tenue de deuil (tenue sombre, gants mais sombres), « la veste à l'envers », avec « des menottes ou une corde autour des mains », « les mains liées par un chiffon », avec un « bonnet phrygien », un « brassard », une « fausse barbe », « deux chaussures dépareillées », un « passe-montagne », « une fleur à la main » ou une « gousse d'ail dans la poche »...
>
> D'autres insistent moins sur les ustensiles entourant le vote que sur des manières particulières de « voter Chirac » : à reculons (au sens propre !) ; la main gauche dans le dos ; en pliant le coin gauche du bulletin ; en pliant le bulletin quatre fois ; en se bouchant le nez ; en froissant l'enveloppe ; sans passer par l'isoloir ; en baissant le front ; en signant d'un stylo rouge et de ses seules initiales ; en signant d'une croix « afin de signifier qu'il ne s'agit pas d'un vote pour le programme et le candidat Chirac, mais d'un vote pour la démocratie » (H, site CVC) ; avec sa « famille multicolore » ; « voter ensemble » tard pour montrer qu'on y va à reculons ou tôt pour créer un effet d'entraînement et noyer les « votes Chirac » sous les « votes républicains ».
>
> De fait, l'essentiel semble aussi de se donner des instruments de comptabilisation de ces votes particuliers. Dans cette optique, sont donc à nouveau proposés un ensemble de procédés : envoyer à l'Élysée le bulletin non utilisé et déchiré ou une lettre qui expliciterait la signification de son geste « afin qu'il ne puisse pas utiliser [notre] voix » (F, 26 avril 2002, FPP) ; mettre directement une explication de vote sur le forum « Chirac avec la France » ; charger des représentants mandatés par les partis politiques de compter le nombre de bulletins valables mais « réappropriés » lors du dépouille-

(Suite de la note 22 de la page précédente) et la droite ne sont pas les mêmes, bien qu'elles aillent dans la même direction et d'un même pas » (H, 27 avril 2002, FCC).

ment afin d'« évaluer la force du vote républicain non chiraquien » (H, 3 mai 2002, FSP) ; signer à l'occasion du vote une pétition qui sera remise le lendemain au président élu pour lui demander de reconnaître son illégitimité et d'en tirer les conséquences (démissionner immédiatement et provoquer ainsi une nouvelle élection présidentielle) (CSIA, 1er mai 2002, FPP) ; voire organiser un bureau de vote parallèle et un module de décontamination à destination de ceux qui auraient voté Chirac contre leur gré.

C'est même, du reste, finalement le vote lui-même, fût-il « normal », qui pourrait être la meilleure manière de déposséder son récipiendaire de sa victoire et de redonner au geste de chacun sa signification. Comme l'annonce une pancarte relevée dans la manifestation parisienne du 1er Mai : « Vote massif pour Chirac ≠ vote Chirac ».

Une idée qu'on voit émerger dans différents tracts, le MJS souhaitant « grâce au vote de gauche contre Le Pen » empêcher « Jacques Chirac et la droite de revendiquer une élection qui doit être celle de tous les républicains », tandis que la « Riposte contre l'extrême-droite » affirme qu'un vote massif pour Chirac sera « le plus sûr moyen que le score de Chirac ne soit rien d'autre que les voix républicaines contre l'extrémisme ».
Une idée qui rassemble aussi une partie des internautes qui appellent donc à voter Chirac contre Chirac. Selon l'un, « plus Chirac fera de voix, moins sa victoire lui appartiendra » (H, 2 mai 2002, FCC). Selon un autre, plus précis, « Un gros score pour Chirac ne pourra pas être interprété comme autre chose que ce qu'il sera, c'est-à-dire une mobilisation des démocrates » (H, 25 avril 2002, FCC). Enfin, selon une troisième, il s'agit d'offrir au président « un score digne d'un dictateur de république bananière » (F, 2 avril 2002, FCC). Autant d'arguments qui justifient donc qu'un internaute puisse annoncer le 5 mai peu après le verdict la « victoire de la gauche » (H, 5 mai 2002, FPC).

Pourtant, qui, aujourd'hui, dirait encore que le 5 mai 2002 a constitué une « victoire de la gauche » ? Plus concrètement, on ne peut que s'étonner de la disproportion entre la variété des méthodes envisagées pour se réapproprier le « vote Chirac » et l'apparente absence de concrétisation de ces propositions. On n'y trouve aucune allusion dans les entretiens qu'on a pu rassembler. Dans le bureau de vote qu'on a eu l'occasion d'observer, c'est plutôt le souci de respecter scrupuleusement les normes électorales qui semble avoir prévalu.

> Certes, un ensemble non négligeable d'électeurs ne prennent qu'un bulletin. Certes, quelques rares électeurs font montre de leur hostilité à l'égard du candidat d'extrême droite[23] ou de leur préférence à l'égard du candidat « républicain »[24], mais moins par volonté que par hasard.
> Finalement, seul le comportement d'un électeur semble quelque peu correspondre au registre expressif de réappropriation du vote « Chirac » : cet homme d'une soixantaine d'années qui, avant-dernier à se présenter, vient voter à 19 h 45, et qui répond quand on lui demande s'il souhaite participer au dépouillement, « Je viens pour la République. Pas question de dépouiller pour la droite ou l'extrême droite. J'ai mon bulletin. » Enfin, ledit dépouillement ne laissera pas entrevoir de bulletins cornés ou huit fois pliés.
> À l'inverse, ce qui frappe, c'est plutôt le souci des électeurs de se conformer aux normes légales. Ainsi sont-ils plusieurs à s'inquiéter du fait qu'il leur faille plier leur bulletin, alors qu'on « [leur] a dit qu'il ne faut pas plier les bulletins » (H, 30 ans, 9 h 10). De même, certains se forcent à prendre les deux bulletins, en précisant qu'ils font ainsi « comme on [le leur] a indiqué » (F, 60 ans, 11 h 40). En tout cas, on ne rencontre pas lors de ce second tour dans le bureau de vote de prises de position aussi explicites que celle dont avait pu faire preuve cet homme d'une soixantaine d'années qui, venu voter au premier tour avec un ami, s'exclamait, en désignant les bulletins « Le Pen » et « Mégret » : « Lui il est le premier. J'espère qu'il sera le dernier. Lui et l'autre d'ailleurs. »

Or, cette observation située, si on en croit d'autres sources, peut être généralisée. Jean-Yves Dormagen et Céline Braconnier, travaillant au même moment sur la Cité des Cosmonautes à Saint-Denis, notent de même que « sans gants ni pince à linge, le vote était teinté de gravité et avait un caractère plutôt solen-

23. Vers 9 h 20, un homme de 70 ans environ se présente au bureau de vote et, au moment de prendre le bulletin « Le Pen », se reprend en gratifiant son geste d'un « Oh non » révélateur.

24. Vers 11 h 30, un homme d'une soixantaine d'années qui se voit demander par une des personnes qui tient la table de décharge « Qu'est-ce que je vous donne ? », lui répond : « Seulement Chirac ». Plus tard, vers 18 h 30, un homme d'une quarantaine d'années venu voter avec trois enfants entend sa fille de six ans environ lui demander : « Et ils sont où les papiers ? Je pourrais marquer Chirac ? »

nel» (*Libération*, 16 mai 2002). Plus largement, on ne peut qu'être frappé par le grand nombre d'articles que ce même quotidien consacre à ces diverses formes expressives de réappropriation du vote avant le 5 mai – une quinzaine du 25 avril au 4 mai 2002 – et au très faible nombre d'articles qui y font allusion par la suite : quatre dans le mois qui suit, dont un seul qui fasse part d'une tentative effective.

Les journalistes du *Monde*, quant à eux, se faisant les narrateurs d'« un dimanche pas comme les autres pour des Français ordinaires » (7 mai 2002), notent qu'il y a eu « peu d'incidents, excepté ces deux individus cagoulés apparus dans un bureau de vote du Mans et jetant à tout va des bouteilles remplies d'acide ».

Un diagnostic que confirme le Conseil constitutionnel selon lequel, « globalement, le scrutin s'est déroulé sans incidents et dans la dignité », les « craintes d'une protestation systématique ne se sont pas matérialisées », à quelques exceptions près, comme ce maire de Villemagne (Aude) qui avait mis à la disposition des électeurs « un dispositif de décontamination » et avait organisé « un simulacre de vote invitant les électeurs à désigner un candidat ne figurant pas au second tour », si bien que les opérations électorales y ont été annulées (*Le Monde*, 11 mai 2002). Quant aux bulletins envoyés à l'Élysée, nul ne sait aujourd'hui combien ils pouvaient être et ce qu'ils ont pu devenir.

Il serait donc tentant d'en conclure qu'aussi extra-ordinaires que puissent avoir semblé les tentatives de réappropriation du geste électoral lors de l'entre-deux-tours de l'élection présidentielle, il ne se serait effectivement rien passé ou presque. Tout juste une petite augmentation du nombre de votes blancs et nuls[25], mais qui paraît justement signifier que ceux qui ont finalement choisi de se réapproprier leur vote l'ont fait par le seul moyen habituellement à leur disposition : en mettant « un petit mot pour les gens qui vont voir, ouvrir les bulletins » (H, 30 ans, responsable informatique, Val d'Oise, 2003), en plaçant par exemple un bulletin écrit « démago » ou un autre orné d'un « 0 + 0 = 0 » dans une tête, « la tête à Toto », comme on a pu le voir à l'occasion de nos observations.

D'ailleurs, tout au long de l'entre-deux-tours, un ensemble d'internautes rapportent combien les contraintes du dispositif électoral les ont progressivement conduits à normaliser leur geste électoral :

25. On compte 1,77 million de bulletins blancs et nuls lors du second tour de l'élection présidentielle (soit 5,4 % des votants), contre un peu moins de 1 million au premier tour (soit 3,4 % des votants).

L'un résume ainsi son parcours hebdomadaire, sur le site CommentVoterChirac.com : « Finalement, je ne mettrai pas de gants. Dimanche, lundi, tout était clair pour moi : je ne voterai jamais pour un voleur (et de surcroît pour la droite, pour laquelle je n'ai jamais voté de ma vie. Pour info, j'ai 60 ans). Mardi, mercredi, tout s'est troublé : Voter blanc, mettre des gants ou tout autre chose ? Jeudi, j'ai réalisé qu'il ne s'agissait plus d'un "deuxième tour de présidentielle" mais d'un référendum POUR ou CONTRE le fascisme. (...) »
Et de conclure : « Je vais voter contre le fascisme, et pour cela, je n'ai besoin d'aucun ustensile. »

Un autre se fait, quant à lui, l'écho de « l'évolution de l'état d'esprit des gens au cours de ces derniers jours :

1. la fureur rouge et l'abstention,
2. puis, la colère froide et les solutions type "gants",
3. enfin, la détermination pour l'après-présidentielle et le vote "normal" sans signe ostentatoire pour ne pas donner de prise au FN. C'est exactement mon évolution... »

Une évolution qui correspond à celle des organisations qui se sont mises à la tête de ce mouvement de protestation.

Dans la manifestation du 1er Mai, les allusions aux formes expressives de réappropriation du vote sont déjà très rares : on ne trouve trace du vote « ganté » que dans un tract de la Souris Verte, le Forum des jeunes Verts, ainsi que dans une pancarte qui annonce « Étudiants, futurs travailleurs sociaux, non au FN (avec des gants) ».
Le site CVC, lui-même initialement fondé sur la recherche de « la meilleure manière de voter Chirac », en vient par la suite à mettre en garde ceux qui le consulteraient contre les risques d'invalidation et même à présenter la réponse simple qu'un internaute donne à la question « Comment voter Chirac ? » : « Facile. Se lever avant 18 heures dimanche prochain. Se rendre dans son bureau de vote avec sa carte d'électeur (et de préférence avec sa carte d'identité). Prendre les deux bulletins proposés. Aller dans l'isoloir, fermer le rideau. Prendre le bulletin Jacques Chirac et le mettre dans l'enveloppe bleue. Sortir, mettre dans l'urne et signer ! »

Ainsi, même dans une situation aussi exceptionnelle, les électeurs « normaux » n'auraient pu échapper aux rets de l'alchimie électorale, ce qui en dirait long des autres situations électorales.

Pourtant, lorsqu'un militant socialiste de Calais avance que « l'idée du gant et de la pince à linge a permis de faire passer la pilule du vote Chirac à bon nombre d'électeurs qui souhaitaient s'abandonner dans le vote blanc, nul ou dans l'abstention» (*Le Monde*, 2 mai 2002), lorsqu'un internaute annonce qu'à l'occasion de cette élection, faute de mieux, il utilisera «le bulletin Jacques Chirac pour [s'exprimer] par grognements et onomatopées» (H, 29 avril 2002, FPP), lorsqu'un autre avance que «peu importe qu'au niveau du décompte, [les bulletins raturés] ne soient pas pris en compte [...] [cela peut limiter] notre amertume», ou lorsque enfin, quelques jours après l'élection, un abstentionniste du second tour réutilise la «métaphore» de la pince à linges pour rendre compte de son prochain vote «contraint» pour le PS lors des élections législatives qui s'annoncent[26], ne doit-on pas à l'inverse en conclure que ce sont ces formes largement avortées d'appropriation qui ont permis le «vote normal», que, sans elles, un tel vote n'aurait pas été possible? Et, dès lors, ne doit-on pas en conclure que, ce que ce second tour de l'élection présidentielle a d'ordinaire, ce n'est pas qu'il a autant interdit aux électeurs de se réapproprier leur geste que d'habitude, mais qu'il a mis en évidence ce qui est le propre de tout processus électoral et que la focalisation sur les résultats de l'élection tend à occulter: le fait que le geste électoral, fût-il «normal», suppose une appropriation préalable de celui-ci par l'électeur?

Cet épisode extra-ordinaire conduit en effet à relire les scènes électorales ordinaires en analysant comment, ordinairement, les électeurs parviennent malgré tout à faire que leur vote soit vraiment le «leur».

II. Les formes ordinaires de réappropriation d'un geste électoral habituel

Lorsqu'on interroge un ensemble d'électeurs sur la signification qu'ils donnent à l'acte de vote, on se heurte très souvent à une forme de paradoxe. D'un côté, ceux-ci, pour la plupart, insistent sur l'importance du vote, sur la nécessité impérieuse de voter. Mais, d'un autre côté, les mêmes soulignent le caractère à leurs yeux très limité et réducteur de ce geste.

> Ainsi, l'une, à qui on demande si elle va voter pour le premier tour de l'élection présidentielle de 2002, répond: «Oui, je vais y aller, il faut», mais ajoute, par ailleurs, «je vais vous

26. En dépit de son amertume à l'égard du PS, ce militant SUD-PTT de 40 ans explique ainsi que: «Là [pour les législatives], je suis coincé. Si je veux voter utile, je serais obligé de voter PS. Mais ça sera dur, j'irai avec la pince à linge et les gants, comme les socialos ont fait pour Chirac.» (*Le Monde*, 9 mai 2002.)

avouer quelque chose, je n'attends pas grand-chose», puis, quand on lui soumet l'hypothèse d'un second tour entre Jean-Marie Le Pen et un candidat de gauche (!) : «Oui, c'est le problème de la politique aujourd'hui. Tu votes souvent par dépit […]. Je vote pour lui, car je suis contre machin» (F, 25 ans, étudiante DESS, Paris).
Une autre affirme d'entrée qu'elle «va voter. C'est déjà une chose. Parce qu'il y en a pour qui ce n'est pas important. Je trouve que c'est vraiment important de voter parce que je suis de la société, et que c'est normal que je donne mon avis.» Toutefois, elle ajoute aussitôt qu'«en même temps, je te dirais que c'est noyé dans… Que ça ne représente vraiment rien du tout, quoi ! J'ai ce sentiment […] À la limite, notre avis, ça ne sert à rien, tu vois ? Pourtant, je tiens à voter.» (F, 51 ans, femme d'agriculteur, Pas-de-Calais, 2003.)
Quant au troisième, il affirme que le vote, «c'est un devoir, il faut le faire», qu'il «attache de l'importance au vote», qu'il regrette à chaque fois que, pour des raisons matérielles, il ne puisse voter. Toutefois, il ajoute qu'il «y a des votes qui ne servent pas à grand-chose», que, par exemple, il est «tenté de ne pas voter quand [il est] dans une ville où [il sait] que finalement la voix [qu'il va] donner va aller à [son] candidat, mais que celui-ci n'a aucune chance d'être élu.» (H, 53 ans, directeur général, autodidacte, Nord, 2003).

À la limite, on le voit, c'est presque ce qui a été théorisé sous le nom de «paradoxe de l'électeur»[27], que certains enquêtés reprennent spontanément à leur compte, tout en y ajoutant une dimension supplémentaire : ils soulignent non seulement la faible probabilité que leur vote fasse changer le résultat de l'élection, mais aussi les faibles affinités qui pourraient même les lier à «leur» propre candidat. Pourtant, chacun propose certaines pistes pour se sortir de ce paradoxe.

Le directeur général avance ainsi que, quoi qu'il en soit, «il faut voter pour voter. Il ne faut pas simplement voter pour faire contrebalancer les choses. Il faut voter pour des idées qu'on a. […] C'est vrai que dans le cadre des présidentielles de 2002, mon vote n'a pas été important parce qu'il ne faisait aucun doute… Pour le score final, mon vote n'a pas été

27. Selon Anthony Downs (*An Economic Theory of Democracy*, Harper and Row, New York, 1957), si l'électeur était rationnel, il ne voterait pas puisque la probabilité que son vote soit décisif est si infinitésimale que les coûts liés à l'acte de vote devraient le dissuader de se déplacer.

important, mais c'est important que j'aie participé au vote, puisque, finalement, j'ai fait partie de cette masse de gens qui ont affirmé leur goût du libéralisme, et leur mépris du fascisme, de l'autorité, du sectarisme, etc. » (H, 53 ans, directeur général, autodidacte, Nord, 2003.)
La femme d'agriculteur avance, quant à elle, qu'en dépit des limites du vote, elle « tient à montrer qu'[elle] existe ». (F, 51 ans, femme d'agriculteur, Pas-de-Calais, 2003.)
Enfin, l'ingénieure rappelle que « le vote, c'est quand même [...] limité comme champ d'expression. L'ensemble des choix est fini et on ne le maîtrise pas. Donc, quelque part, c'est un carcan », avant d'ajouter : « Alors, après, il y a toute la liberté d'expression, exprimer ses idées, en discuter. » (F, 41 ans, ingénieure, Oise, 2003.)

Il semblerait donc que si ces électeurs, éternellement insatisfaits de l'offre qui leur est proposée[28], acceptent objectivement d'être prisonniers du « carcan » de l'alchimie électorale, c'est notamment parce que, subjectivement, ils se donnent les moyens d'échapper à ce carcan. Au-delà de la signification qui va *a posteriori* être donnée à leur vote par les commentateurs, au-delà de l'impossibilité qui est le plus souvent la leur de peser sur cette signification, au-delà du caractère toujours trop limité à leurs yeux du choix électoral, reste la signification qu'eux-mêmes donnent à leur geste et qui lui donne son importance. Cette « multitude de raisons d'agir agrégées en votes pour telle ou telle liste »[29] que constitue un scrutin demeure. Certes, elles peuvent échapper aux politiques, aux journalistes et aux chercheurs, mais chacun s'en veut le porteur.

On a eu l'occasion de montrer dans un autre cadre qu'une pétition n'est pas un texte revendicatif si intangible qu'un ensemble de personnes qui n'ont pas participé à sa rédaction n'aurait d'autre choix que d'endosser ou de ne pas endosser, mais qu'à l'inverse il s'agit le plus souvent d'un « texte-pivot » auquel ces personnes acceptent d'être rattachées, en dépit des divergences profondes qu'elles peuvent nourrir à son encontre, et à cette condition que, symboliquement au moins, elles puissent faire part de ces divergences et conserver leur

28. On retrouve, à plusieurs reprises, cette idée qu'on choisit « celui qui représentera le plus ce qu'[on] attend d'une politique. [...] Représenter le plus, c'est-à-dire pas à 100 %, je le sais bien » (F, 53 ans, documentaliste, Yvelines, 2003).

29. Michel Offerlé, « Élections européennes. Des voix qui parlent : les élections du 13 juin 1999 en France », *Regards sur l'actualité*, juillet-août 1999, p. 25.

singularité.[30] Parfois, dans les cas les moins ordinaires, en envoyant un texte personnel qui explique leur signature, sans que, pour autant, ce texte explicatif ne soit jamais publicisé. Plus souvent encore, dans le cas des pétitions standardisées, en se donnant les moyens de se réapproprier le texte : concrètement (barrer certains éléments, ajouter quelque nuance, ne pas donner tous les renseignements demandés…) ou au moins subjectivement, chaque échange entre ceux qui font signer une pétition et ceux qui la signent pouvant être lu comme une transaction plus ou moins intense durant laquelle la signification de la pétition est, au minimum ponctuellement, rejouée.

De même, le vote et son caractère paradoxal ne pourraient-ils pas, pour partie, être compris à partir des formes de réappropriation, parfois concrètes, mais plus souvent symboliques, au travers desquelles des électeurs, loin de se contenter d'endosser une offre politique intangible et qu'ils n'ont pas contribué à produire, donnent à celle-ci, pour eux-mêmes le plus souvent, et parfois pour les autres, une signification propre ? Nombre des enquêtés mettent ainsi en avant la forme de négociation implicite qui est au principe de leur vote « normal » :

> « — Est-ce que tu as l'impression de pouvoir exprimer tes convictions politiques à travers ton vote ?
> — Non, pas vraiment. Enfin, en fait, je pense que, quand on vote, on doit choisir le moins pire… Parce que celui pour lequel on vote, on n'est jamais complètement d'accord avec… tout son programme. Mais, bon, on fait la part des choses entre ce qui est très important, par exemple pour moi la solidarité et… ce qui est peut-être moins important […]. Je pense que c'est impossible d'être complètement d'accord avec tout ce qui est fait par un gouvernement. Donc, il faut juger globalement…
> — C'est-à-dire faire un peu de concessions, des…
> — Ah oui. Bon, on ne peut pas faire des concessions sur les points… qu'on considère comme cruciaux, mais… » (H, 36 ans, enseignant-chercheur, Nord, 2003.)

Dans cette optique, les formes de négociation symbolique qui ont pu apparaître ouvertement à l'occasion de l'entre-deux-tours de l'élection présidentielle de 2002, via des manifestations, des messages internet ou des conversations, semblent être le propre de tout processus électoral.

30. Jean-Gabriel Contamin, *Contribution à une sociologie des usages pluriels des formes de mobilisation…, op. cit.*

Lorsqu'un internaute avance que, « si des électeurs de gauche votent Chirac, contraints d'une certaine manière, on n'a pas le droit de leur demander de le faire sans états d'âme et sans moyen d'exprimer leurs idées » (H, 29 avril 2002, FPP), ne décrit-il pas la norme du processus électoral plutôt que l'exception ?

Comment, « ordinairement », ces formes de réappropriation symbolique se concrétisent-elles ? Parfois, au travers des discussions qu'évoque l'ingénieure interrogée. Sans doute, le plus souvent, dans le for intérieur des électeurs, toujours difficile à saisir tant, au contraire de ces cyber-messages écrits à vif, un entretien rétrospectif mêle trajectoire de vote et reconstructions *a posteriori*. Mais, aussi, semble-t-il, dans le geste électoral lui-même.

En effet, ce que l'observation des scènes électorales nous apprend, c'est qu'au sein même du bureau de vote les électeurs « normaux » usent d'un ensemble de pratiques pour se réapproprier symboliquement leur vote, pour lui faire signifier, à leurs yeux au moins[31], plus qu'il ne semble dire, pour, finalement, qu'il ne se limite pas au choix d'un bulletin.

Certes, comme d'autres l'avaient noté avant nous[32], dans le bureau de vote, les formes explicites de politisation semblent relativement limitées. Rares sont ceux, par exemple, qui annoncent explicitement pour qui ils veulent voter ou, au contraire, refusent de voter :

> À une femme d'une soixantaine d'années qui semble seule et un peu perdue, une employée de mairie responsable de la table de décharge demande : « Vous votez pour qui ? Vous ne savez pas ? Eh bien, vous choisissez pour qui vous voulez voter. » « Eh bien, Boutin », lui répond sur le champ l'électrice (1er tour, 10 h 10).
> Peu après, un homme d'une soixantaine d'années vient se plaindre de n'avoir pas « reçu [son] bulletin de vote. Mais, je viens quand même voter. Pourquoi ne les ai-je pas reçus ? Pourtant j'habite ici depuis 1976. Je voudrais Jacques Chirac. »

31. De fait, comme on va le voir, ces pratiques, pour beaucoup, ne sont visibles que de ceux qui se donnent pour objectif de les voir. Autrement dit, il s'agit là encore pour l'électeur de donner une signification à son geste, indépendamment même de la signification que d'autres pourront lui donner *a posteriori*. Toutefois, pour limiter les risques de surinterprétation inhérents à ce type d'observation ethnographique, on usera, autant que faire se peut, des entretiens pour les contrôler.

32. Paul Bacot, « Conflictualité sociale et geste électoral. Les formes de politisation dans les lieux de vote », *Revue française de science politique*, vol. 43, n° 1, 1993.

Quand on lui demande alors de « prendre tous les bulletins », il répond : « Non, je veux Jacques Chirac. » (11 heures).
À l'inverse, un homme d'une quarantaine d'années profite de la queue devant la table de vote pour parler politique et annoncer que « la dernière fois, [il a] voté pour Chirac, mais pas cette fois-ci » (17 h 30).

En revanche, la réappropriation du geste électoral semble prendre des figures concrètes qu'on a pu cerner à deux moments au moins : d'abord, dans le jeu qui s'instaure autour de la prise des bulletins de vote ; ensuite, dans le jeu qui s'instaure autour du sort des bulletins non utilisés.

On sait en effet que les électeurs sont juridiquement tenus de prendre le bulletin de plusieurs candidats afin de préserver le secret de leur vote et qu'ils sont même implicitement tenus de prendre un bulletin de chacun des candidats présents. Or, nombreux sont ceux qui n'obtempèrent pas, si ce n'est à la règle juridique, en tout cas à la règle sociale, notamment lorsque, comme au premier tour de la dernière présidentielle, le nombre de candidats est élevé.

De plus, pourrait-on dire, en paraphrasant Françoise Subileau et Marie-France Toinet[33], si les échantillons de bulletins choisis sont multiples, seuls « les plus rationnels sont les plus empruntés », si bien qu'on pourrait voir dans cette sélection de bulletins, en elle-même, une forme de hiérarchisation des candidatures qui permet pour partie à l'électeur d'échapper subjectivement aux rets de l'alchimie électorale. N'est-ce pas ce que laisse entendre cet électeur qui annonce qu'« il y a trop de bulletins » et qu'en conséquence, il ne prend que ce qui l'intéresse, sans pour autant arrêter son choix à un seul (H, 40 ans, 14 h 50) ?

Certes, on ne peut interpréter ainsi le cas, relativement rare au premier tour, de ceux qui choisissent de ne prendre qu'un bulletin, sans faire montre d'autre hiérarchisation.
En revanche, comment comprendre autrement ceux qui, manifestement délibérément, prennent tous les bulletins sauf un ou deux ? Ainsi de cet électeur d'une trentaine d'années qui prend tous les bulletins, puis remet le bulletin « Mégret » (14 h 40), de cette électrice qui fait mine de prendre tous les bulletins, mais remet avec une expression de honte les bulletins « Le Pen » et « Mégret » en expliquant

33. Françoise Subileau et Marie-France Toinet, « Les abstentionnistes ont-ils toujours tort ? La participation électorale en France et aux États-Unis », *Revue française de science politique*, vol.25, n° 4, 1975, p. 188.

qu'« il y en a trop » (13 h 30), de cet électeur qui dit ne vouloir « prendre que les bulletins qui [l]'intéressent », qui prend deux bulletins « Mamère » et qui, devant le bulletin « Boutin », dit « Boutin, non » (12 h 55) ou de cet autre électeur qui prend tous les bulletins sauf le premier et les derniers, soit les bulletins d'extrême droite et d'extrême gauche en ajoutant « je n'ai pas le droit d'y toucher » (12 heures) ?
Cette forme d'exclusion, qui peut aussi jouer à l'encontre de candidats plus modérés comme Lionel Jospin ou Jacques-Chirac et dont on trouve une trace explicite dans certains entretiens[34], correspond d'ailleurs plus largement à l'une des modalités de négociation symbolique du geste électoral dont font souvent part les enquêtés : le vote par élimination.[35] Une jeune étudiante (20 ans, DEUG d'histoire, Seine-Saint-Denis, avril 2002) explique ainsi qu'elle commence par « faire un petit classement : "Je vote pas pour toi, je vote pas pour toi, peut-être, peut-être", et ensuite, par rapport à ça, je regarde ce qui reste ». De même, la veuve d'un ouvrier raconte que, pour choisir, elle « écoute toujours les informations. Je garde… J'élimine, quoi. Je garde mes opinions, quoi » (F, 73 ans, Nord, 2003). Enfin, un agriculteur exploitant, par ailleurs ancien maire, synthétise cette démarche en avançant que « compte tenu de la conjoncture actuelle, je commence par procéder par élimination […]. Le député pour lequel je vote, en fin de compte, je ne le choisis malheureusement pas parce que c'est mon préféré […] Je vote pour celui dont je considère qu'il est le mieux à même de gérer un consensus dans lequel je peux me retrouver, même si je ne suis pas d'accord avec tout ». (H, 71 ans, agriculteur exploitant et ancien maire, Champagne-Ardenne, 2003.)

En effet, après la phase d'élimination, l'électeur passe à la phase de comparaison, là encore perceptible dans les modes de sélection des bulletins au sein du bureau de vote. En choisissant les bulletins qu'ils emporteront dans l'isoloir, certains d'entre eux semblent s'approprier symboliquement l'offre politique qu'on leur impose.

34. Selon un des interviewés (H, 20 ans, étudiant en BTS, Paris, mai 2002), « il y a des hommes politiques pour qui je ne peux pas voter. C'est impossible. Ne serait-ce que toucher les bulletins, ça me brûle les doigts. C'est par exemple l'extrême droite. Ce n'est pas possible de toucher les bulletins. »

35. Georges Lavau, contestant le modèle extrême de rationalité du vote selon un modèle coûts/avantages, note en revanche que cet acte peut obéir à des formes de « quasi-rationalités » moins simples, dont le vote par élimination pourrait être une modalité (*cf.* Georges Lavau, « L'électeur devient-il individualiste ? », *article cité*.)

Certes, ce n'est pas flagrant lorsqu'un électeur prend tous les bulletins les plus proches jusqu'au moment où, apparemment, il en arrive à son «favori». En revanche, que dire de cet électeur qui prend tous les bulletins, mais pousse de grands soupirs devant certains noms (H, 40 ans, 12h20)? Que dire de cet autre électeur qui ne prend que les bulletins des candidats de droite (H, 35 ans, 12h50)? Que dire de cet autre électeur qui, lui, ne prend que les bulletins de droite et extrême droite (Mégret, Lepage, Chirac, Le Pen) (H, 50 ans, 15h40) ou de cet autre qui se spécialise dans les bulletins de la droite «modérée» (Lepage, Bayrou, Chirac, Saint-Josse et Boutin) (F, 30 ans, 15h40)?

Que dire, à l'inverse, de ces électeurs qui se proposent, dès ce premier tour, de trancher le duel ou le trio annoncé en ne prenant que les bulletins «Chirac» et «Jospin» (H, 40 ans, 15h44) ou que les bulletins «Jospin», «Chirac» et «Chevènement» (F, 50 ans, 18 heures)? Que dire de cette femme de 70 ans environ qui ne retient que les candidatures «légitimistes» et «modérées» en emportant les bulletins «Bayrou», «Chirac», «Jospin» et «Chevènement» (18h20)? Que dire, aussi, de ces électeurs qui ne conservent que des «tickets» de gauche (H, 30 ans, 19h45), voire d'extrême gauche (H, 30 ans, 19h10)? Que dire, enfin, de cet électeur qui, certes, prend tous les bulletins, mais semble les trier avant d'entrer dans le bureau de vote (H, 40 ans, 16h45)?

Autant de choix dont on peut d'autant plus penser qu'ils sont liés à une logique de sélection politique que, non seulement ils semblent correspondre à une forme de «rationalité», mais qu'il ne s'agit pas le plus souvent de prendre les bulletins qui sont les plus proches les uns des autres.

On peut certes penser que ces sélections sont des formes de réappropriation du geste électoral, sans conséquence sur le verdict final puisque les électeurs se seraient déjà décidés. Elles témoigneraient seulement du souci des électeurs de se définir publiquement, voire à leurs propres yeux[36], comme «de droite», de «gauche», comme «modéré» ou non,...

Mais, on peut aussi avancer que, parfois, tout va finalement se jouer dans l'isoloir, là où, comme le rappelle un internaute

36. Par exemple, l'électrice qui ne prend que les bulletins «Jospin», «Chirac» et «Chevènement» (F, 50 ans, 18 heures) prend deux bulletins «Chevènement», ce qui tend à prouver qu'il s'agit moins pour l'électeur d'afficher une «logique politique» aux yeux des autres que de l'afficher à ses propres yeux. Sinon, pourquoi vouloir occulter son «vote» en prenant deux bulletins de celui dont on peut supposer qu'ils s'agit de son favori?

pendant l'entre-deux-tours, « pendant quelques fractions de minute, bien à l'abri derrière le petit rideau qui vous soustrait aux regards inquisiteurs, plus personne ne peut rien contre vous. Vous êtes seul maître à bord » (H, 3 mai 2002, FSP), sans que nul ne puisse nous demander quelque compte que ce soit quant à cet acte anonyme.[37]

Pour l'anecdote, on citera ainsi deux cas qui montrent que cette deuxième hypothèse n'est pas si saugrenue. D'abord, celui de cette jeune femme noire (F, 25 ans, 12 h 20) qui fait d'abord sa sélection dans les bulletins en ne retenant aucun des candidats qu'on pourrait rapprocher d'une manière ou d'une autre de la droite la plus radicale (Mégret, Le Pen, Boutin, Chevènement[38] et Madelin), qui, ensuite, entre dans l'isoloir, en ressort avec son enveloppe, puis se ravise le doigt sur la bouche pour montrer qu'elle réfléchit et, enfin, retourne dans l'isoloir. Ensuite, celui de cette mère de famille (F, 40 ans, 18 heures) qui ne retient que deux bulletins, les bulletins « Jospin » et « Mamère », qui entre dans l'isoloir avec ses deux enfants et qu'on entend, au travers du rideau, chantonner un « Amstramgram » dont les résultats finaux du scrutin nous renseignent peut-être sur l'issue...

Y a-t-il finalement un fossé si énorme entre cette électrice qui s'en est remis au hasard pour choisir entre « ses candidats possibles » et celui qui a choisi de ne pas choisir en mettant dans son enveloppe deux bulletins dont la logique politique était aussi claire, les bulletins « Laguiller » et « Besancenot » ? Oui, si l'on raisonne du point de vue de la dimension décisive du vote. Sans doute non, si l'on raisonne du point de vue de sa dimension expressive et subjective.

Encore doit-on ajouter que ceux qui se plient à la règle sociale qui voudrait qu'on prenne tous les bulletins ne semblent pas non plus totalement démunis pour se réapproprier leur geste électoral dans le bureau de vote.

D'abord, parce que certains semblent se dédouaner symboliquement de l'obligation de prendre tous les bulletins en sou-

37. Michel Offerlé, « Les noms et le nombre : individualisation et anonymisation de l'électeur », *in* Anne-Marie Christin (sous la direction de), *L'Écriture du nom propre*, L'Harmattan, Paris, 1998.

38. On pourrait bien sûr contester le fait de placer ainsi Jean-Pierre Chevènement dans la « droite radicale ». Reste qu'il s'agit là des bulletins qu'elle n'a pas choisis et qu'on doit en conclure, faute d'entretien complémentaire, soit qu'il s'agit d'un hasard total, soit que seul l'oubli du bulletin « Chevènement » relève du hasard, soit qu'il y a une logique politique d'ensemble qui peut rendre compte du refus de prendre ces bulletins-là.

lignant qu'ils ne le font que parce qu'ils y sont contraints : annoncer « Il y a des bulletins que je prends, c'est bien parce qu'il faut tous les prendre » au moment même où l'on s'en saisit (H, 40 ans, 18 h 30), n'est-ce pas se donner un moyen symbolique de considérer qu'en réalité on ne prend pas ceux qu'on ne souhaiterait pas prendre ?

Ensuite et surtout, parce que demeure la possibilité de « se venger » après coup contre les bulletins honnis et non utilisés. Lire ainsi la manière dont un ensemble d'électeurs, au sortir de l'isoloir, déchirent ou font une boulette avec certains bulletins avant de les envoyer dans la poubelle tient peut-être de la surinterprétation. Dans un certain nombre de cas, c'est tout au plus un moyen de préserver le secret de son vote. Pourtant, lorsqu'à l'occasion du second tour de l'élection présidentielle, un jeune homme, contraint par l'employée de mairie qui tient la table de décharge à prendre les deux bulletins alors qu'il n'avait dans un premier temps pris que le bulletin « Chirac », obtempère avant de mettre ostensiblement le bulletin « Le Pen » dans la poubelle, on est bien dans une forme de réappropriation du geste électoral, qui ne saurait se limiter à un simple « vote Chirac ».

Plus largement, c'est cette hypothèse que corrobore cette jeune enquêtée qui explique qu'à l'occasion de la dernière présidentielle « il y avait seize programmes à lire. Il y en a que j'ai zappés parce que je ne les aime pas. Je ne les ai donc pas lus. Je les ai déchirés et mis à la poubelle [...]. Comme Le Pen, Mégret et tout ça. Là, je ne lis pas leur programme. C'est direction la poubelle [...]. Ben, par exemple, il y en avait un tout jeune, là, il me semble, pour les élections. C'était un petit facteur ou quelque chose comme ça. Je trouve qu'il était trop jeune pour être président [...]. Et, ça, moi, je trouve que ceux qui viennent seulement de s'engager dans la politique et qui veulent être président, avant d'avoir fait leurs preuves, non, ça non plus, je lis leur programme, mais, après, c'est la direction poubelle. » (F, 21 ans, DEUG d'histoire, Seine-Saint-Denis, avril 2002).

Ainsi, la « direction poubelle » et les diverses façons d'y aboutir semblent être aussi un instrument de hiérarchisation subjective des candidatures au-delà du bulletin finalement déposé dans l'urne. Mieux, ce que cet extrait d'entretien laisse entendre, c'est qu'au-delà même du bureau de vote les électeurs peuvent s'approprier symboliquement leur geste tout au long du processus électoral : quand ils reçoivent les déclarations électorales, mais aussi, on pourrait le montrer à partir d'observations lors des élections législatives de 2002, dans le chemin qui les mène au bureau de vote, dans la consultation des affiches qui se trouvent à son entrée[39] ou, même, lors du dépouillement quand ils y participent[40]. Et ce sont ces formes d'appropriation qui, au-delà du verdict des urnes, permettent à ces électeurs de voter « normalement ».

Michel de Certeau[41] avance qu'aux « productions centralisées de l'ordre dominant » – « production rationalisée, expansionniste autant que centralisée, bruyante et spectaculaire » qui veut imposer aux simples citoyens sa logique – « correspond une autre production qualifiée de "consommation" : celle-ci est rusée, elle est dispersée, mais elle s'insinue partout, silencieuse et quasi invisible, puisqu'elle ne se signale pas avec des produits propres mais en manières d'employer les produits imposés ».

Le vote peut être compris comme une de ces « productions centralisées » qui participent à la légitimation du système politique – c'est la dimension « décisive » de l'élection –, mais que, par différents biais, les électeurs « consomment » en fonction de leur propre logique. Si bien qu'on peut dire, en paraphrasant Jean-François Bayart[42], que sous le « monothéisme » – le privilège d'interprétation du vote que se sont accordé les acteurs politiques et médiatiques – survit un « polythéisme » des usages disséminés du vote, dominés mais non effacés. Et ce sont ceux-là que le chercheur doit prendre en compte s'il veut comprendre le geste électoral.

Cette interprétation va relativement de soi quand on se focalise sur les « appropriations explicites » du vote, sur les seuls bulletins « nuls » ou « annulés ». Mais ce que montre le second tour de l'élection présidentielle de 2002, c'est qu'il en va pour

39. Là encore, on pourrait rappeler que certains électeurs, avant même d'entrer dans le bureau de vote, font un petit tour des candidats représentés sur les différents panneaux électoraux, en gratifiant ceux-ci de commentaires plus ou moins élogieux et, souvent, en cherchant où sont présents « leurs candidats potentiels ». Certains poussent même la réappropriation jusqu'à faire de même… en sortant du bureau de vote !

40. Une enquêtée raconte ainsi le dépouillement du premier tour de l'élection présidentielle dans son village : « Il y avait ma voisine qui fait partie de la mairie et je la regardais. Elle donnait le papier fermé au monsieur qui dépliait le papier et qui donnait le nom. Et elle soufflait car elle voyait bien que c'était Le Pen. Et, à chaque billet "Le Pen", elle soufflait » (F, 22 ans, maîtrise d'ethnologie, Paris, mai 2002). Un soupir qui, en l'occurrence, n'est pas si éloigné de ces offenses symboliques que les électeurs semblent faire subir aux candidats qui leur déplaisent le plus.

41. Michel de Certeau, *L'Invention du quotidien*, tome I : *Arts de faire*, Gallimard, Paris, 1990, p. XXXVII.

42. Jean-François Bayart, « La politique par le bas en Afrique noire. Questions de méthode », *Politique africaine*, janvier 1981.

partie de même pour les votes « normaux ». Certes, objectivement, les électeurs semblent s'être finalement ralliés à la logique de la « production centralisée » (autrement dit, ils ont « voté Chirac »), mais seulement parce qu'auparavant ils se sont donné un ensemble d'instruments pour séparer la dimension concrète et la dimension abstraite de l'acte de vote[43], pour s'approprier subjectivement leur vote « normal » au travers des manifestations, des discussions, des écrits et, plus spécifiquement, des différents registres d'appropriation dont ils ont pu user.

Mieux, cet épisode « extra-ordinaire », loin d'être particulier, permet d'objectiver des phénomènes plus diffus et plus difficilement perceptibles dans les conjonctures électorales plus ordinaires. C'est ce même « travail sur soi », cette même négociation implicite, dont on trouve quelque trace dans les manières de voter, qui permettent, dans des circonstances ordinaires, à la plupart des électeurs frustrés qui ne rencontrent jamais « leur » offre politique – si tant est qu'elle puisse exister – d'en faire un certain deuil pour se fondre dans le dispositif électoral normé.

Comment, dans ce cadre, interpréter l'abstention ? Soit comme une incapacité à se réapproprier le geste électoral faute de compétences : c'est celle qu'on entend le plus souvent dans les entretiens.[44] Soit, à l'inverse, comme une impossibilité de se réapproprier une offre considérée comme trop éloignée de son idéal : c'est celle qu'on trouve le plus souvent sur les forums internet entre les deux tours de l'élection présidentielle.[45] De même, le vote « nul » ou « blanc » peut être lu, selon les situations,

43. Sur la distinction entre ces deux dimensions de l'acte de vote, l'une correspondant à son caractère matériel, l'autre à sa signification métaphysique, *cf.* Fabien Le Roux, *Des voix discordantes…*, *op. cit.*, 2002.

44. Une électrice de milieu populaire explique ainsi qu'en dépit de son respect du devoir électoral, elle n'a « pas voté quand c'était Maastricht. J'ai dit : "Ça, ça ne m'intéresse pas." Et, puis, avec leur bazar, quoi, je n'y comprenais rien du tout. J'ai dit : "Je n'y vais pas." […] Je n'y comprenais rien du tout, alors je n'ai pas essayé de comprendre. » (F, 73 ans, veuve d'un ouvrier, Nord, 2003.)

45. Un internaute affirme ainsi : « Pour ma part je vais m'abstenir car je ne veux ni voter pour un escroc, ni pour un extrémiste. Quand au fait que Chirac soit républicain, alors là permettez-moi de rire (jaune). Votre républicain a fait les lois LSI [loi sur la sécurité intérieure qui criminalise la prostitution] et LSQ [loi sur la sécurité quotidienne qui permet notamment d'emprisonner les voyageurs sans billet]. Lisez-les et vous comprendrez que peut-être la "dictature" n'est pas là où on pourrait le penser. » (H, 25 avril 2002, FPP.) La technicité des arguments avancés nous rappelle aussi que ces deux formes d'abstention relèvent de dispositions sociodémographiques opposées. Le même nom unifie effectivement des phénomènes qui se rapportent à des logiques sociopolitiques très éloignées.

comme une incapacité à respecter les normes électorales ou comme un souci de se jouer de ces normes.

On s'éloigne ainsi progressivement de la vision trinitaire qui tend à opposer « abstentionnistes », « votes normaux » et « votes blancs et nuls » pour déboucher sur un continuum qui irait de l'incapacité de toute réappropriation du vote – ce qu'Anne Muxel et Jérôme Jaffré appellent « l'abstentionnisme hors jeu »[46] – à une volonté si absolue de maîtriser la signification et l'efficacité de son geste qu'elle rend impossible tout vote – ce qu'ils appellent « l'abstentionnisme dans le jeu » –, en passant par deux formes opposées de « vote explicitement réapproprié » et par le vote dit « normal », mais subjectivement réapproprié.[47] Autrement dit, le vote blanc ou l'abstention ne seraient que des votes « normaux » appropriés différemment, et inversement, si bien qu'on ne pourrait comprendre les uns indépendamment des autres.

Ce continuum conduit dès lors à une autre structuration des études électorales. En mettant notamment l'accent sur l'évolution de ces catégories en fonction des types de scrutin, sur leur évolution structurelle sur le long terme – l'abstention est-elle pour partie en train de changer de nature ? Son augmentation signifierait-elle que l'offre politique tend à être de moins en moins appropriable par les électeurs ? –, ou, même, sur les implications que ce continuum pourrait avoir quant à la dimension « décisive » de l'élection : voir le vote « normal » comme un vote subjectivement réapproprié permet, par exemple, de comprendre pourquoi certains anciens électeurs du Parti communiste sont si réticents à changer de « vote-pivot » et, tout particulièrement, à se rallier au vote « Front national », comme le montre Olivier Masclet.[48]

Au-delà, c'est à une autre lecture de la démocratie que l'on aboutit. Une démocratie qui n'est plus définie par le pouvoir de gouvernement du peuple, mais dont la légitimité repose sur le fait que « chaque électeur est un auteur en puissance, réorganisant à sa guise les significations politiques, détournant à des fins identitaires les messages qui lui sont adressés comme à un consommateur », que chaque suffrageant est le « libre auteur des

46. Anne Muxel et Jérôme Jaffré, « S'abstenir : hors du jeu ou dans le jeu politique ? », *in* Pierre Bréchon, Annie Laurent et Pascal Perrineau, *Les Cultures politiques des Français*, Presses de Sciences Po, Paris, 2000.

47. Sur un constat relativement similaire en ce qui concerne la signature des pétitions, *cf.* Jean-Gabriel Contamin, *Contribution à une sociologie…*, *op. cit.*, 2001, partie V.

48. Olivier Masclet, *La Gauche et les cités…*, *op. cit.*

significations politiques qu'il mobilise »[49]. Mais, dès lors, comment le système politique pourrait-il prendre en compte ces significations que « l'alchimie électorale » et la focalisation politique, médiatique et scientifique sur la dimension « décisive » des élections tendent à occulter ?

49. Jean-Marie Donégani, « Introduction aux modèles de nature qualitative », *in* Nonna Mayer (sous la direction de), *Les Modèles explicatifs du vote*, *op. cit.*, p. 170.

Chapitre VII

Sur quelques faux problèmes et demi-vérités autour des effets électoraux du chômage

Emmanuel Pierru

« Avoir éprouvé la fascination des extrêmes, et s'être arrêté quelque part entre le dilettantisme et la dynamite ! »

Émile Cioran, *Syllogismes de l'amertume*[1]

« N'étudiez pas les pauvres et les sans-pouvoir : tout ce que vous direz sur eux pourra être retenu contre eux. »

Laura Nader, anthropologue[2]

L'élection présidentielle du printemps 2002 aura été, pour beaucoup, celle de toutes les désillusions politiques, militantes et savantes. Dans un contexte de croissance soutenue et d'un *apparent* recul du chômage, on pouvait se prendre à espérer que le spectre d'une extrême droite, visiblement affaiblie par ses scissions internes, allait s'éloigner avec cet inespéré « retour des Trente Glorieuses »[3]. Le plein-emploi du facteur travail redevenait alors un objectif économiquement crédible et un hori-

1. Émile Cioran, *Syllogismes de l'amertume, in Œuvres*, Gallimard, Paris, 1995, p. 759.

2. Cité par Philippe Bourgois, *En quête de respect. Le crack à New-York*, Le Seuil, Paris, 2001, édition originale : 1995, p. 47.

3. Comme le titrait en février 2000 le mensuel *Alternatives économiques*, n° 178, en l'accompagnant, avec prudence, d'un point d'interrogation…

zon socialement pensable, conjurant du même coup toutes les menaces «populistes». Au tout début du printemps 2002, il semblait encore acquis que «le chômage n'était plus le premier sujet d'inquiétude des Français»[4]. C'était désormais l'insécurité «civile» qui structurait les préférences électorales et non plus l'insécurité «sociale». Et pour cause: «Pendant vingt ans, les gens ont considéré que la montée du chômage était structurelle. La France allait comptabiliser 4 millions de chômeurs; ça s'est renversé. L'idée, aujourd'hui, c'est que la société peut créer des emplois», déclarait Jérôme Jaffré au quotidien *Le Monde* en mars 2002.[5] Avec le 21 avril, et depuis lors, le rêve a, on le sait, vécu. Ce qui était «impensable» encore dans les quelques semaines qui le précédèrent, ce jour où «il s'est passé quelque chose»[6] a suscité une inflation interprétative fortement empreinte sinon d'amertume, du moins de stupeur devant un résultat aussi surprenant qu'«indigne» d'une grande nation démocratique. Comment une telle configuration électorale droite/extrême-droite a pu en effet survenir alors que l'économie française semblait avoir amorcé la sortie de crise attendue (voire prophétisée) depuis plus de vingt ans? Dans le foisonnement des analyses produites «à chaud»[7], ce sont deux types particuliers d'explications *ad hoc*, impliquant *ou* le chômage *ou* les chômeurs, qui ont été avancés pour rendre compte de ce si imprévisible premier tour de la présidentielle que nous souhaiterions souligner d'emblée.

La première, fondée sur une analyse purement économique du vote, voit dans le retournement de la conjoncture économique de la dernière année de la législature Jospin un élément clé de la sanction électorale qui a frappé le candidat de la gauche plurielle. Ainsi, comme le fait remarquer Jean-Daniel Lafay, «la remontée du chômage entre avril 2001 et mars 2002 a fait perdre à ce [même] gouvernement 21 points [de popularité]», soit plus des deux tiers des gains obtenus en quatre ans (et en dépit d'une hausse du nombre des chômeurs cinq fois plus faible que la baisse initiale). Ainsi, on se trouve là dans un cas type de « "*déceptions des anticipations*", où les gouvernements sont moins jugés par rapport au passé que par rapport à ce que l'on attend

4. *Le Monde*, 8 mars 2002.

5. *Ibidem*.

6. Vincent Duclert, Christophe Prochasson et Perrine Simon-Nahum (sous la direction de), *Il s'est passé quelque chose le 21 avril*, Denoël, Paris, 2003.

7. Nous laissons ainsi de côté les âpres débats autour du poids de la fragmentation partisane à gauche, les reports de voix d'électeurs socialistes vers l'extrême gauche, etc.

d'eux »[8]. Si la conjoncture économique pèse pour près de « 50 % dans les résultats des élections nationales »[9], on est tenté de demander un complément d'information sociologique : quelles anticipations de quel(s) électeur(s) déçu(s) ? Mystère. Mais la certitude est là et se donne à voir dans une – élégante et « évidente » – chaîne des causes et des conséquences : le retournement de conjoncture a provoqué un retournement *global* des anticipations économiques *du corps électoral* qui a précipité la défaite de la gauche.

L'autre explication, régulièrement convoquée depuis la fin des années quatre-vingt pour « parler » des scores électoraux du FN en milieu populaire, déplace le problème de l'enjeu (le chômage) vers les figures qui l'incarnent (les chômeurs). Cette interprétation, pour le moins courte, du « phénomène Le Pen » oppose ainsi une « France ouverte » à un « peuple fermé »[10], soit, plus trivialement formulé, les « classes moyennes » – situées du côté de l'« intégration réticulaire » et du *libéralisme culturel*, aux « classes populaires », redevenues cette « foule solitaire », anomique et *autoritaire*[11]. Car l'explication, problématique à plus d'un titre, est aujourd'hui sinon systématiquement, du moins fréquemment, avancée dans ce type de conjonctures électorales : les « populismes » fleuriraient sur le désarroi social des composantes les plus fragilisées par les crises économiques.[12] Pour étayer empiriquement cette hypothèse fragile, des pourcentages « évocateurs » sont publiés et hâtivement commentés : dans le foisonnement des enquêtes post-électorales, un tiers des ouvriers et jusqu'à 38 % de chômeurs – qui battent ainsi tous « leurs » records – auraient donné leur voix au leader du FN[13] au premier tour de l'élection présidentielle. Le verdict tombe brutalement ce 21 avril 2002 : la société française compterait *encore* des « fractures » sociales qui ne demanderaient qu'à *protester* politiquement. Frappées

8. Jean-Daniel Lafay, « L'économie permet-elle de prévoir et de comprendre les élections ? », *in* Jean-Pierre Pollin (sous la direction de), *Le Cercle des économistes. Chroniques 2002. Les marchés financiers sont-ils rationnels ?*, Descartes et Cie, Paris, 2002, p. 131.

9. *Ibidem*, p. 129.

10. L'expression est de Vincent Tiberj et de Louis Chauvel, « Inégalités socio-économiques et fractures politiques », *Les Cahiers français*, n° 314, mai-juin 2003, p. 37.

11. *Ibidem*, p. 38.

12. Voir dans cet ouvrage la contribution d'Annie Collovald. Et, du même auteur, « Le vote Le Pen : la faute au populaire ? », ainsi que Frédérique Matonti et Stéphane Beaud, « Être contre. À propos de la condition ouvrière », *Vacarmes*, n° 20, été 2002.

13. Par exemple, sondage Ipsos-Vizzavi-*Le Figaro*, 21 avril 2002.

d'une étrange amnésie – oublieuse des discours juste antérieurs qui célébraient la « fin » du chômage et le retour du plein-emploi –, les exégèses électoralistes convoquent *à nouveau* l'argument *omnibus* de l'« autoritarisme » spontané des mondes populaires pour *rendre raison* de cet improbable résultat. Tout se passe en fait comme si, avec la relégation de l'enjeu du « chômage », on semblait (re)découvrir qu'il y avait encore des chômeurs en France au lendemain de ce premier tour. Des chômeurs qui apparaissent sous leur plus mauvais jour, en témoignant *une fois de plus* de leur *inclination spontanée* vers l'extrémisme et de leurs *atavismes* qui les mèneraient à tous les défoulements « violents ».[14] La mise hors jeu du monde professionnel (provisoire ou définitive) est promptement décryptée comme une déviance sociale, laquelle pourrait se traduire dans des comportements politiques extrêmes. Et la vieille formule, cristallisée dans l'entre-deux-guerres, qui associe les sans-emploi à la violence d'un côté et au vote d'extrême droite de l'autre, de se trouver une nouvelle fois réactivée à l'occasion d'une élection pendant laquelle le chômage aurait encore fait sentir *ses effets les plus néfastes* pour l'ordre démocratique.[15]

L'hypothèse d'une « radicalité » politique – et surtout électorale – des « chômeurs » semble ainsi survivre à toute tentative de réfutation empirique. En tant que *croyance autant sociale que politique*[16], la force qu'elle a acquise apparaît tenir en partie aux représentations des « chômeurs », lesquelles, pour être le plus souvent fantasmatiques et peu fondées, n'en sont pas moins réelles dans leurs effets (en particulier de stigmatisation des populations les plus fragiles). S'il n'est pas possible d'entrer ici dans

14. Le candidat Lionel Jospin avait d'ailleurs déclaré, lors d'un journal télévisé pendant la campagne électorale, qu'il avait *« pêché par naïveté »* en se disant « pendant un certain temps : "Si on fait reculer le chômage, on va faire reculer l'insécurité." On a fait reculer le chômage – il y a 920 000 chômeurs de moins –, mais ça n'a pas fait reculer l'insécurité ». Journal télévisé, TF1, 7 mars 2002.

15. Dans les années quatre-vingt, Alain Garrigou et Bernard Lacroix avaient pourtant déjà sérieusement relativisé sinon le degré de réalité, du moins l'ampleur d'un tel vote « extrême » des chômeurs. Voir Alain Garrigou et Bernard Lacroix, « Le vote des chômeurs », *Les Temps modernes*, n° 496-497, 1987.

16. Cette représentation s'enracine dans le précédent weimarien, qui constitue le moment clé de cristallisation de la croyance en une liaison étroite entre le chômage et le nazisme. Voir, pour une discussion de cette idée scientifiquement fausse mais socialement (tenue comme) « vraie », Emmanuel Pierru, « La tentation nazie des chômeurs dans l'Allemagne de Weimar. Une évidence historique infondée ? Un bilan des recherches récentes », *Politix*, vol. XV, n° 60, 2002.

les méandres d'un problème complexe[17], nous souhaiterions néanmoins montrer que les désillusions du 21 avril, comme leurs interprétations, reposent en fait sur des illusionnismes plus ou moins conscients, en particulier dans la science électorale contemporaine. « Les chômeurs » condensent en effet toute une série d'indignités sociales, qui les constitue en figure archétypale d'un « certain » populaire, politiquement suspect. Devenant de plus en plus un problème électoral[18] et de moins en moins une question sociale (appelant des solutions « sociales »[19]), les sans-emploi incarnent pourtant le terme d'un processus de « mise en mobilité généralisée » affectant *tout* le salariat contemporain, dans le sens d'un affaiblissement des protections collectives contre les risques sociaux (et du chômage au premier chef) dans les sociétés démocratiques.[20]

Or, les illusionnismes savants produisent non seulement des cécités sociologiques particulièrement dommageables mais aussi, et surtout, participent à opacifier un peu plus la réalité de la déstabilisation salariale contemporaine, en posant de faux problèmes qui ne doivent leur plausibilité qu'aux demi-vérités sur lesquelles ils reposent.

I. Inconnues, incertitudes et implicites d'une équation (trop) classique

Commençons par rappeler quelques « évidences » – dont la fréquente occultation autorise tous les impensés sociopolitiques – autour de la relation, communément admise, entre les chômeurs et le vote FN. Autrement dit, que signifie *précisément* une proposition du type : « 38 % des chômeurs ont voté FN » le 21 avril 2002 ?

17. Nous nous permettons de renvoyer pour une discussion d'ensemble de la question à notre thèse, Emmanuel Pierru, *L'Ombre des chômeurs. Chronique d'une indignité sociale et politique depuis les années trente*, thèse de doctorat de science politique, université de Picardie, 2003.

18. Comme l'a très bien montré Pierre Mathiot, la lutte contre le chômage depuis plus de vingt ans se cantonne pour l'essentiel à une politique de traitement « social » du problème, centrée sur des objectifs purement *comptables* (ou quantitatifs) et *de court terme*, visant à faire baisser *artificiellement* le nombre des chômeurs et, partant, à *afficher publiquement* le taux de chômage le plus bas. Voir Pierre Mathiot, *Acteurs et politiques de l'emploi (1981-1993)*, L'Harmattan, Paris, 2000. Pour une critique affûtée des logiques contemporaines de « marketing » politique sous-tendant la gestion publique de l'enjeu de chômage, voir Jacques Généreux, *Une raison d'espérer*, Plon, Paris, 1997.

19. Voir l'ouvrage de Stéphane Beaud et Michel Pialoux, *Violences urbaines, violence sociale. Genèse des nouvelles classes dangereuses*, Fayard, Paris, 2003.

20. Voir Robert Castel, *L'Insécurité sociale. Qu'est-ce qu'être protégé ?*, Le Seuil, Paris, 2003.

Première question apparemment « simple » : qu'est-ce qu'un chômeur ?[21] Il est désormais presque trivial de rappeler, à la lumière des travaux menés sur le chômage contemporain, que cet agrégat administratif n'est qu'un mot, qu'il recouvre une très grande diversité de situations matérielles et de destins sociaux, bref qu'il existe de multiples manières d'être chômeur et de vivre le chômage. Or, le simple fait d'accoler une orientation partisane au substantif « chômeurs » revient implicitement à constituer le chômeur en opérateur de pratiques et/ou de comportements politiques spécifiques. Est dès lors ratifiée la *dichotomie entre les chômeurs et les actifs occupés* dans la compréhension de l'*orientation* du vote. Il convient pourtant de s'interroger sur l'opération de mise en équivalence statistique que le tableau V réalise sur près de dix-huit ans : *par un coup de force statistique, il pose en effet une constance du nominal « chômeur », dont la consistance est ici très particulière, puisqu'il s'agit précisément de rendre compte de l'évolution pour « ce » « groupe » « du » vote FN.*

Or, est-il sociologiquement (sou)tenable de postuler *sur deux décennies* un même degré de réalité *sociale* du rapport à la « marque FN » entre les « chômeurs » d'un côté, les indépendants, les salariés du secteur public et les salariés du secteur privé de l'autre ? D'une part, on trouve un agrégat administratif dont la composition varie d'une période à l'autre ; d'autre part, des groupes certes hétérogènes mais qui, de par une homologie de position professionnelle, présentent au moins la garantie d'avoir quelques caractéristiques communes.[22] Plus précisément, à quelle comparabilité peuvent prétendre les deux pourcentages que sont les 12 % de chômeurs ayant voté FN à l'élection présidentielle de 1988 et les 20 % de ceux qui ont fait de même aux européennes de 1994, sachant que le chômage constitue bien davantage un *flux* (d'entrants et de sortants du marché du tra-

21. Didier Demazière, *Le Chômage. Comment peut-on être chômeur ?*, Belin, Paris, 2003.

22. Voir, par exemple, Claude Thélot et François de Singly, *Gens du privé, gens du public. La grande différence*, Dunod, Paris, 1988.

TABLEAU V

Sources : Sondages post-électoraux Sofres. Données reproduites *in* Pascal Perrineau, *Le Symptôme Le Pen. Radiographie des électeurs du Front national*, Fayard, Paris, 1997, p. 102.

Panel électoral français. Données reproduites *in* Pascal Perrineau, « La surprise lepéniste et sa suite législative », *in* Pascal Perrineau et Colette Ysmal (sous la direction de), *Le Vote de tous les refus*, *op. cit.*, p. 210.

Exemple de lecture : À l'élection présidentielle de 1995, 25 % des chômeurs (en % des voix exprimées) ont voté FN, soit 13 points supplémentaires par rapport à 1988.

Tableau V. Évolution de la pénétration du FN dans les électorats de 1984 à 2002

	Européennes 1984	Législatives 1986	Présidentielle 1988	Législatives 1988	Européennes 1989	Législatives 1993	Européennes 1994	Présidentielle 1995	Évolution : présidentielles 88/95	Législatives 1997	Évolution : présidentielles 84/97	Présidentielle 2002 1er tour	Présidentielle 2002 2e tour	Législatives 2002 1er tour
Ensemble	*11*	*10*	*14,5*	*10*	*12*	*13*	*10,5*	*15,5*	*+ 1*	*15*	*+ 4*	*17*	*18*	*12*
Travailleur indépendant	13	13	21	7	10	12	6	11	- 10	12	- 1	21	21	7
Salarié du secteur public	8	8	11	9	7	12	4	15	+ 4	12	+ 4	14	15	11
Salarié du secteur privé	15	14	17	13	14	16	17	21	+ 4	19	+ 4	20	19	13
Chômeur	nd	nd	12	nd	nd	nd	28	25	+ 13	15	nd	20	30	22
Inactif	nd	nd	12	9	13	12	9	11	- 1	14	nd	nd	nd	nd

vail) qu'un *stock* (exception faite des chômeurs de longue, voire de très longue durée) ? L'observation de la distribution trahit d'ailleurs assez bien l'artificialité de la procédure et l'essentialisme des variables qui la sous-tend : comment expliquer par exemple que 28 % des chômeurs aient voté FN en 1994, un quart en 1995, puis, soudainement, 15 % en 1997, pour atteindre le seuil record de 30 % en 2002, voire de 38 % comme certains instituts de sondage l'annonçaient au lendemain du premier tour de la présidentielle ?[23] Comment interpréter que « le vote des chômeurs pour le FN » soit « retombé » à 22 % aux élections législatives de 2002, soit quelques semaines après le « séisme » politique du 21 avril ? Comment rendre compte de telles variations – qui existent d'ailleurs pour d'autres « catégories » sociales plus consistantes sociologiquement –, et dans un laps de temps parfois aussi court ? À elles seules, ces fluctuations invalident l'idée d'une pénétration du FN chez les sans-emploi par paliers successifs. L'hypothèse d'une implantation durable et d'une montée irrésistible du parti frontiste dans les milieux sociaux les plus frappés par le chômage apparaît ainsi déjà passablement mise à mal. Ce n'est donc qu'en prenant une vue extrêmement lointaine et singulièrement biaisée du phénomène que l'on peut affirmer que le vote des chômeurs en faveur du FN aurait triplé entre 1988 et 2002.

Ces précautions posées, plusieurs remarques s'imposent à la lecture du tableau V.

D'abord, opposer les chômeurs aux autres salariés présuppose que le monde du chômage ait des frontières bien délimitées et étanches, qui puissent en faire un « monde à part » du reste du salariat. Or, si tant est qu'un tel monde ait pu avoir un jour une réalité, il apparaît de plus en plus évanescent à mesure que la catégorie même de chômage tend à se dés-objectiver et que le halo du chômage s'étend au point que des indicateurs de substitution sont désormais conçus (comme celui de « non-emploi »[24]) pour supplanter la catégorie elle-même. Tout le problème est alors de se doter d'un appa-

23. Nous laissons de côté ici les problèmes strictement méthodologiques relatifs notamment à la taille des échantillons, qui permettent des écarts de pourcentages de près de 10 points d'un sondage à l'autre sur une même « modalité » (ici les « chômeurs »).

24. Voir l'article de Guy Laroque et Bernard Salanié, qui a suscité une polémique importante et des critiques virulentes, « Une décomposition du non-emploi en France », *Économie et Statistique*, n° 331, 2000. Le « non-emploi » tel que ces auteurs le définissent n'est autre qu'une nouvelle reformulation de la théorie du chômage volontaire, visant à montrer que les individus font le plus souvent le choix de la « non-activité », et ce alors qu'ils pourraient travailler.

reillage conceptuel et statistique permettant de rendre compte de l'éclatement et de la fragmentation *croissants* des statuts salariaux dans un *continuum* de positions, depuis l'emploi stable à durée indéterminée jusqu'à l'inactivité, en passant par le chômage et toutes les formes dites « atypiques »[25] d'emploi.[26] Incontestablement, sur la période 1997-2000, le chômage *homologué* (*i.e.* enregistré officiellement par l'organisme public chargé de compter et de placer les chômeurs) a diminué, mais ce recul n'a pas inversé le *trend de fond* qui est celui de la déstabilisation de la relation salariale keynéso-fordiste. C'est donc un « point de vue à courte vue » que de ne considérer le chômage que sous l'angle des fluctuations *conjoncturelles* du baromètre officiel (les « DEFM[27] ») pour saisir les « effets » électoraux de la privation forcée d'activité comme le font toutes les modélisations économétriques du vote. C'est moins « le » chômage en tant que tel que ce qu'il *révèle* sur la condition salariale contemporaine qu'il convient de prendre pour point de départ dans l'analyse. Ainsi, sur le fondement des enquêtes de l'Insee, Éric Maurin a-t-il montré très récemment que les relations d'emploi deviennent de plus en plus fragiles et instables sous l'effet de la montée *structurelle et générale* du risque de perte d'emploi.[28] La saisie des effets électoraux de l'instabilité de la relation d'emploi contemporaine supposerait cependant un plus grand affinement de la variable d'activité, par exemple par la standardisation d'une batterie d'indicateurs cernant toutes les formes de précarité sociale et professionnelle[29]. Ainsi se donnerait-on les moyens d'appréhender scientifiquement ce *dégradé* des conditions salariales, comme les transformations profondes qui affectent *l'emploi* moderne. Par exemple, les données de sondages électoraux ne permettent pas actuellement de spécifier les formes et les circonstances du chômage, ni même de dissocier rigoureusement le temps partiel *choisi* du temps partiel *subi*. Pour-

25. Des formes d'emploi sont qualifiées d'« atypiques » (CDD, intérim, etc.) parce qu'elles ne répondent pas aux critères de la norme du travail stable à durée indéterminée.

26. Pour un point de vue d'ensemble sur ces questions, voir Jérôme Gautié, « De l'invention du chômage à sa déconstruction », *Genèses*, n° 46, mars 2002.

27. Demandeurs d'emploi en fin de mois.

28. Éric Maurin, *L'Égalité des possibles. La nouvelle société française*, Le Seuil, Paris, 2002, p. 15-30.

29. Y compris en intégrant par exemple des indicateurs plus « subjectifs » de mesure de la souffrance au travail, de la pénibilité des tâches pour les salariés occupés et/ou de repérage des « vécus » au chômage et de la précarité professionnelle.

tant, ce dernier est le plus souvent, dans les classes populaires et pour les femmes surtout, l'antichambre précaire d'un chômage récurrent – sinon définitif –, et il doit être, de ce fait, appréhendé comme une forme de chômage « déguisé »[30]. Or, jusqu'à maintenant, peu d'études empiriques en science politique ont abordé les questions du chômage et de la précarité *simultanément*.[31] Séparer dans l'analyse les chômeurs des salariés précaires (ainsi que des catégories les moins exposées au risque de chômage) conduit pourtant à une impasse sociologique : non seulement on manque le véritable problème à éclaircir (*i.e.* l'effet de la précarité sociale et professionnelle sur les comportements électoraux/politiques), mais on ratifie aussi *implicitement* une représentation dichotomique du salariat, qui oppose les *in* et les *out*, les *intégrés* et les *exclus* ou, pour le dire encore autrement, les *ouverts* et les *fermés*.

À moins que la consistance savante de ce « vote extrême des chômeurs » (qui s'oppose évidemment à celui des « non-chômeurs ») tienne plus simplement dans son attendu *normatif*, lequel confond « la logique des choses » et « les choses de la logique »[32] en transmuant un agrégat statistique (« les chômeurs ») en « une réalité imaginée »[33]. « Les chômeurs » doivent à cet acte purement performatif leur existence comme groupe réalisé auquel il est imputé des comportements politiques « radicaux ». Mais ce travail performatif livre, *ce faisant et tacitement*, en les suggérant, les fondements cognitifs (ou les préjugés sociaux) sur lesquels ils reposent : la représentation sociale et politique de la dangerosité « du » chômeur pour la démocratie. Ce sont alors moins les chômeurs qui sont au cœur de ces discours savants que les *rapports sociaux, empreints de stigmatisation*, entretenus à la position de chômeur. Il se peut en effet

30. À l'instar du « chômage partiel » des années trente.

31. Ainsi, à côté d'une – incertaine – sociologie du chômage tend à se constituer une sociologie de la précarité, comme si les deux objets étaient distincts et redevables de schèmes explicatifs autonomes. Voir Serge Paugam, *Le Salarié de la précarité*, PUF, Paris, 2000. Or, si l'on veut saisir le continuum de « vulnérabilisation » professionnelle et sociale, il faut *penser ensemble* toutes les formes de précarité de l'emploi (l'intérim, etc.) et le chômage, en tant que déclinaisons de l'insécurité sociale contemporaine, comme y invite Robert Castel, dans *L'Insécurité sociale, op. cit.*

32. Voir Pierre Bourdieu, Jean-Claude Chamborédon et Jean-Claude Passeron, *Le Métier de sociologue*, Mouton/Bordas, Paris, 1968.

33. Nous nous inspirons ici directement des analyses éclairantes d'Annie Collovald sur le « populaire imaginé » des électoralistes et des historiens du temps présent dont les débats participent à objectiver et à légitimer la catégorie de « national-populisme » en lieu et place du « fascisme ». Voir Annie Collovald, « Le "national-populisme" ou le fascisme disparu... », article cité.

que la formulation du problème dans de tels jeux d'oppositions trouve ses racines dans le vieux schéma de pensée que Seymour Martin Lipset a mis en forme théorique, en faisant de l'« autoritarisme de la classe ouvrière » l'un des concepts-pivots de l'analyse du populaire en politique.[34] N'écrivait-il pas en effet que cet autoritarisme était le fruit « d'une enfance rudoyée, de *l'instabilité des gains et du manque de sécurité de l'emploi*, de la banalité des expériences », et qu'il était générateur d'un « tempérament agressif », lequel « incite les individus à prendre part à des mouvements extrémistes » ou, « dans d'autres circonstances », les entraîne vers « l'apathie »[35] ? Car le faible degré de « sophistication » de la « mentalité ouvrière » reposerait sur une « crédulité réceptive, la difficulté d'envisager le passé et l'avenir, l'inaptitude à saisir les aspects complexes des problèmes et l'insuffisance de la faculté d'imagination »[36]. « Le » chômeur, parce qu'il condense l'ensemble de ces traits, peut alors fonctionner comme la figure emblématique d'un tel « tempérament autoritaire », enclin à succomber à toutes les sirènes démagogiques et antidémocratiques. Par leur vote extrémiste, les chômeurs, à la fois, *libéreraient* leurs atavismes et *protesteraient contre* ces deux systèmes inséparables que sont la démocratie d'un côté et l'économie de marché de l'autre.

II. L'INTROUVABLE VOTE « PROTESTATAIRE » DES CHÔMEURS

Or, c'est la consistance même d'un tel vote qui fait précisément problème. Les quelques éléments qui vont être maintenant exposés invitent à reconsidérer ce qui est trop souvent énoncé comme une évidence sociologique. Il faut rappeler en effet qu'à ce jour, *aucune preuve empirique solide* ne vient étayer l'hypothèse d'une relation *stable et étroite* entre le chômage et le parti de Jean-Marie Le Pen, bien au contraire.

En termes de comportement électoral – et si l'on garde en mémoire les précautions méthodologiques préalablement exposées –, *le premier parti (de masse) des chômeurs demeure l'abstentionnisme.* Le retrait électoral – intermittent ou systématique – constitue bel et bien *le seul effet direct* du chômage dont l'existence soit empiriquement attestée. L'élection présidentielle de 2002 a plus que jamais confirmé cette réalité du désinvestissement électoral de fractions toujours plus importantes de la

34. Seymour Martin Lipset, *L'Homme et la politique*, Le Seuil, Paris, 1962, édition originale : 1960.

35. *Ibidem*, p. 136-137. Nous soulignons.

36. *Ibidem*, p. 130.

Tableau VI. Participation électorale en 2002 et situation sur le marché du travail en 1999 (en %)

Exemples de lecture : – Le taux de participation moyen des chômeurs est de 65 %, 17 % d'entre eux se sont abstenus à tous les tours de scrutin. – Par rapport aux salariés en CDI du secteur privé (*référence*), les chômeurs ont significativement plus de chances de s'abstenir systématiquement (écart + 4,3) et moins de chances de voter systématiquement (écart - 6,0).	Taux de participation moyen	Pourcentage d'abstentionnistes systématiques	Effets propres sur probabilités à âge et niveau de diplôme donnés	
			De s'abstenir systématiquement	De voter systématiquement
Chômeur	65	17	+ 4,3***	+ 6,0***
Apprenti, placé par une agence d'intérim, CES ou autre emploi aidé, stagiaire rémunéré, CDD	69	13	+1,8**	ns
Titulaire de la fonction pub. (État, territoriale ou hôpitaux)	77	7	-2,7***	+ 5,0***
Contrat ou emploi à durée indéterminée du secteur privé	72	11	0	0
Indépendant ou à leur compte	74	10	ns	+3,4**

Champ : inscrits de 25 à 64 ans.

1. Le taux de participation moyen rapporte le nombre de scrutins auxquels un électeur a effectivement voté (0 à 4) au nombre de scrutins auxquels il pouvait participer (3 ou 4). Les résultats « à âge contrôlé » décrivent les comportements d'une catégorie de la population des inscrits qui aurait une structure par âge égale à celle de la moyenne des inscrits.

2. Les effets propres sur les probabilités de s'abstenir systématiquement (ou de voter systématiquement) sont tirés d'une régression logistique. Ils indiquent l'écart par rapport à la modalité de référence introduit par les modalités alternatives. Les étoiles (*) indiquent les niveaux de significativité de l'écart : *** 1 %, ** 5 %, * 10 %, ns : non significatif.

Source : Insee, Enquête « Participation électorale 2002 ».

population en âge de voter sous l'action de la fragilisation généralisée de l'emploi. Les données de l'enquête : « Participation électorale 2002 » de l'Insee[37] montrent ainsi clairement (tableau VI) que, *toutes choses égales par ailleurs*, l'intégration sur le marché du travail (ici en 1999) et la participation électorale apparaissent significativement corrélées.

Par rapport aux personnes qui se situent dans la norme de l'emploi salarié à durée indéterminée et à temps plein (CDI du secteur privé), on vérifie que, sur la séquence électorale du printemps 2002, les chômeurs ont, à âge contrôlé, une probabilité nettement plus grande de s'abstenir systématiquement et une chance plus faible de voter systématiquement. Corrigé des effets d'âge, le taux de participation électorale moyen des chômeurs est inférieur de 7 points par rapport à celui des CDI du secteur privé et de 12 points par rapport à celui des titulaires de la fonction publique. Le pourcentage d'abstentionnistes systématiques est ainsi 2,5 fois plus élevé chez les chômeurs que chez les fonctionnaires et 1,5 plus élevé que chez les salariés en CDI du secteur privé. Les précaires dans l'emploi occupent une position médiane entre chômeurs et salariés en CDI.

Plus encore, les données de l'Insee montrent que si l'on considère les taux de participation *moyens* (corrigés des effets d'âge)[38], « les chômeurs », du point de vue de leurs comportements de participation électorale, ne constituent en rien une réalité homogène : la participation moyenne des professions intermédiaires sans emploi (71,2 %) du secteur de l'enseignement, de la santé et/ou de la fonction publique et assimilée apparaît ainsi nettement supérieure à celle des professions intermédiaires administratives et commerciales des entreprises au chômage (65,9 %). Pour les fractions les plus populaires (ouvriers et employés sans emploi), le taux de participation moyen aux élections du printemps 2002 est de 66,6 % pour les premiers et de 70,6 % pour les seconds. On peut donc constater les réductions qu'opèrent les données agrégées et le nivellement de taux de participation – pourtant marqués par une forte dispersion. Une nouvelle fois, par-delà l'homogénéité largement

37. Nous remercions François Clanché d'avoir bien voulu nous communiquer ces résultats non publiés. Rappelons que l'enquête « Participation électorale » enregistre des pratiques effectives de vote et non des déclarations de participation. Ces données sont, à l'heure actuelle, les plus fiables et les plus précises pour approcher la réalité du désinvestissement électoral contemporain.

38. Sur la séquence élections présidentielle et législatives de 2002. Données inédites de l'enquête « Participation électorale », 2002.

artificielle de l'agrégat, se profile, à mesure que l'on descend dans l'espace social, une érosion toujours plus importante de la participation électorale. Il apparaît donc qu'il existe des mondes sociaux, complexes et enchevêtrés, du chômage et de la précarité, et non un univers unidimensionnel de l'exclusion « sociale » qui mènerait à l'exclusion politique.

Si l'on considère plus précisément les fractions ouvrières, il apparaît en outre qu'en 2002 le chômage et la précarité entraînent un retrait électoral plus accusé parmi les composantes les plus qualifiées qu'au sein des éléments non qualifiés. Se manifeste ici l'une des dimensions de la démoralisation et de démobilisation politiques de ce qui constituait l'aristocratie ouvrière. La « vulnérabilisation » sociale et professionnelle du monde ouvrier pourtant le plus organisé trouve là une traduction électorale immédiate. Cette donnée confirme un autre phénomène bien décrit par Michel Pialoux et Stéphane Beaud : l'affaiblissement social et politique profond de l'univers des ouvriers, et pas seulement des OS[39], sous la pression du chômage et de la précarité professionnelle, par la gestion patronale des carrières ouvrières, laquelle bloque les mobilités professionnelles et érode progressivement les frontières entre les fractions les plus qualifiées et les autres. Avec cette nouvelle gestion, tout un monde ouvrier se « défait »[40] et se referme sur lui-même. Compte tenu de la fragilisation de l'ensemble du groupe, rien d'étonnant alors d'observer un alignement des pratiques de participation électorale de ces deux catégories du monde ouvrier : les fractions les plus qualifiées, en CDI, témoignent d'un pourcentage d'abstentionnisme systématique voisin de celles non qualifiées (12,9 % contre 14,9 %) ; il en va de même pour la participation systématique (46,7 % contre 45,9 %). En fait, ce sont les ouvriers de la fonction publique (73,6 %) qui tirent vers le haut le taux de participation du groupe des qualifiés. *Le taux global de participation des ouvriers qualifiés reste ainsi supérieur à celui des non qualifiés (69,2 % contre 67 %), mais, à mesure que le chômage et la précarité renforcent leur emprise, les taux de participation entre ces deux fractions du monde ouvrier tendent à s'aligner.* L'homogénéisation – encore relative – des comportements électoraux au regard de la participation des différentes composantes de la classe ouvrière apparaît ainsi imputable à une dégradation des conditions objectives d'existence sociale, ainsi

39. Stéphane Beaud et Michel Pialoux, *Retour sur la condition ouvrière, op. cit.*, chapitre IX, en particulier p. 375-415.

40. Voir Gérard Mauger, « Les ouvriers : un monde défait », *Actes de la recherche en sciences sociales*, n° 115, décembre 1996.

qu'au sentiment de déclin du groupe.[41] À titre d'indicateur patent de cet alignement, on soulignera que la proportion, parmi les sans-emploi, des chômeurs de longue durée est passée de 41,7 % chez les manœuvres et OS en 1974 à 18,2 % en 1993. Parallèlement, au sein des ouvriers qualifiés, et sur la même période, le pourcentage de chômeurs de longue durée a augmenté de 11 % à 18,5 %, soit un taux voisin de celui des manœuvres et des OS[42], et ce même si la précarité de l'emploi touche surtout ces derniers : on rappellera en effet qu'en 1998, 7,5 % des ouvriers qualifiés sont embauchés sur des emplois précaires ou intérimaires, contre 19,2 % des ouvriers non qualifiés.

Dès lors, une fois établie cette tendance que l'on peut qualifier de « lourde », que peut-il bien rester de conséquent qui puisse étayer un quelconque ralliement des « chômeurs » au FN ? Peu de choses. D'abord, compte tenu de la part très importante de l'abstention (intermittente ou systématique), ainsi que de la non-inscription parmi les fractions exclues de l'emploi stable, livrer des pourcentages en voix *exprimées* constitue déjà en soi une manière biaisée de présenter le problème. Ensuite, le calcul de simples coefficients de liaison statistique montre que l'effet du chômage sur le vote frontiste est très faible, sinon nul. Une analyse de régression logistique sur la base des données d'enquête du panel électoral des Français de 2002 montre en effet que la modalité « chômeurs » n'est en rien prédictive d'un vote FN.[43] À partir du (re)traitement des données de sondage post-électoral du Cevipof de 1995, il est possible de faire le même constat[44] : si 22,5 % de sans-emploi ont voté Le Pen en pourcentage des suffrages *exprimés*[45], l'orientation frontiste au premier tour de la présidentielle de 1995 n'est plus le fait que de 17,6 % des chômeurs lorsque l'on intègre les abstentionnistes dans le calcul. Ce qui signifie que moins d'un chômeur sur cinq (au sens de chômeur *« officiel »*) aurait voté pour le Front national lors de cette élection. Mais il faut aussi rapporter ce chiffre

41. Stéphane Beaud et Michel Pialoux, *Retour sur la condition ouvrière, op. cit.*

42. Données extraites d'Alain Bihr et Roland Pfefferkorn, *Déchiffrer les inégalités*, Syros, Paris, 1999, tableau 1.6, p. 30.

43. Nonna Mayer, « Que reste-t-il du vote de classe ? », *Lien social et politique*, RIAC, n° 49, 2003, tableau 7, p. 108.

44. Alors qu'en 1995 l'hypothèse du vote FN des chômeurs avait déjà suscité les plus grandes inquiétudes.

45. Résultats tirés de notre exploitation secondaire de cette enquête (données brutes).

à *l'électorat potentiel au chômage*, en intégrant dans le calcul les non-inscrits (avec les abstentionnistes), soit près de 30 % des électeurs sans emploi. Au total, les estimations les plus audacieuses donnent un nombre de chômeurs susceptibles d'avoir apporté leur voix au FN de 300 000 à 350 000 (en 1995 et en 2002). On rappellera que le Centre d'étude des revenus et des coûts (CERC) dénombrait (*officieusement*) en 1995 environ 5 800 811 personnes *privées d'emploi* en France.[46] *La fourchette électorale en faveur du FN serait donc comprise entre 1 chômeur sur 19 et 1 chômeur sur 17.* Le « raz de marée populiste » apparaît dès lors comme une pure vue de l'esprit pour cette catégorie d'actifs. Il ne s'agit évidemment pas de dire pour autant qu'il n'y ait pas de « chômeurs » qui apportent leur suffrage à Jean-Marie Le Pen, mais plus simplement de rappeler que le sensationnalisme d'un « vote extrême » des sans-emploi ne constitue peut-être pas la meilleure entrée dans le problème des effets électoraux du chômage. En outre, quand bien même ils voteraient FN, la signification de ce vote apparaît assez éloignée d'une *prise de parole*[47] « protestataire ».

Pour saisir le rapport au vote prétendument « protestataire » des sans-emploi, nous avons utilisé un item du questionnaire de l'enquête Cevipof 1995 qui portait sur l'estimation de l'« utilité » de l'acte de vote. Item qui peut donc être considéré comme un indicateur, certes approximatif, de l'investissement dans l'acte électoral et de sa capacité à exprimer des attentes sociales.[48] Nos tris statistiques, exposés dans le tableau VII, permettent d'affirmer que :

— D'une part, *le statut d'activité n'apparaît pas significativement lié à l'opinion sur l'utilité du vote.* Les tests d'association statistique prouvent que la corrélation n'est pas significative. Tout au plus peut-on par conséquent avancer l'idée que les chômeurs ont une plus grande propension à déclarer que l'acte électoral ne sert à rien. D'emblée, l'hypothèse d'un « vote protestataire » des sans-emploi semble donc passablement mise à mal : en effet, si elle était fondée, les chômeurs auraient, en toute logique, émis plus fréquemment que les autres catégories d'actifs l'opinion selon laquelle « le vote, c'est nécessaire à se faire entendre ». On aurait pu aussi penser que le chômage de longue durée « favo-

46. CERC-Association, *Chiffrer le chômage. Des enjeux de société*, n° 1, 1997, p. 40.

47. Voir Albert O. Hirschman, *Défection et prise de parole*, Fayard, Paris, 1995.

48. L'intitulé de la question est le suivant : « Pour vous, personnellement, est-ce que voter aux élections c'est nécessaire pour se faire entendre ou ça ne sert pas à grand-chose ? »

TABLEAU VII.
OPINIONS SUR L'UTILITÉ DU VOTE SELON LE STATUT D'ACTIVITÉ ET LE RISQUE PERSONNEL DE CHÔMAGE (% EN LIGNE)

Question : Pour vous personnellement, est-ce que voter aux élections c'est nécessaire pour se faire entendre ou ça ne sert pas à grand-chose ?

	SR	Nécessaire pour se faire entendre	Ne sert à rien	Effectifs bruts
Statut d'activité				
Temps complet	1,2	79,8	19,1	1 556
Temps partiel	1,2	79,7	19,1	340
Chômeurs	1,6	75,3	23,1	364
NEA*	1,0	82,8	16,1	1 818
Durée du chômage				
Moins de 6 mois	1,8	76,1	22,1	113
6 mois à 1 an	0,0	71,6	28,4	81
Plus d'un an	2,6	73,7	23,7	152
Dernière profession des chômeurs				
Classes supérieures	6,3	93,8	0,0	16
Classes moyennes	1,5	85,3	13,2	68
Classes populaires	1,4	71,7	26,9	279
Dont ouvriers seuls :	1,7	75,4	22,9	118
Vote des chômeurs 1er tour présidentielle 1995				
Abstention	1,3	61,5	37,2	78
Blanc/nul/autre	0	61,5	38,5	13
Gauche	2,4	85,8	11,8	127
Droite	0,0	80,0	20,0	80
FN	1,6	70,3	28,1	64
SR	0,0	100,0	0,0	18
Taux moyen (chômeurs rappel)	1,6	75,3	23,1	364
Risque personnel de chômage				
Déjà au chômage	1,3	74,8	23,9	385
Beaucoup de risques	1,0	77,2	21,8	940
Peu de risques	1,2	82,3	16,5	1 186
Aucun risque	1,0	83,6	15,4	1 392
Taux moyen	1,2	80,7	18,1	4 078

* Non économiquement actifs (retraités, étudiants, femmes au foyer, etc.).
Source : Exploitation secondaire inédite de l'enquête Cevipof 1995 (données brutes).

risait » l'expression d'une « protestation » électorale plus grande ; on constate qu'il n'en est rien : les deux variables sont indépendantes ; les chômeurs de plus d'un an ne présentent aucune spécificité par rapport aux autres sans-emploi de cet échantillon.

— D'autre part, lorsque l'on s'attache à appréhender le lien entre orientation « du » vote des chômeurs au premier tour de l'élection présidentielle de 1995 et rapport au vote (tel qu'il est mesuré par cet indicateur), rien n'apparaît moins incertain que le qualificatif de « protestataire » pour caractériser l'usage des bulletins. En premier lieu, et très logiquement, les abstentionnistes sans emploi sont les plus enclins à déclarer que l'acte de vote ne sert à rien (37,2 %, soit 14 points d'écart à la moyenne des chômeurs de cette enquête). En second lieu, on constate que, significativement, le fait d'avoir voté à droite, et encore plus à l'extrême droite, augmente sensiblement les chances de déclarer que « voter, ça ne sert à rien ». En dépit de la faiblesse des effectifs, 20 % des électeurs de droite au chômage et 28 % des électeurs du FN sans emploi (à ce scrutin) pensent ainsi, contre 11,8 % des électeurs de gauche dans la même situation. Les deux variables sont fortement liées entre elles. Ainsi, l'usage du vote par ces quelque 64 chômeurs s'étant prononcés pour le FN apparaît-il beaucoup plus « désinvesti »[49] et/ou « à distance » que protestataire. Ces votes s'apparentent moins, sous cet aspect, à une protestation active qu'à une forme d'*exit électoral*, *désenchanté* (i.e. *dés-illusionné*) *quant à la capacité de l'acte électoral à exprimer politiquement des attentes sociales*. Comme le souligne Robert Castel, ils doivent bien davantage être pensés comme une forme *ressentimentale* « de réponse sociale au malheur social »[50] (qui est d'ailleurs souvent l'antichambre de l'abstention la plus définitive), et non comme un indice de la « fascisation » (nécessairement « idéologique ») de « laissés-pour-compte » de la crise économique.

— S'il était encore besoin de se convaincre que le chômage n'est qu'un mot et qu'il n'homogénéise en rien les inégalités sociales de politisation, on remarquera aussi que l'introduction de la dernière profession exercée comme tierce variable laisse apparaître – comme on pouvait s'y attendre – de forts écarts quant à l'intérêt porté au rituel électoral : malgré la faiblesse des effectifs pour les catégories supérieures (ce qui montre par ailleurs que la privation forcée d'activité ne constitue pas un

49. Voir Daniel Gaxie, « Le vote désinvesti. Quelques éléments d'analyse du rapport au vote », *Politix*, n° 22, 1993.

50. Robert Castel, *L'Insécurité sociale*, *op. cit.*, p. 52.

risque social également réparti), on voit bien que si le vote peut revêtir une signification « protestataire » dans le chômage, c'est alors dans les catégories moyennes et supérieures qu'il faut la rechercher plutôt que dans les couches populaires et/ou chez les ouvriers seuls (près de 22 points séparent ainsi les chômeurs de condition plus élevée des sans-emploi issus des classes populaires). Réciproquement, parmi les chômeurs, le crédit accordé au vote comme mode d'expression diminue à mesure que l'on descend dans l'espace social.

— Enfin, le degré d'exposition subjectif au chômage, s'il donne des résultats plus significatifs, n'apparaît pas pour autant davantage lié à la perception de l'utilité du vote, comme l'indiquent les tests statistiques. Le degré d'exposition (subjective) au chômage joue ici encore plus en faveur d'un scepticisme sur l'utilité du vote que sur un usage protestataire des urnes.

Ainsi ressort-il assez nettement que « les » chômeurs dans leur ensemble, mais plus encore certains – les plus exposés – que d'autres, manifestent un désinvestissement politique plus prononcé que les salariés en emploi. À partir cette fois des données d'un sondage effectué après les législatives de 2002[51], croisant le statut d'activité avec quelques indicateurs relatifs au sentiment de représentation et au scepticisme à l'égard de la politique, on peut montrer que les chômeurs accusent un différentiel de 16 points avec les salariés en emploi quand il s'agit de porter une appréciation négative sur le fonctionnement de la démocratie en France (les deux tiers des sans-emploi, contre la moitié des salariés, se prononcent en ce sens), de 10 points quant au sentiment de *non-représentation* par un parti politique (plus des trois quarts des premiers ont ce sentiment contre 67 % des seconds), de 17 points s'agissant du « dégoût » déclaré pour la politique (38 % des premiers émettent une telle opinion contre 21 % des seconds) et de 8 points pour ce qui est de la « malhonnêteté » des hommes politiques (71 % des chômeurs partagent cet avis, contre 63 % des salariés en emploi). Résumant ces résultats, le pourcentage de chômeurs estimant que, dans l'ensemble, « les hommes politiques ne se préoccupent pas de ce que pensent les gens comme eux » est de 12 points supérieur à celui des salariés en emploi (les trois quarts des premiers contre 62 % des seconds vont dans ce sens). Ce scepti-

51. Source : Sofres/Lire la politique, *La Participation politique des citoyens*, mars 2003 ; Sofres/Un groupe de journaux de province, *Les Français, la politique et la représentation*, juillet 2002. Enquêtes réalisées auprès d'un échantillon national de 1 000 personnes, représentatif de l'ensemble de la population de 18 ans et plus, interrogées en face à face à leur domicile par les enquêteurs de la Sofres.

cisme particulièrement marqué à l'égard de la politique au sein des exclus du monde productif n'est évidemment pas uniforme et, au-delà de la modalité « chômeurs » et de l'illusion substantialiste qu'elle peut induire dans un tableau statistique, une telle tendance dissimule par définition l'hétérogénéité des manières d'exister au chômage et des rapports au politique qu'elles sous-tendent.

Ces quelques éléments invitent donc à reconsidérer les effets électoraux du chômage et, au-delà, de la précarité, dans les démocraties contemporaines. En ce sens, il serait sans doute salvateur et heuristique de renverser le questionnement, en s'interrogeant sur ce que la démocratie fait des (ou aux) chômeurs, et non plus simplement sur ce que les chômeurs font à la démocratie. La focalisation sur cet incertain vote extrême des « chômeurs », ainsi que les silences savants sur les silences pratiques que constituent toutes les formes d'abstentionnisme des populations professionnellement et socialement précaires, est déjà en soi un objet d'étude. La formulation en termes de « fermé »/« ouvert » (ou bien d'« autoritaire »/« libéral ») oublie en effet d'inclure dans l'analyse :

— Le fait décisif que les verrous et les loyautés intériorisées dans les socialisations politiques primaires[52] fonctionnent encore, même dans les milieux les plus précaires, et qu'ils empêchent le FN de s'y implanter plus largement. Il suffit de comparer la réalité – assez étroite – du vote FN[53] parmi les chômeurs avec le caractère massif du chômage, de la précarité et du sous-emploi contemporains pour s'en convaincre.

— Que les intérêts sociaux des populations les plus fragilisées dans l'emploi sont *de moins en moins pris en charge et représentés*. Les années quatre-vingt-dix apparaissent ainsi globalement marquées par la restrictivité et le durcissement des

52. C'est-à-dire celles qui sont acquises dès le plus jeune âge et qui exercent les effets les plus durables sur les comportements politiques (à l'instar du rapport à l'acte de vote).

53. Et ce d'autant plus que le FN n'est guère un parti favorable aux chômeurs. Par exemple, lors des actions de chômeurs de l'hiver 1997-1998, on lit dans *National Hebdo* que « les gens qui s'échinent à travailler aimeraient que ceux qui profitent des indemnités de chômage, dont ils supportent la charge, fassent preuve d'un peu de décence et de sens du ridicule », puisqu'ils sont tous « des assistés ». Cité dans *L'Humanité*, 3 janvier 1998. Des analyses secondaires sur les enquêtes *Valeurs des Français* montrent que ces formes de stigmatisations sociales (sur la fainéantise des chômeurs, etc.) demeurent socialement très partagées dans *tous* les milieux sociaux, même si elles apparaissent particulièrement prégnantes parmi les individus se déclarant proches du FN. Sur tous ces points, voir Emmanuel Pierru, *L'Ombre des chômeurs, op. cit.*, en particulier le chapitre II sur les représentations contemporaines du chômage et des chômeurs.

conditions d'accès au système d'indemnisation du chômage (rappelons, par exemple, qu'en 1997 près d'un chômeur sur deux n'était pas indemnisé[54]). La politisation croissante de l'enjeu du chômage coïncide donc aussi avec la délégitimation du *droit à être protégé* contre le chômage. Plus généralement, il faudrait davantage pointer la gestion de plus en plus *individualisée* des risques sociaux, dont la crise des catégories instituées constitue l'un des symptômes les plus visibles.[55] À ce titre, rappelons que la très forte remontée du chômage depuis 2002 s'est traduite, au nom d'impératifs comptables d'équilibre budgétaire, par une réforme « sévère » de l'Unédic, initialement « passée inaperçue ». Cette réforme durcit pourtant drastiquement les conditions d'accès ainsi que les durées d'indemnisation du chômage au titre de l'*assurance.*[56] Plus généralement, la croissance du chômage ces deux dernières années va de pair avec un taux de couverture du risque historiquement bas : moins d'un chômeur sur deux est ainsi actuellement indemnisé en France. Le RMI (nouvellement RMA) devient dès lors le dernier filet, socialement très stigmatisé, dans lequel tombent de plus en plus d'individus exclus de tous les autres dispositifs (au titre de l'assurance mais aussi de la « solidarité »). De moins en moins conçu comme un « risque social », le chômage semble tendanciellement de plus en plus relever de la responsabilité des individus, par ailleurs très inégalement pourvus en ressources « rares » (sociales, financières, scolaires, etc.)[57] pour s'imposer dans la « nouvelle compétition » salariale.[58]

54. Sur tous ces points, voir Christine Daniel et Carole Tuchszirer, *L'État face aux chômeurs*, Flammarion, Paris, 1999.

55. Voir Serge Ebersold, « Gestion individualisée des risques sociaux et crise des catégories instituées », *Éducation permanente*, n° 156, 2003.

56. Voir Carole Tuchszirer, « Unédic : une réforme sévère passée inaperçue », *L'État de la France 2003*, La Découverte, Paris, 2003.

57. Nous rejoignons ici les dernières analyses de Robert Castel, *L'Insécurité sociale, op. cit.* Le paradigme « insertionnel » est hanté non seulement par une conception « handicapologique » de la privation d'emploi (l'« inemployable » ou l'« anormal d'entreprise »), mais aussi par une contradiction majeure, laquelle demande aux individus les moins dotés en toute espèce de ressources de « se responsabiliser » par la mise en œuvre de compétences et/ou l'investissement de « capitaux » qui, précisément, leur font défaut…

58. Comme le souligne Éric Maurin, ces inégalités d'accès à l'emploi impliquent l'élaboration et l'application de politiques sociales ambitieuses (et véritablement « compassionnelles », comme il l'écrit), lesquelles impliquent bien évidemment un coût élevé pour les non-chômeurs et, donc, en appellent *de facto* à un principe de solidarité chômeurs/non-chômeurs, rarement, on le sait, dans l'« air du temps » quand le taux de chômage grimpe. Voir Éric Maurin, *L'Égalité des possibles, op. cit.*

— Que la fragilisation des chômeurs est aussi celle de tout le salariat, dont les fractions – en particulier les plus jeunes et les moins qualifiées – sont de plus en plus mises en concurrence brutale (il suffit de songer par exemple à l'essor du travail intérimaire[59]). Les formes de stigmatisation et d'ostracisation observables dans les couches populaires (mais pas seulement) à l'endroit des populations les plus fragilisées (les immigrés, les femmes, mais aussi les chômeurs, les « précaires », etc.) se révèlent davantage comme les manifestations de la diffusion de la peur du chômage et du déclassement (liées à l'« exacerbation des luttes de concurrence »[60]) que l'expression d'un « autoritarisme » spontané de « fermés ». En ne posant jamais dans l'équation électorale *le contexte social dans lequel l'acte électoral prend son sens* (*i.e.* l'exposition croissante au risque de chômage et de précarité, ainsi que le rétrécissement de la surface des protections sociales), on prend inévitablement la conséquence pour une cause, pour basculer dans un essentialisme – souvent empreint de socio-centrisme – qui finit toujours, *nolens volens*, par blâmer les victimes elles-mêmes. Leurs « *attitudes* » (« xénophobes » et/ou « autoritaires ») sont ainsi apparentées, dans l'explication savante, à une « caractériologie ».

Les récentes coupes claires dans les régimes d'indemnisation des chômeurs, dans une conjoncture de forte remontée du chômage, ainsi que le peu de protestations sociales et politiques que ces mesures ont soulevées, devraient inciter à repenser les relations entre chômage et politique. La dégradation matérielle des conditions d'existence des fractions les plus en marge du marché du travail (en particulier les chômeurs de longue durée), le renforcement des contraintes de justification qui leur sont imposées (par des contrôles toujours plus tatillons), les modalités multiformes de culpabilisation qu'ils doivent affronter quotidiennement[61] révèlent en creux l'insensibilisa-

59. Pour un témoignage cru et direct sur la dureté, voire l'inhumanité de la condition d'intérimaire aujourd'hui, on se reportera à Daniel Martinez, *Carnets d'un intérimaire*, Agone, Marseille, 2003.

60. Voir Stéphane Beaud et Michel Pialoux, « Les ouvriers et le FN. L'exacerbation des luttes de concurrence », *Politique. La revue*, n° 4, avril-juin 1997.

61. Intérimaire, Daniel Martinez écrit : « De là à prétendre que les chômeurs sont des fainéants, il n'y a qu'un pas à franchir. Chirac a commencé et cette canaille de Bon [ex-directeur des magasins Carrefour] l'a dit tout haut : "La collectivité n'est-elle pas en droit, comme c'est le cas en Allemagne, de proposer au chômeur d'accomplir un travail d'intérêt général en échange de son indemnisation ?" Et de nous entonner le refrain sur le thème : "Un chômeur coûte 120 000 F par an. Que fait-il pour mériter tout cet argent ? Rien." Comprends bien, chômeur, tu coûtes cher à la société. » Daniel Martinez, *Carnets d'un intérimaire*, *op. cit.*, p. 41.

tion des « démocraties immunitaires[62] » au sort des populations les plus vulnérabilisées qui, en plus de subir la « honte » d'être en dehors de la norme salariale, finissent par être stigmatisées, dans une ultime « injure polie »[63], de « mal » voter. Si au lieu de poser le problème des effets du chômage sur la démocratie, on cherchait à comprendre ce que la démocratie fait du chômage et des chômeurs, on se donnerait du même coup les moyens de réfléchir sur les formes de « banalisation de l'injustice sociale »[64] et d'acceptation généralisée, consciente ou non[65], des inégalités les plus criantes (en termes d'accès à l'emploi *stable* notamment), dans un ordre démocratique qui constitue pourtant le « travail » en pilier de la pleine citoyenneté.

62. Selon l'expression d'Alain Brossat, *La Démocratie immunitaire*, La Dispute, Paris, 2003. Dans ces démocraties, *la mise à distance* de la souffrance sociale permet une « insensibilisation anesthésique » du corps social au sort des populations les plus fragilisées. S'opposent ainsi « les immunisés aux exposés » et se manifeste dès lors « la formidable capacité de *sang-froid* des premiers (effet du développement de l'autocontrôle dans nos sociétés) face au spectacle des seconds en proie aux fléaux multiples qui les affligent » (p. 30).

63. L'expression est empruntée à Annie Collovald. Voir notamment Annie Collovald, « Histoire d'un mot de passe : le poujadisme. Contribution à une analyse des mots en "ismes" », *Genèses*, n° 3, 1991.

64. Voir Christophe Dejours, *Souffrance en France. Essai sur la banalisation de l'injustice sociale*, Le Seuil, Paris, 1998.

65. Car peu importe que cette acceptation de la relégation d'une partie importante d'individus en citoyens de seconde catégorie soit le fait d'une résignation, le produit de la peur du chômage et/ou une politique cynique d'exploitation de la main-d'œuvre salariale. Outre que les conceptualisations politiques/savantes autour du « faux chômage » reçoivent, depuis les années trente, un écho toujours important dans l'ensemble des groupes sociaux (le chômage reste en effet socialement perçu comme une « anomalie ») et, du coup, demeurent un discours politiquement « rentable », les débats interminables sur les responsabilités de telle ou telle catégorie sociale ou politique participent à retarder le traitement des problèmes les plus urgents et à renforcer les logiques de stigmatisation à l'œuvre.

Troisième partie

Populisme : une notion écran

Chapitre VIII

Populisme : la cause perdue du peuple

Annie Collovald

Le « populisme » occupe désormais une place prédominante dans les commentaires politiques, aussi bien journalistiques que savants, pour désigner le Front national et des phénomènes qui, à son instar, ont été longtemps pensés comme relevant de l'extrême droite. Depuis le début des années quatre-vingt-dix, les articles, les ouvrages et les prises de position se sont multipliés pour présenter des enquêtes et des analyses de journalistes mais aussi d'historiens, de politologues, de philosophes sur la progression inquiétante du « virus populiste » (selon les mots de *Libération*, 17 mai 2002). Les interprétations, presque toutes à l'identique, se focalisent sur les élections et les scores inattendus obtenus par des forces « nationalistes » et « xénophobes » emmenées par un leader « charismatique » pour mesurer le danger imminent qu'elles font peser sur la démocratie ; et, pour expliquer ces succès électoraux, elles insistent sur le ralliement massif des « exclus » et notamment des groupes populaires les plus durement touchés par la « crise sociale » à des démagogues dont les talents de tribun savent gagner les plus crédules aux solutions simplistes et frustres qu'ils proposent. Comme l'affirme ainsi en 2002 le politologue Pascal Perrineau : « Le Pen fait un tabac chez les couches populaires. Un quart des ouvriers qui sont allés voter ont voté pour Jean-Marie Le Pen. C'est le premier électorat ouvrier, mieux que Chirac et Jospin. En revanche, c'est dans la catégorie des cadres supérieurs et des professions libérales que Le Pen fait ses plus mauvais scores… [Ceux qui votent FN] sont des gens qui sont en bas de l'échelle des revenus mais aussi de l'échelle des savoirs. Plus le niveau de culture est élevé, plus on est à l'abri d'un vote Le Pen.» Le 25 avril 2002, une pleine page «Horizons» du *Monde* est consacrée aux «Enfants perdus de la classe ouvrière», à partir d'une enquête menée à «Calais, municipalité communiste, où le chef du FN est arrivé en tête, et Robert Hue, cinquième».

Les interprétations faisant du FN un «appel au peuple» rassemblant des «mécontents», séduits par le charisme de Jean-Marie Le Pen, la magie de son verbe et ses idées xénophobes, et dressés contre les élites établies, se sont ainsi imposées et banalisées. On a montré ailleurs qu'elles n'en soulevaient pas moins quelques paradoxes.[1] Alors qu'il prétend être une catégorie d'analyse, le «populisme» est pourtant également une injure politique. Les multiples commentaires indignés et inquiets qu'il autorise en témoignent: «croisés de la société fermée»[2], «largués, paumés, incultes», «archaïques et rétrogrades» selon les jugements prononcés au lendemain du premier tour de l'élection présidentielle de 2002. Déjà étonnamment double dans son statut, à la fois notion savante et insulte politique, la dénomination de «populisme» surprend encore autrement. Alors même qu'elle propose une nouvelle classification du FN bien plus floue et bien moins stigmatisante que les précédentes labellisations de fascisme ou d'extrême droite auxquelles elle se substitue, la désignation rend licites des verdicts d'une extrême violence contre les groupes populaires ayant apporté leur voix à ce parti. Le «populisme du FN» ouvre sur un blâme du «peuple», tout en retenant la charge du discrédit contre l'organisation frontiste.

C'est ce déplacement de la stigmatisation sur les groupes populaires qui va retenir notre attention, parce qu'il recouvre, au-delà de la mésestime de plus en plus affichée à l'égard des plus démunis, des enjeux, intellectuels et politiques, qui touchent à la définition de la démocratie et à la perception exacte de ce que représente le FN. On voudrait montrer d'abord qu'un tel déplacement de la stigmatisation se trouve autorisé et validé par l'accord qui se noue entre les différents savants qui

1. Annie Collovald, *Le «populisme du FN»: un dangereux contresens*, Éditions du Croquant, Broissieux, 2004. Cet article est une version largement remaniée d'un des chapitres du livre.

2. Pascal Perrineau (sous la direction de), *Les Croisés de la société fermée*, Éditions de l'Aube, Paris, 2001.

vont se mobiliser sur la question du FN.[3] Mais c'est aussi la notion de « populisme » telle qu'ils l'emploient qui rend possible, malgré leur opposition, leur consensus. Catégorie d'analyse récente, elle enregistre, sous l'apparente filiation du mot qui existe depuis la fin du XIXe siècle, des ruptures de signification et un renversement de perspective qui non seulement confèrent au « populisme » un tout autre sens que celui qu'il avait initialement et qui a cours encore dans d'autres secteurs intellectuels et politiques, mais aussi contribuent à « dépeupler » l'histoire de la démocratie. La notion actuelle de « populisme » occulte ainsi d'autres définitions du populisme et d'autres rapports du populaire au politique que celui mis en exergue aujourd'hui. Un retour sur le passé révèle d'ailleurs la révolution idéologique accomplie. Hier le peuple était craint et réprimé comme l'a montré Susanna Barrows[4], aujourd'hui il est méprisé et plaint à la fois et renvoyé aux marges de la démocratie. Dans les deux cas, il en vient à perdre le sens des causes qu'il a défendues et dans lesquelles il a pu se reconnaître.

I. Une évidence pour experts en menaces démocratiques

Lancée en 1984 par le philosophe politique Pierre-André Taguieff, qui la réimportait des débats américains sur la « nouvelle droite »[5], la notion était alors un simple label du FN parmi d'autres (« national-capitalisme », « national-libéralisme »[6]) ; elle insistait sur un aspect des idées et des valeurs nationalistes du parti frontiste destiné à distinguer la nouveauté de cette « droite radicale » du fascisme et des extrêmes droites passées. Successivement, différents scientifiques de l'analyse politique vont, pour des raisons tenant à leurs enjeux disciplinaires respectifs, s'emparer du terme et créer entre eux une situation d'échanges intellectuels et de reconnaissance croisée. La circulation de « savoirs » et de manières de penser la politique qui s'opère alors tend à valider à la fois l'existence du populisme du FN et le cadrage interprétatif qu'il convient d'adopter à son

3. Pour un autre angle d'analyse qui revient sur les enjeux professionnels des interprètes du FN, Annie Collovald, « Le national-populisme ou le fascisme disparu... », article cité.

4. Susanna Barrows, *Miroirs déformants. Réflexions sur la foule en France à la fin du XIXe siècle*, Aubier, Paris, 1990.

5. Pierre-André Taguieff, « La rhétorique du national-populisme », *Cahiers Bernard Lazare*, n° 109, juin-juillet 1984, et « La doctrine du national-populisme en France », *Études*, n° 1, 1986.

6. *Cf.* « Les droites radicales en France », *Les Temps modernes*, n° 465, 1985.

égard. Tous partagent, en effet, la même position intellectuelle cherchant dans les « idées politiques » ou les « valeurs » proclamées, et non dans les pratiques sociales et politiques, l'explication des comportements ou des phénomènes politiques. Tous se retrouvent également dans l'idée de l'existence d'une démocratie relativement préservée et stable, même si elle est soumise à des protestations extrémistes. Tous acceptent enfin, comme grille de compréhension des luttes et des contestations politiques, le même présupposé du postulat démocratique qui veut que la légitimité en démocratie vienne « d'en bas », du « peuple », des élections. C'est pour cet ensemble de raisons que leurs analyses s'entremêlent et se confortent mutuellement. Leurs points de vue se rejoignent sur un certain nombre de schèmes explicatifs contestables et contestés par les sociologues politiques et les historiens spécialisés dans la question du nazisme, mais qui regagnent un crédit scientifique à la faveur des interprétations populistes du FN. Il en est ainsi de l'explication des mobilisations électorales dont bénéficie le parti lepéniste par l'anomie et la frustration engendrée par la « crise sociale » et qui frapperait naturellement les plus démunis, principales victimes de la dégradation des conditions de vie. Ou encore de l'explication par l'adhésion naïve aux discours de Jean-Marie Le Pen, dont les performances médiatiques de tribun démagogue susciteraient l'engouement des plus crédules (qui sont aussi les plus dépourvus de compétence intellectuelle). Ces explications, qui font presque consensus dans les mondes intellectuels, journalistiques et politiques, justifient et confortent la thèse hautement conservatrice de « l'ingouvernabilité des démocraties lorsqu'elles sont soumises à une surcharge de demandes populaires ». Inventée dans les années soixante-dix dans un rapport fourni à la Trilatérale et visant explicitement à lutter contes les « excès de démocratie » (grèves, manifestations, droits syndicaux, liberté d'opinion), cette thèse était restée confinée dans le huis-clos des dirigeants. Elle ressurgit désormais sous des formes renouvelées dans les discours politiques soit pour affirmer que les responsables politiques ne peuvent répondre à toutes les « émotions populaires » (Lionel Jospin en 1997 face aux mobilisations des chômeurs), soit pour vanter la « démocratie pacifiée » (Jacques Chirac face au taux d'abstention record lors du référendum sur l'Europe). Mais elle circule également dans des clubs de pensée auxquels participent, à un titre ou à un autre, les principaux adeptes de l'interprétation populiste.

Ces clubs sont mus par une même volonté de faire se rencontrer des univers différents de l'élite sociale et intellectuelle, de « désenclaver les idéologies » et de promouvoir des modèles d'action publique adaptés aux nouvelles nécessités du libéralisme politique et économique. La Fondation Saint-Simon, créée en 1982 sous l'impulsion de l'historien des idées François Furet, en a lancé le prototype qui envisageait de réunir des individus allant de « la gauche libérale à la droite éclairée ou de la gauche éclairée à la droite libérale », selon les mots de Pierre Rosanvallon (historien des idées, lui aussi, et secrétaire de la Fondation). Dissoute en 1999, elle est reconstituée en 2001 par celui-ci sous la nouvelle appellation de « République des idées ». Entre-temps est apparue en 1998 la Fondation Marc-Bloch (devenue Fondation du 2 mars) cherchant, elle aussi, à associer intellectuels, syndicalistes, hommes politiques et membres du patronat. Le modèle se diffuse et fait recette. Tout récemment, le 27 avril 2004, la droite avec l'UMP a lancé sa propre Fondation pour l'innovation politique sous la présidence de Jérôme Monod (ancien président de la Lyonnaise des eaux, ancien responsable du RPR et proche de Jacques Chirac).

Rassemblant des individus aux positions sociales et politiques relativement différentes, ces clubs de pensée s'opposent sur la conception de la bonne forme de la démocratie. Mais leur affrontement sur cette question renforce leur nouveau consensus sur l'essentiel : il faut changer celle qui existe en la « modernisant », la débarrasser de ses vieilles œillères idéologiques et de ses combats d'arrière-garde qui proposaient une politique du peuple au lieu d'une politique de l'économie, rejeter les options idéologiques les plus radicales (FN bien sûr, mais aussi communisme, extrême gauche) et la faire mieux s'accorder aux exigences d'une nouvelle citoyenneté éclairée et à l'horizon indépassable des nécessités néolibérales.[7] Les différends se focalisent surtout autour d'autres définitions de la démocratie (« démocratie délibérative », « démocratie des compétences », « démocratie moyenne » ou « démocratie de proximité » contre « démocratie représentative »[8]), moins, ainsi, dans la critique immédiate de la professionnalisation politique ou de la représentativité sociale que, à travers la question « neutre » des compétences techniques à mobiliser pour être habilité à intervenir dans le jeu politique, dans celle de sa réorganisation et refon-

7. Ainsi que l'ont montré les débats savamment entretenus autour du livre de Daniel Lindenberg, *Le Rappel à l'ordre. Enquête sur les nouveaux réactionnaires*, Le Seuil, Paris, 2002. Voir le mémoire de DEA d'Antoine Schwartz, *La Publication du "Rappel à l'ordre" et la polémique sur les "nouveaux réactionnaires"*, Paris-X Nanterre, 2003.

8. Voir les travaux de Pierre Rosanvallon sur l'histoire intellectuelle de la démocratie. Par exemple, *La Démocratie inachevée. Histoire de la souveraineté du peuple en France*, Gallimard, Paris, 2000.

dation. C'est dire que ce qui est en jeu dans les usages du populisme (et la stigmatisation des groupes populaires semblant voués presque naturellement à s'en remettre au «pire» lepéniste), c'est tout autant la contestation de la démocratie représentative que la construction d'une position d'experts du monde politique, les spécialistes du populisme faisant office d'experts en menaces démocratiques. On comprend combien, dans une telle réorganisation fermée des «compétences» et des transactions intellectuelles et politiques, le «populisme» entendu alors comme «l'appel au peuple» a tout d'un argument incongru, peu crédible voire passéiste et rétrograde.

Le «populisme» est devenu ainsi progressivement un mot pour intellectuels experts dans l'analyse de la démocratie. «L'appel au peuple» suffit maintenant pour disqualifier d'emblée toute entreprise politique en dispensant d'aller regarder son orientation, ses projets et ses réalisations politiques comme en témoignent les véhémentes dénonciations que s'attire le président Chávez au Venezuela au nom de son «populisme». Mais si le «populisme» est ainsi susceptible de servir toutes les accusations, c'est qu'il est devenu une catégorie d'analyse abstraite de toute réalité politique et rendue disponible pour tous les usages possibles, notamment ceux d'entretenir une concurrence intellectuelle et politique sur la définition de la bonne forme politique à donner à la démocratie. Il doit cette caractéristique à une formidable occultation des enjeux politiques que recouvre «l'appel au peuple» et à une tout aussi formidable «révolution interprétative» de la notion de «populisme» et de ses enjeux intellectuels.

Cette stratégie d'occultation est liée à la démarche scientifique dans laquelle se reconnaissent les savants du populisme. Généralement, et c'est presque une topique obligée de leurs propos, les scientifiques déplorent le flou de la notion, son caractère vague et incertain, pour tout de suite en proposer une définition, plus claire et plus logique à leurs yeux. Or, le «populisme» entre, comme tous les mots en «ismes» d'ailleurs (marxisme, communisme, socialisme, libéralisme), dans la classe de ces «concepts obscurs» qu'évoque Max Weber[9] à propos de ces notions prétendant être des instruments d'analyse quand elles sont d'abord des armes pour l'action et la lutte politiques. Il en a l'histoire paradoxale : tous les «ismes» ont d'abord été des injures politiques lancées par des adversaires avant d'être endossées et retournées en marque de noblesse idéologique.[10]

9. Max Weber, *Essai sur la théorie de la science*, Plon, Paris, 1965.

10. Comme le montre Marie Ymonet à propos des premiers marxistes : «Les héritiers du *Capital*. L'invention du marxisme en France au lendemain de la Commune», *Actes de la recherche en sciences sociales*, n° 55, 1984.

Mais le « populisme » a cependant une particularité. Il a été et est encore une pratique politique. « L'appel au peuple » n'est pas seulement une rhétorique démagogique comme le veut l'insulte politique contenue dans la définition actuelle du « populisme ». Historiquement et sociologiquement, c'est une stratégie de mobilisation politique des groupes populaires. C'était d'ailleurs ainsi que le « populisme » était défini sociologiquement avant l'apparition du FN et avant ces usages actuels.[11] C'est dire que les interprètes savants du FN opèrent une double conversion du « populisme » lorsqu'ils l'emploient maintenant pour qualifier le parti frontiste en disqualifiant les groupes populaires. Ils convertissent une pratique politique d'abord populaire en une injure politique faite dans les convenances savantes, et ils métamorphosent une notion d'abord sociologique en instrument de lutte politique. Au bout du compte, le peuple en vient à perdre le sens des causes dans lesquelles il a pu se reconnaître, tout en devenant une cause perdue pour la démocratie.

Pour s'en convaincre, on peut prendre pour référence l'article que Pierre-André Taguieff publie en 1997 dans le numéro de *Vingtième Siècle* consacré aux « populismes » : « Le populisme et la science politique. Du mirage conceptuel aux vrais problèmes ». Il assure la direction de la livraison de cette revue des historiens du contemporain, dirigée par Jean-Pierre Rioux et éditée par les Presses de Sciences Po. Son article est intéressant pour la démonstration à plusieurs titres. D'abord parce qu'il fait accord entre les différents savants principaux utilisateurs du terme. Ensuite parce que Pierre-André Taguieff, qui a été le premier à lancer le terme en France en le réimportant des débats politiques américains sur la « nouvelle droite », s'est posé, par ses écrits successifs sur ce thème, en principal propriétaire du mot. En ce sens, ces travaux sont exemplaires de cette course à la définition « exacte » du populisme, définition sans cesse remise en cause par les usages inflationnistes du terme, à tel point que l'auteur est amené à prêter à d'autres, pour mieux s'en démarquer, les théories qu'il a lui-même élaborées. Enfin parce que Pierre-André Taguieff est aussi un intellectuel politique directement partie prenante dans les controverses actuelles sur la démocratie. Adepte d'une démarche « souverainiste » et d'une « démocratie forte », il a été président de la Fondation du 2 mars et conseiller de Jean-Pierre Chevènement. Il a écrit plusieurs ouvrages sur la « République menacée » et initié une réflexion sur le racisme et la lutte contre le racisme, sur le méfait des conceptions antiracistes militantes (en la diffusant,

11. *Dictionnaire de sociologie*, Larousse, Paris, 1993.

notamment, au sein de Ras l'Front). Dans l'explicitation de la formulation logique qu'il propose de la notion de « populisme » apparaîtra sans doute plus visiblement qu'ailleurs la philosophie sous-jacente à la notion, et qui résulte en large part de la retraduction sous une forme savante des principales manières de penser propres aux univers intellectuel, journaliste et politique.

II. Une notion à écran total

Après avoir souligné l'incertitude, l'ambivalence et l'ambiguïté du terme, critiqué les utilisations non réflexives du mot « populisme » (notamment chez les journalistes et les intellectuels situés dans le club de pensée opposé au sien ; il épingle ainsi Alain Minc, Jean-Marie Colombani, Bernard-Henri Lévy, etc.), Pierre-André Taguieff propose sa définition du populisme : « Il nous semble que son usage rigoureux ne peut être aujourd'hui qu'un usage restreint, fondé sur un minimum définitionnel : le "populisme" ne peut conceptualiser qu'un type de mobilisation sociale et politique et, partant, le terme ne peut désigner qu'une dimension de l'action ou du discours politiques. Le "populisme" ne s'incarne ni dans un type défini de régime (une démocratie ou une dictature peuvent présenter une dimension ou une orientation populiste, avoir un style populiste) ni dans des contenus idéologiques déterminés (le "populisme" ne saurait être une grande idéologie parmi d'autres). Nous l'aborderons comme un style politique susceptible de mettre en forme divers matériaux symboliques et de se fixer en de multiples lieux idéologiques, prenant la coloration politique du lieu d'accueil. Il se présente aussi, et inséparablement, comme un ensemble d'opérations rhétoriques mises en œuvre par l'exploitation symbolique de certaines représentations sociales : le geste d'appel au peuple présuppose un consensus de base sur ce qu'est et ce que vaut le "peuple" (*demos* ou *ethnos*), sur ce qu'il veut. »[12]

Sur la base de cette définition (le populisme est un style politique), l'auteur synthétise divers travaux scientifiques, souligne que ce qui caractérise le populisme c'est le discours (qui « est déterminant ») ou un « style rhétorique qui dépend étroitement des appels au peuple » selon la conclusion qu'il reprend de Margaret Canovan, spécialiste américaine actuelle du populisme. Il apporte une précision : « appel au peuple structuré de

12. Pierre-André Taguief, *Vingtième Siècle*, « Le populisme et la science politique », article cité, p. 8.

façon polémique », c'est-à-dire « fondé sur l'antagonisme du peuple et du pouvoir », en clair appel au peuple contre les élites au pouvoir. La formulation permet de donner une dimension transhistorique et internationale au phénomène « populiste ». Des leaders aussi différents que Mussolini, Hitler, de Gaulle, Perón, le sénateur McCarthy, Kadhafi, Castro ou Le Pen sont des « populistes » : « tous ont cherché à organiser le peuple comme force opposée à une puissance supposée établie »[13]. Prenant pour seul critère autorisant tous les regroupements effectués le style politique de communication politique du leader populiste – s'adresser au peuple directement –, il ajoute (sous forme de critique) une autre caractéristique à la typologie dressée par Margaret Canovan, constituant un « type populiste » en lui-même (et qui peut, dit-il, devenir tradition) : le « télépopulisme », recours à un moyen de communication de masse qui devient parfois, à le lire, le seul critère véritablement distinctif du « populisme ». Il remarque ainsi que le propre du « populisme » en tant qu'appel au peuple contre les élites au pouvoir est le rejet des médiations politiques et qu'il suppose une crise de légitimité politique : c'est un phénomène transitoire et instable qui, surtout, ne possède aucune idéologie particulière. « Le populisme-*idéologie* désigne une tradition politico-culturelle plutôt que telle ou telle doctrine cohérente, rattachée ou non à un nom d'auteur... Le complot, clé de l'explication mythologique moderne, s'inscrit dans la vision populiste comme une schématisation spontanée. Le populisme peut donc entrer en syncrétisme avec de nombreux autres "ismes" : le socialisme ou le ruralisme (en Russie), le nationalisme (d'où le national-populisme à la Perón ou à la Le Pen), le fascisme (comme l'illustre le comportement mussolinien), le libéralisme (d'où le libéral-populisme de Berlusconi, de Perot, de Collor, de Fujimori), l'ethnonationalisme (celui, par exemple, de Milosevic), le fédéralisme lié aux pratiques de démocratie directe (le populisme suisse, les orientations de la Ligue de Nord), l'anarchisme, etc. » (p. 14-15).

Si le « populisme » est ainsi disponible pour une telle multiplicité d'applications diversement situées dans l'histoire et dans l'espace, c'est que toutes les libertés sont prises à l'égard des contextes historiques, politiques et mentaux, dans lesquels interviennent les mouvements politiques observés et les qualifications ou les analyses savantes dont ils sont l'objet. Les référents historiques concrets et les représentations qu'ils ont acquises après coup sont confondus, au point souvent de pré-

13. *Ibidem*, p. 9.

senter les images forgées par d'autres pour la réalité même du phénomène décrit, puis le « concept » lui-même pour la réalité reconstituée. Par exemple, le poujadisme n'a pas toujours été considéré comme un « populisme » ainsi que Pierre-André Taguieff le soutient. Il n'a acquis que très récemment cette qualification à la faveur des travaux des historiens du « temps présent » avec lesquels l'auteur est en situation d'échanges intellectuels. Auparavant, le mot de « poujadisme » se suffisait à lui-même pour servir d'injure et, dans les conceptions des acteurs politiques ou intellectuels qui lui étaient contemporains dans les années cinquante, c'était plutôt de « fascisme du pauvre » qu'il s'agissait. Ce qui retenait les attentions des interprètes d'alors dans l'UDCA (l'Union de défense des commerçants et des artisans) de Pierre Poujade, ce n'était pas, comme l'affirme l'auteur, « l'appel au peuple accompli par un homme du peuple » mais son programme politique (afin d'en montrer l'inanité intellectuelle) et ses députés, issus du monde de la boutique et supposés venir jouer les trublions antiparlementaires.[14] Le « populisme » ainsi qu'il l'emploie brouille les pratiques politiques du passé : il brouille également les enjeux cognitifs de la notion. Des analyses du « populisme » relevant de paradigmes dissemblables sont mises ensemble sans que soient soulignés les changements de perspectives qui les ont motivées : on peut alors trouver regroupés ensemble en notes de bas de pages des auteurs aussi divers que Gino Germani, Margaret Canovan, Ernesto Laclau, etc. L'énumération a tout d'une procédure scientifique, sérieuse et informée ; elle n'en aboutit pas moins à affranchir le concept de « populisme » de ses enjeux à la fois politiques et savants.

Par exemple, les travaux de Gino Germani des années cinquante et soixante, un des premiers sociologues à formaliser le concept de populisme (et qui est un des auteurs fortement sollicités par Pierre-André Taguieff), ne répondent absolument pas aux mêmes enjeux cognitifs et politiques que ceux de Margaret Canovan prévalant à partir des années quatre-vingt (moins encore à ceux de l'auteur). Gino Germani s'intéresse au régime dictatorial péroniste, ouvert par un coup d'État militaire en 1943 et dont Perón réussit à prendre la tête en 1946 en se faisant élire président de la République grâce au soutien des « sans-chemises » et des syndicats. Le soutien populaire se démentira peu, à côté de l'appui de l'armée, du clergé, de certains partis de gauche et des nationalistes d'extrême droite. C'est ce phénomène *a priori*

14. Annie Collovald, « Les poujadistes ou l'échec en politique », *Revue d'histoire moderne et contemporaine*, janvier 1989, et « Histoire d'un mot de passe : le poujadisme », *article cité.*

incompréhensible que cherche à expliquer le sociologue, tenant d'un marxisme rénové et qui a fui le fascisme mussolinien pour l'Argentine. S'il se voit obligé de concéder que Perón avait du charisme auprès des groupes populaires (et même longtemps après son exil dans l'Espagne franquiste), c'est qu'à ses yeux (et ses travaux entendaient le montrer) il était empiriquement fondé ; il reposait non pas sur les qualités personnelles de Perón mais sur les diverses mesures concrètes que le dictateur argentin avait institutionnellement mises en œuvre, et dans lesquelles s'étaient suffisamment reconnues les classes populaires à qui elles étaient destinées pour qu'elles se mobilisent en sa faveur : on est loin du charisme fondé « sur un lien direct et personnel d'ordre affectivo-imaginaire entre le leader charismatique et les masses mobilisées », ainsi que le commente Pierre-André Taguieff.

Gino Germani voyait surtout, dans le populisme de Perón, un régime sans rapport, sinon d'apparence, avec le fascisme ; pour lui il s'agissait d'un régime « national-populaire » (et non un « national-populisme » comme l'écrira l'auteur français), c'est-à-dire un régime entendant redonner une identité au peuple argentin contre les puissances colonialistes américaine et européenne, et appuyé par des groupes populaires mobilisés par leur disponibilité sociale et par différents canaux institués, notamment syndicaux.[15] Toutes les discussions savantes et politiques à propos des régimes dictatoriaux (militaires ou non) latino-américains ont tourné autour de cette question du soutien du peuple institutionnellement mobilisé malgré une restriction des libertés politiques (ce qui les a également longtemps fait regarder comme des régimes « bonapartistes », dans le sens marxiste du terme[16], ou des régimes « autoritaires »).

Les analyses de Margaret Canovan s'inscrivent dans un tout autre contexte, qui donne au mot « populisme » qu'elle emploie une tout autre signification. Ce qui anime la politiste américaine (à la suite d'ailleurs de Ghita Ionescu et Ernst Gellner[17]), ce n'est pas la typologie qu'elle propose (retenue par Pierre-André Taguieff) et qui est, de son propre aveu, le résultat de son

15. Sur ces points, Gino Germani, « Démocratie représentative et classes populaires en Amérique latine », *Sociologie du travail*, n° 4, 1961. Silvia Sigal, *Le Rôle des intellectuels en Amérique latine*, L'Harmattan, Paris, 1996.

16. Alain Rouquié, *L'État militaire en Amérique latine*, Le Seuil, Paris, 1982.

17. Ghita Ionescu et Ernst Gellner (sous la direction de), *Populism : Its Meanings and National Characteristics*, Weidenfeld and Nicholson, Londres, 1967. Margaret Canovan, *Populism*, Junction, Londres, 1981, et *Populism*, Harcourt Brace Javanovich, New York et Londres, 1987.

échec à donner une définition précise du « populisme ». Mais c'est la tentative de mettre au jour les tensions sur lesquelles reposent toute démocratie et toute la dynamique historique de cette forme particulière de régime politique (entre un fonctionnement routinier et institutionnalisé et une visée messianique et rédemptrice[18]). Cette réflexion sur le « populisme » naît vers la fin des années soixante, dans un moment marqué par les décolonisations, une forte personnalisation du pouvoir politique et surtout par la résurgence aux États-Unis de mouvements étudiants alliés à l'action collective de groupes populaires jusque-là restés tranquilles et invisibles – les Noirs, les travailleurs agricoles hispaniques, les mineurs des Appalaches. Ces nouveaux mobilisés, tout en se réclamant de la gauche, prétendaient opposer des griefs ou des espérances aux démocrates que leur longévité au pouvoir avait rendu sourds aux préoccupations des plus démunis. Ici c'est la mobilisation populaire qui pose problème (et non le charisme des chefs).

Si le « peuple » posait question, en effet, aussi bien aux intellectuels qu'aux hommes politiques américains, c'est qu'il devenait possible d'en faire usage non seulement contre la droite (les républicains) comme cela avait été toujours le cas mais aussi désormais contre la gauche (les démocrates), et cela au nom d'une idéologie « progressiste ». Dans le populisme, c'est d'abord cela que voient les interprètes savants qui réinventent le terme dans le champ académique. Et s'ils cherchent à le penser hors des canons marxistes qui l'ont initialement constitué[19] ou des premières interprétations américaines sur le « populisme libéral » des classes moyennes[20], ils cherchent aussi à s'extraire des débats alors en cours, qui d'une certaine façon mettent en avant la nature profondément réactionnaire du popu-

18. Margaret Canovan, « Trust the People ! Populism and the Two Faces of Democracy », *Political Studies*, n° 1, 1999.

19. À tel point que, lorsque Ghita Ionescu et Ernst Gellner montent leur colloque à Londres sur le populisme, ils ne songent pas à prévoir une intervention sur l'Amérique latine, défaut qu'ils combleront lors de la publication de leur ouvrage. Sur ce point, Diana Quattocchi-Woisson, « Les populismes latino-américains à l'épreuve des modèles d'interprétation européens », *Vingtième Siècle*, n° 56, 1997.

20. Le terme est introduit aux États-Unis dans les années trente. Il sert pour les auteurs qui y recourent à mettre en avant « l'exception américaine » par rapport aux sociétés européennes, notamment par la cohérence culturelle et idéologique des classes moyennes, les portant au libéralisme et les préservant du fascisme. *Cf.* David Joseph Saposs, « The role of middle class in social development : fascism, populism, communism, socialism », *Economics Essays in honor of Wesley Clan Mitchel*, New York, 1935.

laire.[21] Le « populisme » comme catégorie savante a été ici une double réponse intellectuelle de « la gauche non marxiste » : réponse aux usages politiques injurieux du terme que se lançaient réciproquement au visage les démocrates et les républicains ; réponse au « totalitarisme » réinventé et brandi par les conservateurs et les néolibéraux anticommunistes et qui dominait alors dans les controverses intellectuelles et politiques nord-américaines marquées par la guerre froide. Le « totalitarisme » visait de plus en plus, après avoir amalgamé nazisme et stalinisme[22], à dénoncer le communisme (et les recours dangereux au populaire). Le « populisme » était ainsi un moyen de préserver une certaine noblesse politique aux causes populaires face aux instrumentations dont elles étaient l'objet.

En mêlant ces deux auteurs (et de nombreux autres encore), Pierre-André Taguieff fait perdre de vue les enjeux cognitifs auxquels répondaient les différents « populismes » tout autant que les contextes intellectuels, politiques et mentaux dans lesquels ils s'inscrivaient. Non seulement il transforme un mot qui a visé d'abord à décrire des problèmes locaux successifs (en Amérique latine puis aux États-Unis) en un concept « autosuffisant », doté d'une vie et d'une filiation propres et à lui seul explicatif de phénomènes politiques disparates regroupés dans une même « essence populiste ». Mais il confère une vérité purement théorique à sa définition du « populisme » comme mouvement guidé par un chef charismatique en appelant au peuple : « charisme » et « mobilisation populaire » étaient dissociés dans les travaux précédents et, surtout, le « populisme » était alors un terme employé pour préserver la dignité politique des groupes populaires. Il fait perdre d'autant plus de vue ces différents enjeux que lui-même dans son analyse en restreint considérablement la portée ; il réduit, d'une part, les enjeux cognitifs à une question purement sémantique (le peuple appelé est-il le *demos* ou l'*ethnos* ?) et d'autre part, les enjeux intellectuels et politiques à une affaire de « diabolisation » ou « dédiabolisation » intéres-

21. Serge Halimi, « Le "populisme", voilà l'ennemi », *Mots*, n° 55, 1998.

22. Sur l'histoire de la notion de totalitarisme, Enzo Traverso, *Le Totalitarisme*, Le Seuil, Paris, 2001, et Brigitte Studer, « Totalitarisme et stalinisme », *in* Michel Dreyfus *et al.* (sous la direction de), *Le Siècle des communismes*, Éditions de l'Atelier, Paris, 2000. L'auteur montre que ce concept est lié aux Soviets Studies qui apparaissent aux États-Unis à la fin des années quarante et au début de la guerre froide. « C'est dans un but politique et pour se renseigner sur l'ennemi qu'ont été créés les trois principaux centres aux États-Unis [...]. Avec la guerre froide, le communisme devenait l'objet de réflexion stratégique, moins pour être analysé en lui-même que pour être comparé au système capitaliste » (p. 32).

sée.[23] La formule autoritaire que le « populisme » est censé, selon lui, représenter s'autonomise alors de toute provenance et de tout projet politiques pour devenir à la fois une « demande populaire » et une solution politique parmi d'autres.

L'affaire serait de peu d'importance si le « populisme » n'en venait pas alors à emporter avec lui une philosophie politique implicite, d'autant plus inaperçue que les différents usages scientifiques l'admettent sans l'interroger. La notion en vient, en effet, à instaurer un brouillage idéologique qui fait perdre au peuple, en même temps que les raisons politiques de son action, sa dignité et la dignité des causes qu'il plaidait.

III. L'appel au peuple : une pratique d'abord de gauche

Il faut d'abord réfuter l'idée couramment admise et mise en forme savante par Pierre-André Taguieff que le populisme s'applique aussi bien à gauche qu'à droite de l'espace politique (venant accréditer l'idée que le clivage droite/gauche est obsolète pour comprendre les phénomènes politiques nouveaux). Les seules expériences historiques ayant ouvertement revendiqué le label populiste et ouvertement combattu en son nom sont apparues au XIXe siècle et ont été promues soit par des intellectuels russes soit par les petits fermiers et ouvriers agricoles américains du *People's Party*. Tous les autres exemples mobilisés par l'auteur (Perón, le Ku Klux Klan, le maccarthysme, Haider, Berlusconi, etc.) ne doivent leur « populisme » qu'aux labellisations qu'ils ont reçues d'autres qu'eux-mêmes. Or, ces premières incarnations du populisme, d'une part, possédaient une idéologie et une idéologie se voulant progressiste, clairement articulée, cherchant à modifier des situations jugées profondément inégalitaires et injustes, et à promouvoir la « cause du peuple » dans un système politique qui l'opprimait ; d'autre part, elles ne jouaient pas sur le charisme d'un leader[24] mais pratiquaient la mobilisation collective des groupes situés du mauvais côté des rapports de forces sociaux et politiques. En clair, « l'appel au peuple » était à la fois une pratique de mobilisation des groupes défavorisés par le système de domination sociale et politique existant, et une entreprise (qu'on la juge rétrospectivement erronée, faillie ou illusoire, peu importe ici) entendant donner une voix politique à ceux qui n'en avaient pas.

23. Pierre-André Taguieff, « Populismes et antipopulismes : le choc des argumentations », *Mots*, n° 55, 1998.

24. Voir Howard Zinn, *Une histoire populaire des États-Unis. De 1492 à nos jours*, Agone, Marseille, 2002.

L'appel au peuple était alors une stratégie visant à donner position, autorité et dignité à des groupes sociaux exclus de toute représentation politique et, avec eux, à faire entendre les causes sociales et politiques qu'ils défendaient et desquelles se désintéressaient ceux qui monopolisaient les postes de pouvoir. Sous cet angle, les « populistes » d'alors, ceux qui « font appel au peuple », ont des positions de gauche remettant en cause le conservatisme dominant. Il en est de même en France, où les premiers à tenter de mobiliser les groupes relégués aux marges de l'espace social et politique sont les organisations ouvrières socialisantes. Ce n'est qu'ensuite, par un jeu de compétition croisée, que ces pratiques de mobilisation populaire vont être invoquées sinon expérimentées par des organisations de droite et surtout d'extrême droite : nationalismes, ligues voire PSF (Parti social français du colonel de La Rocque). Celles-ci cherchaient tout autant à concurrencer, sur leur propre terrain, des partis ouvriers qui commencaient à se structurer et à réussir à prendre place dans un jeu politique auparavant fermé qu'à se démarquer des partis de la droite classique fonctionnant davantage sur l'entre-soi propre à l'élite sociale. Ici, la mobilisation du plus grand nombre était instrumentalisée pour des stratégies de distinction politique : elle ne visait pas d'abord à faire entendre les « causes du peuple ». Les organisations de droite ou d'extrême droite rassemblaient plutôt des petites classes moyennes, et elles développaient, comme le rappelle l'historien américain Robert Soucy, un libéralisme sauvage bien peu compatible avec la défense des intérêts sociaux des plus humbles.[25]

Mobiliser le plus grand nombre pour faire reconnaître une place dans la démocratie à ceux qui n'en avaient pas a toujours été la force des faibles et d'abord celle des entreprises se situant à gauche et à l'extrême gauche de l'échiquier politique. Supprimer cette localisation politique initiale de « l'appel au peuple » en le faisant voyager de gauche à droite et de droite à gauche occulte du même coup l'enjeu politique crucial que ces mobilisations politiques des groupes populaires recouvraient : faire une place dans la démocratie telle qu'elle fonctionnait concrètement à ceux qui en étaient exclus. En oubliant cet enjeu politique se trouvent également oubliées les réactions politiques qu'il a suscitées. Rien, en effet, dans la formalisation logique du « populisme » sur les contre-offensives des conservateurs et de leurs auxiliaires intellectuels et savants. Pourtant, si l'on se reporte aux multiples controverses impulsées par les

25. Robert Soucy, *Fascismes français ? 1933-1939. Mouvements antidémocratiques*, Autrement, Paris, 2004.

tentatives de démocratisation du jeu politique, ce sont elles qui transforment en pathologie et en menace des entreprises dont le seul tort est de vouloir rendre la démocratie du moment plus démocratique qu'elle ne l'est : vouloir en quelque sorte la « peupler » alors qu'elle était réservée à une étroite élite sociale, vouloir aussi la rendre conforme aux idéaux qu'elle professe. En clair, avec ces mobilisations politiques des groupes populaires se trouvait également en jeu une transformation du mode de domination politique : précisément, on l'a vu, ce qui est la prétention revendiquée de l'expertise politique. L'on comprend qu'il y ait une nécessité presque « logique » de masquer qu'il a pu exister une prétention à la compétence politique semblable à celle prônée par les experts politiques d'aujourd'hui mais portée par les groupes populaires et avec un projet très différent du leur : non pas contrer la démocratie représentative mais la réaliser le plus complètement possible. Il est vrai que les plus démunis ont emprunté une voie politique différente, voire même contraire à celle que revendiquent ces experts.

IV. L'appel au peuple : une émancipation populaire

La transformation du mode de domination politique s'est opérée dans le dernier quart du XIXe siècle, *via* la professionnalisation de la politique engagée par les premiers partis ouvriers mais aussi les nouvelles élites républicaines recrutant dans les nouvelles classes moyennes (avocats, médecins, journalistes). Cette professionnalisation, qui a fait de la politique une activité à part des autres activités sociales, reposant sur des savoirs et des savoir-faire nouveaux (mener des campagnes électorales, élaborer des programmes), s'est accomplie contre le mode de domination sociale et politique des grands notables qui monopolisaient jusqu'alors les postes de pouvoir. Ces derniers s'appuyaient sur leurs titres de noblesse sociale (revenus, instruction, notoriété, relations, honorabilité) pour justifier de leur droit à gérer les affaires de l'État et sur des relations d'échanges clientélaires avec leurs électeurs pour créer des loyautés à leur personne. Contre un système de représentation qui fonctionnait au désavantage des groupes sociaux moins pourvus de telles ressources sociales, la professionnalisation de la politique a ouvert ce jeu réglé et fermé sur les hauteurs sociales en le démocratisant. Elle a initié un nouveau mode de représentation politique fondé sur la délégation et la remise de soi à des hommes politiques (rien à voir, on le voit, avec un rejet des élites et un refus des médiations, ce serait même l'inverse ici) et, inséparablement, une autre forme d'autorité politique non plus fondée sur la naissance ou l'héritage social mais sur les compétences proprement politiques et d'autres titres sociaux.

Cette entreprise a souvent suivi le cours d'un retournement de l'illégitimité sociale en source de légitimation politique, en faisant de la représentativité sociale le fondement du droit à intervenir en politique, en promouvant, sélectionnant, formant, encadrant les membres de la classe ouvrière pour en faire de nouvelles élites politiques.[26] L'encadrement n'est pas alors seulement enrégimentement. Il est une des voies (la seule possible sans doute) de salut collectif pour s'émanciper, grâce à la délégation à d'autres, de la tutelle des élites installées et de conditions matérielles d'existence insupportables. Il est encore une des voies d'éducation populaire au civisme démocratique (apprentissage du vote, de l'intérêt pour la politique et de la participation politique) qui, en compensant un passage trop rapide à l'école, permet de combattre efficacement la mésestime de soi et les images stigmatisantes nées de la confrontation avec les groupes sociaux dominants : le parti comme école du peuple. Il est plus que cela. Il permet la construction d'une figure alternative de la compétence politique (autre que celle sanctionnée par les diplômes et détenue par les élites sociales). Un investissement précoce dans des activités collectives (dans le parti, dans des syndicats ou des associations de jeunesse), un militantisme prolongé et reconnu dans les usines ou les bureaux qualifient pour représenter les autres et donnent des titres à parler en leur nom : des titres d'expertise sociale contre ceux consacrés par l'université ou accordés à la compétence économique. L'expertise sociale est liée à l'expérience quotidienne des mêmes conditions de vie et de travail que ceux dont les porte-parole ouvriers sont amenés à prendre en charge les intérêts sociaux et à une perception rapprochée des diverses inégalités sociales subies, des humiliations et vexations sur les lieux de travail, qui constituent le sort ordinaire de la vie des plus démunis. On est loin ici de la démagogie supposée être le propre du « populisme » à moins de lui redonner son sens littéral, proche de la pédagogie, de « conduite et d'éducation du peuple ». L'on comprend alors qu'un des effets de la disparition de ce type d'acteurs politiques est de rendre invisibles les inégalités sociales dans la perception même des dominants. L'érosion des structures collectives d'encadrement des groupes

26. *Cf.* Michel Offerlé, « Illégitimité et légitimation du personnel ouvrier en France avant 1914 », *Annales ESC*, n° 4, juillet-août 1984, et Bernard Pudal, *Prendre parti*, Presses de Sciences Po, Paris, 1988.

populaires conduit également à faire disparaître un mode de socialisation à la politique fondé sur le conflit, le rappel aux conditions matérielles de vie et le rappel à l'ordre politique grâce aux rapports de force, pour préserver une dignité sans cesse menacée. Elle ferme enfin une des voies de rattrapage culturel face à une école où le destin ordinaire des enfants pauvres est d'échouer.

V. Rendre la démocratie réelle

Les professionnels de la politique vont également donner toute sa vertu à la démocratie en dénonçant la corruption et les pressions exercées sur les électeurs ; en demandant l'invalidation des élections au motif que des candidats ont distribué de l'argent aux électeurs, bénéficié d'ingérences administratives ou cléricales, eu recours à des calomnies, à des manœuvres de dernière minute ou à des fraudes dans l'établissement des listes ou le dépouillement du scrutin[27], ils établissent même cette vertu dans le droit. Ce sont eux encore qui combattent pour imposer l'enveloppe et l'isoloir afin de garantir le secret du vote et de moraliser les élections, comme l'a montré Alain Garrigou.[28] Ainsi, la contestation de l'ordre établi ne visait pas à renverser le régime ou le pouvoir en place mais à mettre le fonctionnement réel de la démocratie en adéquation avec ses principes de liberté, de justice et d'égalité. Cela n'a pas été sans lutte, sans défense d'intérêts variés, sans concurrence vivace, sans jeu d'alliances et de compromis, sans reniements aussi, sans tout ce qui est souvent, hier comme aujourd'hui, critiqué au nom d'une image idéalisée de ce que sont la politique et la démocratie. Ce sont pourtant ces jeux jugés politiciens qui ont instauré, comme le souligne Daniel Gaxie, « les processus par lesquels les individus sont devenus citoyens et grâce auxquels les citoyens "ordinaires" ont gagné des possibilités certes limitées, mais inédites dans l'histoire, de se faire entendre »[29].

Ne pas prendre en compte l'enjeu politique concret que représentait (et représente toujours) l'appel au peuple (ou la mobilisation politique des groupes populaires), c'est évacuer toute l'histoire sociale et politique de la construction de la démocratie à laquelle ont contribué les groupes populaires en en payant souvent le prix fort. Du même geste se trouvent

27. Sur tous ces points, Daniel Gaxie, *La Démocratie représentative*, Montchrestien, Paris, 2003.

28. Alain Garrigou, *Histoire sociale du suffrage universel*, Le Seuil, Paris, 2002.

29. Daniel Gaxie, *La Démocratie représentative, op. cit.*, p. 9.

évacuées les controverses scientifiques portant sur la définition de la démocratie. La version proposée dans les analyses du « populisme » a l'apparence de l'universalité quand elle n'est qu'un parti pris institutionnel. « Le gouvernement du peuple par le peuple et pour le peuple », définition que les tenants du « populisme » reprennent à leur compte, est certes un idéal à la fois éthique, juridique et moral. C'est aussi un mythe démocratique très éloigné du mode de fonctionnement concret de la démocratie.

En effet, la démocratie est bien plutôt « une relation de domination qui se constitue dans l'échange et un échange inégal fondé sur la domination »[30]. Elle est, comme toute la tradition sociologique l'a montré, ce mécanisme de représentation qui opère un tri entre les élites et entre des élites concurrentes entre elles. Le peuple, lorsqu'il vote, ne supprime pas les élites et ne prend pas leur place : il ne fait que départager les élites entre elles, en choisir une à la place d'une autre. Ce qui est démocratique en démocratie, c'est la compétition politique et non le mode de gouvernement. Ce n'est pas quand le peuple exerce le pouvoir, mais quand la lutte pour y accéder est ouverte et concurrentielle[31] (absence de parti unique, multiplicité des candidatures, diversité des visions du monde offertes...). Face à cette définition réaliste de la démocratie, celle avancée par les tenants du populisme apparaît bien idéologique. On va le voir, elle retourne le fonctionnement concret de la démocratie en un principe essentiel, universel voire idéal de ce que doit être la démocratie. Elle tend à faire prendre pour inéluctable ce qui est de l'ordre de l'histoire et de la contingence.

VI. Les intérêts d'une fiction démocratique

La fiction démocratique d'un gouvernement du peuple, par le peuple et pour le peuple est un mythe de sens commun, devenu ordinaire dans le discours politique et dans la plupart des commentaires politiques tant elle est en affinité avec la philosophie du monde contemporain qui veut voir, dans l'homme libre, l'acteur et le sujet de l'histoire. Révérence au nouvel individualisme actuel, elle est également un héritage idéologique qui prend parti sans le dire dans des controverses intellectuelles aux conséquences très politiques. Cette fiction s'inscrit dans le prolongement, de façon lointaine et appauvrie, de la défi-

30. *Ibidem.*, p. 150.

31. Selon la définition de Joseph Schumpeter dans *Capitalisme, socialisme et démocratie*, Payot, Paris, 1984.

nition proposée par les théoriciens élitistes qui, tout en s'employant à concilier la théorie démocratique avec les données sur l'indifférence massive des citoyens à l'égard de la politique, acceptaient le caractère inévitable et donc nécessaire des élites. Reconnaissant l'aspect largement mythologique de la fiction démocratique, ils ont ainsi considéré le système représentatif comme démocratique (à la différence donc des dictatures) dans la mesure où les citoyens conservent une possibilité d'intervention. La démocratie est alors, à leurs yeux, un système politique libéral dans lequel le peuple exerce suffisamment de pouvoir pour être capable de changer les dirigeants, mais pas assez pour se gouverner lui-même.[32] Une telle définition élitiste a été souvent bien utile pour s'accommoder d'une inégalité fondamentale et pour la présenter, dans ses versions les plus radicales, comme la condition d'une véritable démocratie. Comme certains parmi ses théoriciens, notamment américains, l'ont avancé : « Les masses tenues à l'écart de la politique n'introduiraient par leur participation éventuelle que troubles et désordres, ignorance et irrationalité, dans le jeu complexe et fragile des mécanismes du gouvernement rationnel tenu par les plus compétents. Leur acceptation passive des règles du jeu, leur vague attachement aux valeurs démocratiques assimilé à un "consensus" minimal, suffisent à maintenir les bases d'un système dont les élites maîtrisent le fonctionnement. »[33]

Cette conception libérale du système démocratique, bien peu démocrate dans ses attendus et ses constats (écho à ce qui se dit aujourd'hui à l'occasion du « populisme du FN »), est également une représentation qui a réussi à s'imposer en devenant un enjeu de la guerre froide. Elle a servi contre la définition proposée par les « démocraties populaires » (Raymond Aron ou Giovanni Sartori ont dénoncé le caractère fallacieux de la démocratie façon soviétique[34]) et contre les tenants d'une gauche américaine qui soulignaient la corruption du principe démocratique en montrant que le pouvoir était concentré entre quelques mains. C'est le fameux « triangle de fer » ou « triangle du pouvoir » dénoncé par Wright Mills et la gauche américaine, qui mettait en évidence la forte osmose entre les élites politiques, économiques et militaires aux États-Unis.[35] Et l'on comprend

32. Giovanni Sartori, *Théorie de la démocratie*, Armand Colin, Paris, 1973.

33. Jacques Lagroye, *Sociologie politique*, Dalloz/Presses de Sciences Po, Paris, 1997, p. 308-309.

34. Giovani Sartori, *Théorie de la démocratie*, *op. cit.*, et Raymond Aron, *Démocratie et totalitarisme*, Gallimard, Paris, 1965.

35. Wright Mills, *L'Élite au pouvoir*, Maspero, Paris, 1969.

combien la révérence marquée pour la « fiction démocratique » peut très bien autoriser le développement de rhétoriques réactionnaires. C'est d'autant plus concevable que « l'appel au peuple » est désormais réduit au rang de simple démagogie stylistique (sans plus jamais être compris dans ses effets pratiques d'émancipation, de promotion et d'éducation des groupes populaires). C'est aussi parce que l'usage actuel du « populisme » a fait accomplir à la notion une complète révolution politique et idéologique sur elle-même.

VII. La révolution idéologique du « populisme »

On mesure l'ampleur de la redéfinition de la notion de « populisme » opérée par les spécialistes du « populisme du FN » en se reportant aux usages à la fois politiques et savants qui avaient cours avant que le mot ne devienne une catégorie dominante d'interprétation du parti frontiste. S'il a été longtemps absent du vocabulaire public de la polémique politique où étaient préférés des termes comme « démagogie » ou « poujadisme », le « populisme » n'en fonctionnait pas moins comme principe d'accusation dans les débats internes aux organisations de gauche voire d'extrême gauche, où, selon la définition que Lénine lui avait conférée en son temps contre les intellectuels russes partis conquérir les masses paysannes, il dénonçait une stratégie dévoyée de mobilisation du peuple contre ses propres intérêts et contre ses principaux défenseurs. Dans l'univers scientifique traitant de la vie politique, il était essentiellement cantonné dans des travaux anglo-saxons prévalant sur les pays en voie d'accession à la démocratie ou sur les États-Unis ; en France, on en trouvait des occurrences chez des spécialistes du monde communiste pour critiquer son rapport au peuple[36] ou chez d'anciens spécialistes de l'histoire politique latino-américaine[37] pour éreinter, sous ce même angle, la « droite populaire ». Si le mot stigmatisait, c'était moins pour insister sur la dangerosité d'une mobilisation politique « directe » du peuple que sur le danger que représentaient *pour le peuple* des prétentions à le défendre venues d'intellectuels ou d'hommes politiques ne faisant que projeter sur lui leurs propres aspirations et leurs

36. On en trouve l'usage (rare) sous la plume d'Annie Kriegel, qui préférait la dénonciation de « poujadisme ».

37. *Cf.* François Bourricaud, *Le Retour de la droite*, Calmann-Lévy, Paris, 1986, où l'auteur distingue trois droites, différentes de celles de René Rémond : les conservateurs, les modérés, les populistes. Également, « 1945-1992 : la crise des référents », *in* Jean-François Sirinelli (sous la direction de), *Histoire des droites en France*, Gallimard, Paris, 1992, tome I.

propres intérêts. Le « populisme » avait pris ainsi une consistance scientifique surtout dans le secteur de la sociologie des intellectuels ou de la culture[38] ; là aussi, la notion (et son versant conjoint, le misérabilisme) visait à montrer combien les écrits des intellectuels sur le peuple étaient des formes de rationalisations de leurs propres rapports au peuple et que, à ce titre, elles constituaient autant d'obstacles à un accès véritable à la culture populaire. Le sociologue, en tant qu'intellectuel, devait s'obliger à se déprendre de ces visions schématiques qui hantaient son regard sur les groupes populaires.

Le passage sur la scène publique du « populisme », dans le milieu des années quatre-vingt, conserve cette première acception tout en mêlant dans une même dénonciation des représentants de la gauche et de la droite : Édith Cresson, Bernard Tapie ou Jacques Chirac en ont chacun fait les frais. En était la cause leur « style » réputé mettre en avant leur personne et non les idées défendues, jouer contre les élites installées en flattant les peurs ou les instincts populaires sans en appeler aux capacités de réflexion des citoyens. Leur vocabulaire « cru » et « grossier » devenait le meilleur indicateur de la dégradation morale du jeu politique qu'ils impulsaient.[39] En désignant maintenant le FN, le mot s'est complètement retourné, qui projette désormais les traits « vulgaires » et « dégradants », prêtés avant aux leaders « populistes », sur les groupes populaires réputés les suivre aveuglément. Cette double projection a renversé silencieusement les perspectives anciennes, au point de faire désormais du « peuple » un mauvais argument politique. Elle naturalise dans le comportement des groupes populaires ce qui auparavant était situé dans les rapports que les élites intellectuelles et politiques nouaient avec le peuple et souvent contre lui. Rien ne témoigne mieux de cette naturalisation des comportements politiques que la conception de l'autoritarisme invoqué pour qualifier la vision politique des classes populaires et leurs rapports subjugués à Jean-Marie Le Pen.

C'est, on s'en souvient, la relation verticale nouée entre un chef et ses troupes populaires qui témoigne de la solution poli-

38. *Cf.* Pierre Bourdieu, *Questions de sociologie*, Éditions de Minuit, Paris, 1984, et Claude Grignon et Jean-Claude Passeron, *Le Savant et le populaire. Misérabilisme et populisme en sociologie et en littérature*, EHESS-Gallimard-Le Seuil, Paris, 1989.

39. Leur langage « cru » ou « grossier » est le signe supposé de leur « simplisme » et de leur inaptitude à être de véritables hommes d'État : « On va leur faire bouffer » (Michel Charasse), « Il faudrait un peu plus se bouger le cul » (Bernard Tapie, *Le Nouvel Observateur*, 5 au 11 juillet 1991). Le commentaire ne se fait pas attendre sous la plume de Jacques Julliard : « Les mots pour le pire. La dérive populiste ».

tique « entre deux » que le « populisme du FN » est censé représenter : une formule autoritaire approuvée par un peuple mobilisé, distincte à la fois du fascisme et de la démocratie « normale ». Or, si cette définition voisine avec la définition classique de l'autoritarisme politique[40], elle en déplace significativement la perspective. Césarisme pré ou post moderne, porté au coup d'État et à la restriction des libertés politiques, l'autoritarisme était compris à partir des pratiques politiques des élites au pouvoir et des tensions nées de leur collégialité. En introduisant désormais l'unicité du chef et l'approbation populaire, la nouvelle définition produit une sorte de dépolitisation du danger en le localisant uniquement dans la relation nouée entre un leader et ses supporters (et elle évite la question de l'inégalité devant et dans la participation politique). Elle confère, ce faisant, au « populisme » la forme démocratique contemporaine de l'autoritarisme, celle qui est issue du peuple et de ses demandes ou de ses attentes. Voulant qu'en démocratie la légitimité vienne « du bas », du « peuple » et qu'elle s'exprime aujourd'hui en faveur d'abord du chef de l'État et des partis « dans le système », la fiction démocratique dote ainsi d'emblée d'un signe critique la mobilisation populaire ; elle démontrerait en elle-même, par son inclination « anti-élites », l'érosion des soutiens aux responsables politiques en place, première source de l'instabilité d'un régime ; elle serait encore critique par sa destination « non naturelle » à se retrouver dans un projet et un homme « hors système ». La mobilisation populaire en devient du même coup « irrationnelle », puisqu'elle résulte soit de la manipulation du chef charismatique soit de la « peur », des « instincts » ou des « mécontentements » qui l'animent et qui font de son ralliement une « protestation » ou un cri d'alarme. Une telle reformulation de l'autoritarisme autorise à rechercher principalement dans les dispositions sociales des groupes populaires l'élément explicatif de leur inclination morale, réputée préférentielle, pour « l'intolérance », le souhait « d'avoir un chef », le « rejet des immigrés », bref tout ce qui définit le rejet de l'autre et l'autoritarisme nouvellement défini (tout ce que l'on retrouve dans les analyses électorales du vote FN).

VIII. Les usages instrumentaux du peuple

La fiction démocratique voulant que la démocratie résulte de ce que veut et de ce qu'en fait le peuple masque ainsi pré-

40. Guy Hermet, « L'autoritarisme », *in* Madeleine Grawitz et Jean Leca (sous la direction de), *Traité de science politique*, tome II, PUF, Paris, 1985.

cisément les usages instrumentaux du peuple que peuvent effectuer les élites intellectuelles et politiques pour ne s'intéresser qu'aux « désirs de chefs à poigne » supposés régir les attentes populaires. Si la fiction démocratique permet ainsi d'universaliser les « populismes » (et de les « mondialiser ») en universalisant un point de vue très libéral sur la démocratie, elle empêche de s'interroger sur les usages politiques concurrentiels dont peut être l'objet l'appel au peuple. Elle empêche ainsi de percevoir que le « populisme du FN » provient d'une définition importée de débats politiques très localisés idéologiquement aux États-Unis.

Le « populisme » aux États-Unis est, en effet, le sujet de fortes controverses intellectuelles et politiques aux enjeux importants, et sa signification est loin d'être stabilisée et univoque. Des hommes de gauche et des hommes de droite se prétendent populistes, et les scientifiques avouent le plus souvent leur incapacité à en produire une définition clairement informée (on l'a vu avec Margaret Canovan). L'histoire du peuple américain est même un des enjeux politiques forts à gauche, dont les intellectuels cherchent à faire resurgir, contre une histoire officielle et unanimiste, des mouvements populaires passés fortement organisés et conflictuels.[41] La notion telle qu'elle est construite par Pierre-André Taguieff est directement issue des débats portant sur la « nouvelle droite américaine » auxquels il s'est intéressé avant d'y participer directement (il a publié à plusieurs reprises dans la revue *Telos,* qui discute depuis le début des années quatre-vingt-dix des « paradigmes communs » à la nouvelle droite et à a nouvelle gauche et qui a accompli, depuis ses premières publications, une sorte de virage à droite). Le « populisme » tel qu'il se définit ici recouvre un enjeu tout à fait politique. Il participe à une tentative qui se dessine aux États-Unis de donner une apparence populaire et d'éthique philanthropique à une entreprise néoconservatrice tant sur le plan économique que sur le plan politique, pour mieux la présenter comme révolutionnaire et déstabiliser les conservateurs jugés dépassés. L'enjeu n'est pas, on le comprend, de bouleverser l'ordre établi au profit des groupes les plus démunis ; il est de le bouleverser au profit de ces nouveaux prétendants, au profil social décalé par rapport aux membres de la haute bourgeoisie qui tiennent les places fortes de l'économie et de la décision politique, et bien plus radicaux dans le libéralisme économique que

41. Voir, par exemple, Howard Zinn, *Une histoire populaire des États-Unis, op. cit.*, et Jim Hightower, *Ces truands qui nous gouvernent*, Éditions du Croquant, Broissieux, 2004.

l'ancienne élite néolibérale.[42] Faire du « populisme » ne consiste pas, pour cette avant-garde radicale, à redonner une dignité au peuple mais à se servir de lui pour conférer un semblant de légitimité sociale à une cause qui lui est étrangère et qui vise à radicaliser le néolibéralisme. On retrouve la même tactique ailleurs. Par exemple, les historiens ultraconservateurs (et publiant dans la revue *Telos*) réhabilitent le maccarthysme en soutenant le bien-fondé de la « menace communiste » aux États-Unis dans les années cinquante et mettent en cause, sur cette base, les libéraux qui auraient sciemment contribué à en minimiser la réalité en agitant l'épouvantail McCarthy et en étouffant le scandale d'une « inflitration communiste » dans l'administration.[43]

IX. Le populisme du FN : faux-semblants et identité abusive

Dépossédée de ses localisations intellectuelles et politiques, la notion de « populisme » en vient alors à faire perdre de vue que lorsqu'on parle de « populisme » on parle aussi du FN. Or, le moins que l'on puisse dire, c'est qu'une telle formulation abstraite du « populisme » pose beaucoup plus de problèmes qu'elle n'en résout pour saisir la réalité frontiste. On peut essayer de les lister. Elle « désidéologise » le populisme au moment même où le FN connaît une forte radicalisation idéologique donnant à voir, dans une version de son programme rédigée par Bruno Mégret en 1996, une conception de la nation focalisée sur le sang et l'ethnie (ce que la direction frontiste s'était toujours défendu officiellement de partager), revendiquant des auteurs comme Julius Evola, notamment son ouvrage *Le Fascisme vu de droite*.[44] Elle se substitue au label d'extrême droite au moment où, plus qu'en 1981, le FN rassemble tous les mouvements d'extrême droite en France (même les anciens réfractaires comme Nouvelle Résistance, le Parti national républicain, etc., se sont ralliés). Elle dirige l'attention vers les groupes populaires alors que s'intensifient les stratégies en

42. Voir Nicolas Guilhot, « Une vocation philanthropique. Georges Soros, les sciences sociales et la régulation du marché », *Actes de la recherche en sciences sociales*, n° 151/152, 2004.

43. Yves Viltard, « Archéologie du populisme. Les intellectuels libéraux américains saisis par le maccarthysme », *Genèses*, n° 37, 1999.

44. Bruno Mégret, *L'Alternative nationale. Les priorités du Front national*, Les Éditions nationales, Paris, 1996. Sur l'évolution du FN, René Monzat, *Enquête sur la droite extrême*, Le Monde éditions, Paris, 1992 ; avec Jean-Yves Camus, *Les Droites nationales et radicales en France*, PUL, Lyon, 1992.

direction des élites politiques et intellectuelles, que ce soit grâce aux différents postes électifs occupés au niveau municipal, cantonal, régional et européen ou par la mise en place de réseaux de relations par clubs de pensée interposés (songeons au Club de l'Horloge qui a joué un rôle de passerelle idéologique entre le FN et la droite classique). Elle insiste sur la démagogie (les liens directs entre le leader et ses « supporters ») alors que s'amplifie un travail d'implantation systématique dans des catégories professionnelles ciblées (police, transport, santé) et sous la forme de clubs ou de syndicats. Non seulement le « populisme » efface les pratiques et les stratégies politiques que le FN adopte, mais il offre à celui-ci une identité bien plus respectable dans le discrédit que le label de fascisme ou d'extrême droite qui le qualifiait précédemment. En effet, en insistant sur la diabolisation dont serait l'objet le FN quand des mobilisations s'effectuent contre lui au nom de son fascisme ou de son racisme, est occultée la considérable euphémisation que connaît l'identité politique prêtée au FN quand il est rangé parmi les « populismes » et non plus classé parmi les extrêmes droites ou les fascismes. Euphémisation qui se double d'une légitimation inattendue lorsqu'il devient le « parti anti-partis », celui qui répond mieux que les autres à la « demande d'autorité » formulée par le « peuple ». La méconnaissance de l'histoire de la construction sociale de la démocratie et la méconnaissance du FN ne constitueraient-elles pas alors les conditions essentielles à la validation d'une rhétorique réactionnaire qui disqualifie les groupes populaires pour mieux chanter l'avenir radieux d'un régime fonctionnant non seulement sans eux voire contre eux mais aussi contre ceux qui n'auraient pas fait leur deuil d'une démocratie à l'état concret ?

Chapitre IX

Leçons d'une crise : l'affirmation de la droite italienne

Jean-Louis Briquet

L'irruption sur la scène politique de Silvio Berlusconi, au début de 1994, puis la victoire de la coalition qu'il dirigeait aux élections législatives de mars de la même année ont constitué un changement décisif dans l'histoire de l'Italie républicaine. Non seulement un homme d'affaires parmi les plus riches du pays, qui n'avait jusqu'alors exercé aucune charge élective, réussissait en quelques mois à fonder un nouveau parti, Forza Italia, en mesure de réunir 21 % des suffrages à ces élections, mais encore arrivait-il au pouvoir avec le soutien de formations précédemment reléguées en dehors du jeu politique officiel. La nouvelle majorité regroupait en effet, autour de Forza Italia, les néofascistes du Mouvement social italien (MSI), rebaptisé pour l'occasion Alliance nationale, et la Ligue du Nord, une organisation ethno-régionaliste créée par Umberto Bossi au milieu des années quatre-vingt. Héritier revendiqué du fascisme mussolinien, le MSI avait été exclu du compromis républicain dans lequel se reconnaissaient, par-delà leurs oppositions, les deux partis qui avaient dominé la première République italienne depuis la fin de la Seconde Guerre mondiale : la Démocratie chrétienne (DC) et le Parti communiste italien (PCI).[1] Xéno-

1. Piero Ignazi, *Il Polo escluso. Profilo del Movimento sociale italiano*, Il Mulino, Bologne, 1989.

phobe et anti-fiscaliste, violemment critique contre la partitocratie et la bureaucratie «romaines», accusées d'opprimer les riches régions du Nord pour alimenter une machine étatique impuissante et corrompue, la Ligue se définissait elle-même comme un parti hostile à l'«establishment».[2] Quant à Forza Italia, elle était en grande partie composée «d'hommes nouveaux», se réclamant explicitement, à l'instar de leur leader, de la rupture avec la «vieille politique», ses «bavardages incompréhensibles et [ses] querelles stupides», au nom de l'efficacité et de la «rénovation morale et civique du pays»[3].

La crise politique qui se déroulait en Italie depuis deux ans aboutissait ainsi à une situation totalement inédite – et difficilement concevable peu de temps auparavant. L'effondrement des partis de gouvernement (en particulier la DC), sous l'effet des scandales politico-financiers et de la diffusion dans de nombreux secteurs de la société de la protestation contre «l'ancien régime», avait conduit à intégrer dans le jeu politique des groupes engagés dans la contestation radicale du «système», sous la houlette d'un outsider étranger au monde des professionnels de la politique.

À ses origines, le phénomène Berlusconi a pu être perçu comme un événement transitoire: une poussée «antipolitique» éphémère liée au caractère exceptionnel de la conjoncture italienne. Malgré l'échec du premier gouvernement Berlusconi (la défection de la Ligue l'obligeant à démissionner en décembre 1994, moins de huit mois après avoir été nommé président du Conseil), malgré la défaite de la coalition menée par ce dernier au scrutin législatif d'avril 1996, Forza Italia et ses alliés sont pourtant parvenus à incarner la seule opposition crédible au centre-gauche avant de reconquérir la majorité parlementaire, de nouveau avec l'appui de la Ligue et d'une partie de l'ancienne DC, aux élections de mai 2001. Il était désormais clair que la recomposition du paysage politique italien passait par l'affirmation durable d'une droite rénovée, pouvant désormais légitimement prétendre à l'exercice du pouvoir.

C'est aux conditions d'une telle légitimation que je m'attacherai dans ce chapitre. Comment des groupes politiques autrefois «indignes» ont-ils pu, en peu de temps, devenir des protagonistes reconnus – même par leurs adversaires – de la com-

2. Ilvo Diamanti, *La Lega. Geografia, storia e sociologia di un nuovo soggetto politico*, Donzelli, Rome, 1993.

3. Discours prononcé par Silvio Berlusconi le 6 février 1994 à l'occasion de la convention de Forza Italia, reproduit dans Domenico Menniti (sous la direction de), *Forza Italia. Radiografia di un evento*, Ideazione Editrice, Rome, 1997, p. 212.

pétition politique ? On sait la réponse couramment apportée à cette question : celle que formule en particulier l'hypothèse « populiste ».[4] La montée des insatisfactions envers la politique, le désenchantement croissant vis-à-vis de ses représentants, le sentiment grandissant de « l'impuissance publique », etc., auraient encouragé les mobilisations de partis protestataires émergents. Ceux-ci seraient parvenus, en exploitant les « malaises » de certains groupes sociaux – en particulier les plus démunis et ceux qui éprouvent le plus durement les effets de la mondialisation – à s'imposer dans l'arène politique jusqu'à, dans certains cas, accéder au pouvoir.

Un tel processus ne peut cependant pas être considéré du seul point de vue « pathologique », comme le résultat d'une « crise » de la représentation politique qui éroderait, sous des formes et avec des intensités diverses, la légitimité des démocraties libérales. Il procède aussi des dynamiques internes du jeu politique régulier au sein de ces démocraties – plus précisément de la manière dont une conjoncture historique particulière (par exemple, celle qu'a connue l'Italie au début des années quatre-vingt-dix) a affecté les concurrences partisanes et les stratégies des élites, aboutissant à insérer dans l'espace politique des formations qui en étaient rejetées et à subvertir les règles anciennement consolidées du fonctionnement de cet espace.[5] C'est en ce sens que le cas italien peut servir de base de réflexion sur la situation politique française : non pas pour en faire une sorte de « modèle » d'une crise de la politique qui prendrait dans les deux pays des formes similaires, mais pour s'interroger sur les modes d'affirmation des droites « populistes » et sur les processus qui peuvent contribuer à en faire des partenaires légitimes dans le jeu politique.

I. La question démocratique

Les analyses savantes, les débats et les prises de positions partisanes, les commentaires journalistiques, etc., que n'a pas manqué de susciter le « cas » Berlusconi, ont essentiellement visé à assigner à cette nouvelle mouvance politique une identité défi-

4. *Cf.* par exemple, parmi une ample bibliographie, Yves Mény et Yves Surel, *Pour le peuple, par le peuple. Le populisme et les démocraties*, Fayard, Paris, 2000.

5. Cette hypothèse doit beaucoup aux analyses de Michel Dobry sur l'historiographie du fascisme – « La thèse immunitaire face aux fascismes. Pour une critique de la logique classificatoire », *in* Michel Dobry (sous la direction de), *Le Mythe de l'allergie française au fascisme*, *op. cit.* –, et d'Annie Collovald à propos du populisme (par exemple, « Le "national-populisme" ou le fascisme disparu… », article cité).

nie et à s'interroger sur sa compatibilité avec les principes et les règles de la démocratie. Berlusconi était-il le promoteur d'un « populisme autoritaire », voire d'une forme contemporaine de « fascisme », comme le répétaient ses détracteurs ? Ou représentait-il une droite modernisée, fidèle aux « valeurs de toutes les grandes démocraties occidentales » et capable de libérer l'Italie d'un État « dirigiste » et corrompu, ainsi qu'il l'affirmait lui-même ?[6] Il s'agissait alors d'examiner ses discours et de juger ses opinions, d'évaluer les moyens qu'il mettait en œuvre pour conquérir son électorat, d'établir des filiations avec des traditions politiques antérieures, d'apprécier « l'authenticité » de sa vocation tardive d'homme d'État, de retracer sa carrière dans le monde des affaires, etc., afin de lui attribuer (ou de lui refuser) le label démocratique.

L'interrogation était justifiée. Au moment de l'entrée en politique de Berlusconi, la « normalisation » du MSI par l'abandon progressif de son héritage fasciste, entamée par son secrétaire général Gianfranco Fini à la fin de 1993 et confirmée en janvier 1995 au congrès de Fiuggi[7], pouvait ne sembler qu'un artifice destiné à permettre à ses dirigeants d'accéder à des responsabilités publiques. Un tel sentiment était d'autant plus fondé que la mutation affichée d'Alliance nationale en un parti de la droite conservatrice n'était que de peu d'effets sur son organisation et son leadership – partant, selon plusieurs observateurs, sur les convictions de beaucoup de ses cadres et de ses militants.[8] La radicalité de la Ligue – sa dénonciation agressive du centralisme et de l'immigration, supposés menacer l'identité et la prospérité des riches régions du Nord (regroupées en une mythique « Padanie »), ses aspirations sécessionnistes, les violences verbales de Bossi – suscitaient des doutes raisonnables quant à la propension de ses leaders à accepter le jeu des institutions établies. On comprend dans ces conditions que la question de la légitimité de l'entreprise berlusconienne se soit posée d'abord sur le terrain idéologique – ses opposants s'alarmant du « danger » que faisait courir à la démocratie son alliance

6. Discours prononcé à Rome par Silvio Berlusconi le 6 février 1994, à l'occasion de son premier meeting public, et reproduit dans Silvio Berlusconi, *L'Italia che ho in mente*, Mondadori, Milan, 2000, p. 19-33.

7. Lors de ce congrès, le MSI était définitivement rebaptisé « Alliance nationale ». Fini y faisait approuver plusieurs motions condamnant le racisme et le totalitarisme ainsi que la politique raciale adoptée par Mussolini à partir de 1938 (mais – fait significatif – pas l'expérience fasciste dans son ensemble).

8. Piero Ignazi, *Postfascisti ? Dal Movimento sociale italiano ad Alleanza nazionale*, Il Mulino, Bologne, 1994.

avec la droite néofasciste et « populiste », ses partisans insistant à l'inverse sur les déclarations de loyauté démocratique des nouveaux partenaires gouvernementaux.

Cette question était également avancée sur un autre terrain : celui de l'État de droit et de l'éthique publique. L'engagement politique du propriétaire d'une des plus importantes sociétés financières d'Italie[9] ne cachait-il pas des motifs peu avouables – en particulier protéger son groupe télévisuel des réformes envisagées par la gauche ? Comment pourrait-il concilier, s'il était élu, ses intérêts privés et ceux que lui imposeraient ses fonctions politiques ? En adoptant dès son arrivée au gouvernement des mesures fiscales très favorables à certaines de ses entreprises, en refusant de légiférer sur le conflit d'intérêts, Berlusconi offrait à ses adversaires des raisons pour l'accuser de « privatiser » l'État à son profit et de « pervertir » ainsi l'intérêt général. Son implication dans diverses affaires de corruption allait, après sa démission, alimenter les polémiques à ce propos. S'il revenait au pouvoir, Berlusconi ne serait-il pas tenté d'utiliser ses prérogatives officielles pour se préserver de l'action pénale, avec le risque de mettre en péril la légalité républicaine et l'équilibre des institutions ? Soutenue très tôt par plusieurs magistrats, une telle accusation a formé ensuite l'un des principaux thèmes de la contestation anti-Berlusconi après que, en 2001, celui-ci a recouvré la présidence du Conseil.[10] Les réformes faites « sur mesure » par et pour le chef du gouvernement[11], et le contrôle désormais total qu'il exerçait sur les télévisions ont provoqué l'indignation de l'opposition et d'une grande partie du monde intellectuel, syndical ou associatif, mobilisé pour la défense de la justice et du pluralisme.

Amplement relayés par les médias, nationaux et européens, les critiques étaient souvent virulents – quand, notamment, ils évoquaient les « pulsions totalitaires » de Berlusconi ou exhor-

9. Berlusconi était (et demeure encore aujourd'hui, sans toutefois y exercer de fonctions de direction) le propriétaire de la Fininvest, une holding contrôlant trois chaînes nationales de télévision et possédant des participations dans de nombreux secteurs de l'économie italienne (édition, publicité, assurances et services financiers, activités sportives, etc.).

10. Sur les mouvements anti-Berlusconi, *cf.* Marco Oberti, « La reconquête de l'espace public. Les mobilisations anti-Berlusconi », *Mouvements*, n° 21-22, mai-août 2002, et Hervé Rayner, « Civil Society Movements in Italy », *General Conference of the Political Studies Association*, University of Lincoln (Royaume-Uni), 5-8 avril 2004.

11. Plusieurs de ces mesures (réforme du droit des sociétés, restrictions dans l'usage des commissions rogatoires internationales, etc.) aboutissaient de fait à interdire (ou à rendre beaucoup plus difficiles) les actions judiciaires contre Berlusconi.

taient à la « résistance » pour éviter « la désagrégation de l'intérêt général et le naufrage de la conscience civique ».[12] Mais même des commentateurs plus mesurés soulignaient l'« anomalie » de l'Italie dans le paysage politique européen, alertant d'une possible « dénaturation » de la démocratie du fait de la concentration entre les mains d'un seul homme – qui plus est soupçonné de malversations financières – d'une part considérable des pouvoirs politique, économique et médiatique. Dans ce cas encore, c'était à partir de la « question démocratique » que le phénomène Berlusconi était interrogé et interprété. En soulignant son inadéquation aux normes politiques et aux valeurs morales des démocraties « matures », ses dénonciateurs concluaient à son illégitimité.

II. Le « berlusconisme » par lui-même

Face à ces critiques et à ces jugements, Berlusconi et ses alliés en appelaient aussi bien à leur fidélité proclamée envers la démocratie libérale qu'à la légitimité que leur conférait le suffrage populaire. À la veille du scrutin de 2001, Fini avait mené à terme son entreprise de redéfinition de l'identité d'Alliance nationale, au point que la sincérité de la conversion démocratique des anciens fascistes n'était que rarement mise en doute, même par leurs adversaires. La réintégration de la Ligue dans la coalition conduite par Berlusconi (la « Maison des libertés »), amorcée quelques mois avant les élections régionales d'avril 2000, avait amené ses dirigeants à tempérer certaines de leurs revendications les plus radicales – en se ralliant par exemple à une réforme fédéraliste de l'État négociée avec Forza Italia. Berlusconi pouvait de la sorte se présenter en leader d'une droite « modérée » qui, après avoir assumé loyalement ses devoirs d'« opposition constitutionnelle » entre 1995 et 2001, après s'être « rodée » à l'exercice du pouvoir dans les institutions locales et dans l'arène parlementaire, était parvenue à s'implanter durablement dans le pays et à gagner à son projet de modernisation sociale et économique la majorité des électeurs. Comme il le déclarait à la Chambre des députés, le 21 juin 2001, lors du vote de la confiance à son gouvernement, « taxer [ce projet] de populisme, le rejeter [...] comme la manifestation de quelque chose de primitif, d'anormal ou, même, de risqué, me semble franchement erroné et injuste. Une classe dirigeante ne devrait jamais se fermer et refuser la logique du dialogue et de

12. Selon les termes employés par le procureur général de Milan, Francesco Saverio Borrelli lors de l'inauguration de l'année judiciaire, le 12 janvier 2002.

l'échange avec des phénomènes nouveaux, spécialement quand ces derniers sont légitimés par le vote et l'encouragement actif de millions de citoyens. »

L'argument « antidémocratique » était ainsi retourné contre la précédente majorité de centre-gauche (« L'Olivier »).[13] Dans l'opposition, Berlusconi n'avait eu de cesse de dénoncer le « ballet transformiste »[14] et les « manœuvres de palais » de ses rivaux – plus particulièrement après la nomination, en octobre 1998, de Massimo D'Alema, le leader des Démocrates de gauche, à la présidence du Conseil avec l'appui de quelques transfuges de la droite.[15] Selon lui, de telles « intrigues » n'étaient rien moins qu'une « trahison » du pacte liant les élus à leurs électeurs, un « détournement du verdict des urnes » ôtant toute « légitimité démocratique » au gouvernement en place.[16] Le ton était là aussi véhément envers une gauche « illibérale » encore marquée par la mentalité « totalitaire » et prête à tout pour préserver son hégémonie : « occupation systématique des institutions », propagande « sournoise » de la « nomenklatura culturelle » et, surtout, usage abusif de la justice.[17] À partir de la fin 1994 (date à laquelle il a été pour la première fois personnellement incriminé par le parquet de Milan), Berlusconi a en effet multiplié les attaques contre certains magistrats, accusés d'avoir tramé, au profit des « héritiers du communisme », le « coup d'État » qui aurait mis fin à la première République, puis d'avoir persévéré dans leurs projets « subversifs » en cherchant à l'éliminer par la voie judiciaire. L'appréciation politique de l'opération enga-

13. Cette coalition, créée pour les élections législatives de 1996, fédérait plusieurs formations centristes issues de la DC ainsi que les Démocrates de gauche (le nouveau nom que s'étaient donné les communistes après le « tournant » social-démocrate de leur parti en 1991). Elle a été soutenue, jusqu'à la fin de 1998, par Refondation communiste (la minorité du PCI qui avait refusé d'adhérer à ce même « tournant »).

14. Le terme, péjoratif, fait référence aux pratiques consistant à intégrer des segments de l'opposition dans la majorité parlementaire, en échange d'avantages divers (positions institutionnelles, postes électifs, etc.). Ces pratiques, dénoncées dès la fin du XIXe siècle, ont souvent été présentées comme l'une des causes de l'instabilité politique en Italie et de l'absence de contrôle démocratique sur les gouvernements (*cf.* Luigi Musella, *Il Transformismo*, Il Mulino, Bologne, 2003).

15. Cet appui avait été rendu nécessaire par la défection de Refondation communiste, qui avait contraint à la démission le précédent chef du gouvernement, Romano Prodi.

16. Discours de Silvio Berlusconi à la Chambre des députés, 23 octobre 1998, reproduit dans Silvio Berlusconi, *Discorsi per la democrazia*, Mondadori, Milan, 2001, p. 219-226.

17. Silvio Berlusconi, Discours d'ouverture du premier congrès national de Forza Italia, 16 avril 1998, *in* Silvio Berlusconi, *L'Italia che ho in mente*, *op. cit.*, p. 35-70.

gée au début des années quatre-vingt-dix par des procureurs anti-corruption et antimafia (« Mains propres ») était renversée : non plus une œuvre de moralisation d'un régime corrompu, mais un « complot » ourdi par des « juges rouges » qui, à partir « d'enquêtes sans preuves » et guidés par un « factionnalisme aveugle », auraient évincé une classe politique pourtant librement choisie par les électeurs.[18]

Une telle lecture de l'histoire récente de l'Italie n'a pas seulement servi à tenter de neutraliser les effets des procédures pénales dans lesquelles Berlusconi et plusieurs de ses collaborateurs ont été (et sont encore dans certains cas) impliqués.[19] Elle lui a permis aussi de s'ériger en continuateur d'une tradition politique dont les anciens partis de gouvernement auraient été, malgré leurs errements, les garants. L'aventure de Forza Italia, telle que Berlusconi l'a retracée dans nombre de ses discours, était alors apparentée à un combat pour la démocratie menacée. Commémorant les dix ans d'existence du parti, son leader déclarait par exemple avoir choisi, en 1994, « la voie du courage et du dévouement » afin d'éviter que le « couperet médiatico-judiciaire », manié par une gauche « minoritaire », ne frappe le « système démocratique lui-même ». Se flattant d'avoir réussi à canaliser les tendances extrémistes de la Ligue et d'Alliance nationale en les associant à son programme de rénovation du pays, il se réclamait des grands « maîtres » de la « pensée libérale-démocratique » (Luigi Sturzo et Alcide De Gasperi, deux figures historiques de la DC, ou l'ancien président de la République Luigi Einaudi, l'un des représentants emblématiques du libéralisme laïc). Il se posait par là en successeur du réformisme « populaire » qui avait de tout temps défendu la démocratie contre les dangers du « communisme » et dont les succès de la « Maison des libertés » montraient qu'il était « enraciné dans le cœur, dans les intelligences et dans les espérances de tous les Italiens de bon sens et de bonne volonté »[20].

18. *Cf.* Jean-Louis Briquet, « "Juges rouges" ou "Mains propres". La politisation de la question judiciaire en Italie », *Critique internationale*, n° 15, avril 2002.

19. Si la plupart des poursuites contre Berlusconi ont été classées sans suite, ont été éteintes du fait de la prescription ou se sont soldées par des acquittements, celui-ci demeure aujourd'hui inculpé pour corruption de magistrats. Plusieurs cadres ou collaborateurs de la Fininvest ont été impliqués dans des affaires regardant l'activité de cette société (corruption, délits fiscaux, et même complicité avec la mafia).

20. Discours prononcé par Silvio Berlusconi à l'occasion du Décennal de Forza Italia, Rome, 24 janvier 2004 (site internet de Forza Italia).

III. Qualifier et disqualifier

Il est manifeste que de telles professions de foi doivent beaucoup aux intérêts politiques de ceux qui les énoncent. Quoi qu'il en soit des croyances et des convictions « authentiques » de Berlusconi et de ses alliés, ceux-ci ont été amenés à revendiquer une identité démocratique, ne serait-ce que parce qu'elle a été une condition nécessaire à leur participation au jeu politique. La prétention à exercer le pouvoir ainsi que les stratégies mises en œuvre dans ce but leur imposaient d'exhiber des « brevets de démocratie » – et ce d'autant plus que c'était sur ce terrain qu'ils étaient généralement attaqués. Il leur aurait été autrement impossible de s'associer aux partis centristes en mesure de leur assurer une majorité solide au Parlement, de briguer le soutien des fractions modérées de l'électorat, de se faire reconnaître comme des partenaires légitimes au sein des institutions, nationales et européennes – c'est-à-dire, tout simplement, de prendre part à la compétition politique régulière avec quelques chances de succès. Les déclarations publiques des responsables de la nouvelle droite italienne, leurs agissements effectifs afin d'accéder au gouvernement, les actes symboliques effectués par certains d'entre eux[21], etc., ont été dirigés en ce sens : signifier leur conformité aux procédures et aux principes de la démocratie représentative – et, par la même occasion, la contester à leurs adversaires, au risque de l'exagération et de l'emphase polémique.

C'est pourquoi il serait vain d'interpréter le berlusconisme au seul regard de ses orientations idéologiques ou des valeurs qu'il est censé incarner. Car ces dernières – en tout cas telles qu'elles sont ouvertement formulées – sont le produit de « constructions identitaires » qui dépendent des « univers de compétition » dans lesquels sont engagés les acteurs politiques, des calculs et des « rationalités pratiques » qui guident leurs comportements.[22] On ne saurait comprendre la « normalisation » d'Alliance nationale sans, d'un côté, la rapporter au contexte des années 1993 et 1994 (ses dirigeants se retrouvant alors, du fait de l'écroulement des partis de majorité et de l'offre d'ac-

21. Notamment ceux qui pouvaient apparaître comme les plus « suspects », par exemple Fini, qui a multiplié les manifestations de rupture avec son passé fasciste : visite dès 1995 aux fosses Ardéatines près de Rome (où, en 1944, les nazis exécutèrent 335 otages, parmi lesquels de nombreux Juifs), participation aux commémorations de la Libération, plus récemment (novembre 2003) voyage officiel en Israël, etc.

22. Annie Collovald, « Le "national-populisme" ou le fascisme disparu... », article cité, p. 294.

cord électoral de Forza Italia, en situation de saisir des opportunités inédites pour intégrer l'arène politique) et, de l'autre, y voir un effet propre d'une telle intégration (leur association à la gestion du pouvoir, dans les collectivités locales et les organismes d'État, incitant les ex-fascistes à modérer leur offre programmatique[23]). Dans le même ordre d'idées, les oscillations doctrinales de la Ligue s'expliquent, bien plus que par l'« incohérence » si souvent dénoncée de ses leaders, par les choix tactiques que leur impose le jeu partisan et parlementaire – qu'il s'agisse de mobiliser un électorat fluctuant par la réactivation des répertoires de la radicalité (le séparatisme et la xénophobie), au prix d'un isolement et d'une rupture avec leurs alliés[24], ou, au contraire, de faire montre de « mesure » et de « responsabilité » pour revendiquer à nouveau une place dans la « Maison des libertés » et au gouvernement. Quant à l'aspiration de Berlusconi à constituer Forza Italia en successeur de la DC, elle répond clairement, comme je l'ai déjà suggéré, à des impératifs politiques – acquérir du crédit démocratique, renforcer sa coalition, soutenir le ralliement au parti d'anciens notables démocrates-chrétiens, etc.

La manière dont se qualifient les partis dont il vient d'être question est donc commandée par des stratégies de positionnement qui visent à normaliser des conduites longtemps rejetées en dehors du champ des pratiques politiques légitimes. Quelles qu'en aient été les raisons, l'alliance avec l'extrême droite est demeurée un interdit pour les élites de la première République italienne.[25] La séparation – n'aurait-elle été que formelle – entre l'univers de la politique et celui des affaires a valu en outre comme une règle tacite de la sélection de son personnel dirigeant, proscrivant de fait des parcours comparables à celui qu'effectuera plus tard Berlusconi.[26] Il en a été de même dans les autres pays européens, au moins jusqu'à la fin des années

23. Ce dont témoignent certaines positions « libérales » récemment prises par Fini (par exemple, la défense d'un projet de loi visant à autoriser le vote des immigrés aux élections locales), qui doivent également beaucoup à sa volonté de démarquer l'Alliance nationale de certains de ses alliés gouvernementaux (en particulier la Ligue).

24. Ce qui fut le cas entre la fin 1994 et le début 2000.

25. Malgré les exceptions que constituent certains accords au niveau local (restés toutefois marginaux) ainsi que, au niveau national, le soutien direct ou indirect apporté par le MSI aux gouvernements « centristes » au tournant des décennies 1950 et 1960.

26. Jean-Louis Briquet, « L'impératif du changement. Critique de la classe politique et renouvellement des parlementaires dans la crise italienne », *in* Michel Offerlé (sous la direction de), *La Profession politique. Dix-neuvième et vingtième siècles*, Belin, Paris, 1999.

quatre-vingt-dix – et ce type d'alliance ainsi que ce type de parcours sont aujourd'hui encore considérés comme suffisamment transgressifs pour susciter de multiples réactions dans les milieux politiques, journalistiques ou intellectuels. En 2001, par exemple – mais ce fut le cas dès 1994 –, Berlusconi a été la cible de violentes offensives de la presse étrangère, largement reprises par les quotidiens transalpins. *Libération*, invoquant ses « alliés encombrants » et les problèmes que ne manquerait pas de poser le conflit d'intérêts, titrait par exemple à son propos, le 4 mai : « *E pericoloso* » (« Il est dangereux »). Jean Daniel dénonçait au même moment dans le berlusconisme une « forme moderne de despotisme » engendrée par la « télécratie ».[27] Même des médias moins marqués à gauche lui déniaient toute « aptitude à gouverner l'Italie » – à l'instar de *The Economist*, qui publiait le 28 avril un long dossier rappelant ses démêlés avec la justice et les doutes sur l'origine de sa fortune.

La réprobation pouvait également prendre des aspects plus officiels, comme ce fut le cas après la victoire de la « Maison des libertés » en 2001. Malgré l'absence de sanctions communautaires et le silence prudent de la plupart des gouvernants européens, des voix se sont néanmoins élevées parmi ces derniers pour appeler à la « nécessaire vigilance » à l'égard de l'Italie berlusconienne – l'expression est d'Hubert Védrine, à l'époque ministre français des Affaires étrangères. Son homologue belge, Louis Michel, avait de son côté mis en garde, peu de temps avant les élections législatives, contre le « danger pour la démocratie et l'Europe » que représenterait l'accès au pouvoir d'une coalition comprenant une formation « xénophobe » telle que la Ligue. Les arguments étaient ici très proches de ceux avancés par l'opposition nationale et les mouvements anti-Berlusconi, lesquels se prévalaient d'ailleurs, pour appuyer leur critique du « régime », de ces avertissements – et de ceux lancés par d'autres instances officielles, comme le Conseil de l'Europe qui condamnait en avril 2002 « l'utilisation répandue de la propagande de provocation raciste conduite par certains leaders politiques » dans la Péninsule.[28]

27. « Berlusconi ou la dictature de l'image », *Le Nouvel observateur*, 3-9 mai 2001.

28. « Il Consiglio d'Europa averte : la Lega è razzista e xenofoba », *La Repubblica*, 23 avril 2002. La Ligue était plus particulièrement (et explicitement) visée par ce texte, qui accusait également « d'autres partis politiques » de présenter, à des fins de propagande, les « immigrés comme responsables de la dégradation des conditions de sécurité publique, du chômage et de les dépeindre comme une menace pour la défense de l'unité nationale ».

La démobilisation politique

Dans sa tentative d'accréditer, sur les scènes nationale et internationale, une position et des comportements toujours susceptibles d'être disqualifiés[29], la nouvelle droite italienne a dû repousser le stigmate «populiste» qui lui est couramment assigné. C'est ainsi, notamment, qu'au lendemain du premier tour de l'élection présidentielle française, le 21 avril 2002, ses porte-parole ont immédiatement réagi pour exprimer leur différence foncière avec Jean-Marie Le Pen. Alors que l'opposition s'emparait de l'émotion provoquée par la présence du leader d'extrême droite au second tour de cette élection pour attaquer le «populisme» berlusconien, que de nombreux commentateurs associaient les cas français et italien dans leurs analyses de la «crise» des démocraties européennes, Berlusconi se réjouissait de la défaite d'un «socialisme conservateur et maximaliste» qui, en refusant de «s'engager sur la voie des réformes», aurait encouragé l'extrémisme. Selon lui, la droite italienne ne pouvait être rapprochée du Front national: non seulement son choix du «libéralisme social» la séparerait radicalement des mouvements «racistes et populistes», mais encore aurait-elle fait obstacle à ces derniers en sachant effectivement répondre aux «intérêts des citoyens», à leur «demande de sécurité» et de «liberté».

Le ton était identique chez Fini, qui s'attachait avec force à se distinguer de celui qui avait pourtant été son allié au Parlement européen. Il rappelait son article publié dans *Le Monde* le 28 juin 1998, intitulé «Pourquoi avons-nous rompu avec le Front national». Se réclamant volontiers du «gaullisme» et de Jacques Chirac, il redisait en quoi «la droite de gouvernement» qu'il incarnait s'opposait désormais à «l'autoritarisme» du Front national, basé sur la protestation, la peur et le ressentiment.[30] Même la Ligue prenait ses distances. Si quelques-uns de ses dirigeants saluaient le «courage» de Le Pen, qui avait su «dénoncer sans hypocrisie les graves dangers [...] de l'invasion extracommunautaire»[31], un texte officiel du mouvement affir-

29. Le manque de familiarité de Berlusconi avec les milieux politiques et diplomatiques, que signalent certaines de ses attitudes peu conformes aux règles de retenue et de civilité en vigueur dans ces milieux, accentue ce risque de discrédit – ce qui s'est vu par exemple quand il a évoqué la «supériorité» de la civilisation occidentale quelques jours après les attentats du 11 septembre ou quand il a qualifié de «kapo» un député social-démocrate allemand lors d'un débat au Parlement européen en juillet 2003 (suscitant dans les deux cas les réactions indignées ou gênées de ses partenaires européens).

30. Les citations sont reprises de *La Repubblica*, 23 avril 2002.

31. L'expression est celle de l'eurodéputé Mario Borghezio (*Corriere della Sera*, 22 avril 2002) qui s'affichera ostensiblement aux côtés de Jean-Marie Le Pen lors de sa conférence de presse très controversée au Parlement européen quelques jours plus tard.

mait : « Aucune comparaison n'est possible entre la Ligue et Le Pen. Le Pen, comme l'a répété Bossi, est fasciste, centraliste, nationaliste et anti-européen. La Ligue est le contraire de Le Pen : elle est fédéraliste, libérale ; elle est contre un Super-État européen, mais pas contre l'Europe. Bossi a raison de traiter de "vauriens" (*farabutti*) ceux qui cherchent à nous rapprocher de Le Pen. »[32]

IV. Les égarements du peuple

Certes, il est toujours possible de dénier toute validité à ces allégations, de les renvoyer à l'intention trompeuse de masquer le caractère intrinsèquement « antidémocratique » de la nouvelle droite italienne. C'est là ce que font beaucoup de ses adversaires quand ils décrivent Berlusconi en homme « totalement étranger à la démocratie », voire en instaurateur d'une version modernisée du « fascisme ».[33] Il faut dire que plusieurs leaders gouvernementaux ont donné prise à de telles accusations, soit que leur pratique effective du pouvoir ait été orientée vers la défense ostensible de leurs intérêts privés (économiques et judiciaires), soit que la violence de certaines de leurs déclarations ait fait craindre pour la préservation des valeurs de tolérance et de pluralisme dans lesquelles se reconnaissent les démocraties contemporaines. Pour n'en donner que quelques illustrations, Bossi, devenu ministre des réformes institutionnelles, pouvait participer en décembre 2001 à une manifestation au cours de laquelle étaient scandés des slogans tels que « Honnête citoyen, dénonce les clandestins » ou « Oui à la polenta, non au couscous » – et il n'a jamais hésité à vilipender l'immigration, exhortant à la lutte contre « l'islamisation de l'Europe » et allant jusqu'à réclamer que l'on « tire dans le tas » quand des bateaux de réfugiés tenteraient d'accoster en Italie. Berlusconi a, de son côté, régulièrement employé un langage d'une rare virulence pour fustiger les « juges rouges », parlant à leur propos de « cancer » pour la démocratie, les traitant de personnes « mentalement dérangées » et « anthropologiquement différentes du

32. *Qui Lega*, 24 avril 2002.

33. C'est le sens général de nombreuses déclarations d'intellectuels italiens, dont la presse française s'est fait largement l'écho, par exemple celles du prix Nobel de littérature Dario Fo (*cf.* son point de vue dans *Le Monde* du 12 janvier 2002, intitulé « Italie : le nouveau fascisme est arrivé ») ou des organisateurs des « rondes citoyennes » contre Berlusconi, comme le cinéaste Nanni Moretti ou le publiciste Paolo Flores d'Arcais (*cf.* son interview publiée dans *Libération* des 13 au 14 décembre 2003 sous le titre : « Il y a chez Berlusconi non pas une vocation mais une pulsion totalitaire »).

reste de la race humaine» dans un entretien à un hebdomadaire anglais – le même entretien où il qualifiait de «bénigne» la dictature de Mussolini, lequel n'aurait à son avis «jamais assassiné personne» et se serait contenté d'«envoyer des gens passer leurs vacances en résidence surveillée»[34].

Il est également patent que l'affirmation politique des partis qui composent la «Maison des libertés» s'est accompagnée d'une redéfinition des enjeux susceptibles d'émerger dans le débat public et d'une transformation des manières de les formuler. Certains interdits – qui, notamment, frappaient d'indignité les tentatives de banalisation du fascisme ou empêchaient d'envisager la question migratoire dans les termes qui peuvent être aujourd'hui les siens (ceux de la «menace étrangère» contre l'identité et la sécurité des citoyens) – ont été levés. Certaines censures – portant par exemple sur la forme et les arguments admissibles de la polémique partisane – sont tombées. Mais faire procéder ces phénomènes d'une «dérive» (populiste, autoritaire ou fasciste) de la société conduit à simplifier grandement les processus au principe de l'implantation et de l'enracinement durable de la nouvelle droite italienne, en particulier ceux qui ont abouti à la subversion des règles anciennement consolidées du jeu politique ainsi qu'à l'occultation de leur caractère subversif – c'est-à-dire à leur normalisation.

Une telle perspective est en effet associée à une lecture «pathologique» du phénomène Berlusconi. À partir du moment où ce phénomène est désigné comme une réalité foncièrement distincte de la démocratie, il devient presque inévitable d'y voir une manifestation des «dérèglements» de cette démocratie – spécialement marqués dans le cas de Italie et souvent présentés comme annonciateurs de ceux qui affecteraient, à des degrés variés, les autres pays européens. C'est un même point de vue qui a d'ailleurs été mobilisé pour rendre compte de l'affirmation du Front national en France. La plupart des interprètes du berlusconisme ont pu ainsi l'analyser, à l'instar du lepénisme, en référence à la «montée des insatisfactions» envers le système politique établi (qui favoriserait la réussite de partis contestataires et d'outsiders «antipolitiques») ou à la peur de la «société ouverte» exprimée par des groupes sociaux menacés par la globalisation et la crise de l'État-providence (chômeurs ou classes populaires). Il est vrai qu'ils y ont ajouté des aspects spécifiques à la situation italienne, comme l'invasion de la «vidéo-politique» (qui y aurait encouragé l'apparition d'un nouveau type

34. *Cf. La Repubblica*, 11 septembre 2003. L'entretien avait été publié quelques jours auparavant dans *The Spectator* et *La Voce di Rimini*.

de leader, le « démagogue télégénique »[35], capable de se poser en alternative face à la déstructuration des identités et des appartenances partisanes traditionnelles) ou même la faiblesse de la « culture civique » (responsable d'une défiance généralisée envers la légalité étatique et des difficultés anciennes à y établir une démocratie « mature »)[36].

Ces modèles d'interprétation conduisent parfois à un pessimisme radical quant aux capacités du « peuple » à répondre aux exigences de la civilité démocratique. Les succès électoraux de la nouvelle droite italienne en sont arrivés de la sorte à être attribués à la « fascination du tribun » et à « l'hypnose télévisuelle »[37], à la manipulation démagogique des instincts et des peurs des citoyens, ou même aux propriétés supposées d'une partie des « Italiens », naturellement enclins à transgresser la loi au profit de leurs intérêts personnels et, par là, à se reconnaître dans un personnage tel que Berlusconi. Les discours savants servent fréquemment à soutenir de tels jugements, notamment ceux qui, sous des formes diverses, ont contribué à diffuser de l'Italie l'image d'une démocratie « anomale », marquée dès son origine par un déficit du sens civique que le clientélisme, l'inefficacité des institutions ou les compromis consociatifs entre les partis auraient alimenté jusqu'à nos jours. Comme l'a démontré Alfio Mastropaolo, la dénonciation des carences démocratiques de l'Italie a constitué le motif principal d'un « sens commun interprétatif » qui, à partir des années soixante-dix, s'est diffusé dans les milieux politiques, intellectuels et journalistiques, dans les univers académiques et ceux de la haute administration.[38] C'est ce même sens commun qui a pu être mobilisé pour rendre intelligible le phénomène Berlusconi : pour expliquer sa réussite par les « défauts de la conscience civile » de « l'Italien moyen »[39] ou par l'adéquation de son message à des « codes cul-

35. Pierre-André Taguieff, *L'Illusion populiste*, Berg International, Paris, 2002, p. 118.

36. Dans l'abondante littérature sur la « transition » italienne des années 1990, qu'il est impossible ici de présenter dans le détail, *cf.* par exemple la synthèse critique de Sergio Fabbrini, *Tra Pressioni e veti. Il cambiamento politico in Italia*, Laterza, Rome-Bari, 2002, notamment p. 5-32.

37. Les expressions, courantes dans le débat italien, sont utilisées respectivement par Jean Daniel (« Ces Italiens hypnotisés par la fascination du tribun », *Le Nouvel observateur*, 7 au 13 juin 2002) et Ignacio Ramonet (« Berlusconi », *Le Monde diplomatique*, février 2002).

38. Alfio Mastropaolo, *Antipolitica. All'origine della crisi italiana*, L'Ancora, Naples, 2000.

39. Selon les termes de Francesco Saverio Borrelli, ancien responsable du pool anticorruption de Milan au moment de l'opération « Mains propres », dans un entretien avec l'écrivain Antonio Tabucchi. *MicroMega*, n°1, 2002, p. 34.

turels présents depuis longtemps dans la société italienne et méditerranéenne» (en particulier le repli sur l'univers familial et l'absence du sens de la solidarité collective)[40].

V. L'affirmation politique de la nouvelle droite italienne

L'hypothèse «pathologique» signale il est vrai des phénomènes réels. L'irruption d'outsiders sur la scène politique et la relative facilité avec laquelle il s'y sont implantés ont certainement à voir avec l'affaiblissement des anciens dispositifs assurant le contrôle partisan de l'électorat, avec le développement d'insatisfactions diffuses envers les détenteurs du pouvoir ou avec l'incapacité du système politique traditionnel à satisfaire les demandes de groupes sociaux émergents – notamment celles exprimées par les milieux liés aux petites entreprises prospères du nord du pays dans les termes de la protestation antifiscale ou de la volonté d'association aux affaires locales.[41] Mais cette hypothèse occulte ce que l'affirmation de la nouvelle droite italienne doit au fonctionnement régulier du jeu politique. En rapportant le berlusconisme à des défaillances – voire à des dévoiements – de la représentation démocratique, elle empêche de saisir en quoi les mécanismes ordinaires de la compétition partisane ont participé à la recomposition du paysage politique italien au cours des années quatre-vingt-dix – et, partant, minimise le rôle qu'y ont pris les concurrences internes à l'univers des élites.

Pour s'en convaincre, il faut revenir sur les conditions de ce que Berlusconi lui-même, fidèle à la métaphore sportive[42], a nommé son «entrée sur le terrain» (*discesa in campo*) de la politique. L'événement ne peut se comprendre sans la dynamique collective qui, entre 1992 et les élections législatives de 1994, a conduit les acteurs politiques établis à construire la position à laquelle celui-ci a pu prétendre (celle d'un leader incarnant le «renouveau») et à accorder de la valeur aux qualités qu'il a

40. Il s'agit encore d'une variation sur le thème du «déficit civique» de la culture politique italienne, anciennement élaboré par certains politologues (par exemple, Edward Banfield), et repris ici par un historien renommé de l'Italie contemporaine, Paul Ginsborg (*Berlusconi. Ambizioni patrimoniali in una democrazia mediatica*, Einaudi, Turin, 2003, p. 25 *sq*).

41. *Cf.* par exemple Arnaldo Bagnasco, *L'Italia in tempi di cambiamento politico*, Il Mulino, Bologne, 1996.

42. Forza Italia est d'abord une devise sportive, signifiant «Allez l'Italie». Rappelons en outre que Berlusconi est le président du Milan AC, célèbre équipe de football italienne.

revendiquées pour justifier cette prétention (le pragmatisme et l'efficacité de l'homme d'affaires à succès, l'opposition au monde de la politique professionnelle, l'extériorité vis-à-vis de «l'ancien régime»). Confrontés à la multiplication des scandales politico-financiers et à l'effritement de leur base électorale, de nombreux dirigeants des partis de gouvernement ont peu à peu acquiescé à la nécessité du changement et de la rupture avec un ordre politique dont les enquêtes judiciaires révélaient l'étendue de la corruption et la «dégradation». Il s'agissait pour certains de tenter de préserver des positions menacées, pour d'autres d'accéder à des fonctions qui leur étaient auparavant interdites à l'intérieur de leurs partis ou de l'appareil d'État – et d'essayer dans le même temps de reprendre en main une situation qui leur échappait en répondant à ce qui leur apparaissait comme une demande de «moralité» et de «régénération de la politique» exprimée par les citoyens.

Les responsables de l'opposition – auxquels la conjoncture offrait une occasion inespérée pour conquérir le pouvoir – ont fait de même, exigeant la «rénovation radicale» d'un système discrédité par les affaires et cherchant des alliances nouvelles (par exemple, avec des composantes de la gauche démocrate-chrétienne) afin de constituer une majorité alternative à celle en train de se défaire sous l'effet des défections et des scandales. Les tentatives pour dénouer la crise (nomination d'un cabinet «technique» en avril 1993, réforme de la loi électorale dans un sens majoritaire, refonte des directions de certains partis, etc.) ont paradoxalement contribué à son développement: non seulement elles ont conforté le jugement d'illégitimité porté contre le régime et la conviction de son irrésistible faillite, mais encore elles ont accéléré les ruptures de loyauté au sein de formations qui, comme la DC, ne semblaient plus en mesure de garantir à leurs membres la possibilité de conserver les postes qui leur étaient auparavant octroyés.[43]

Dans un tel contexte, des stratégies inédites d'accession à l'arène politique devenaient possibles, comme celles qu'a adoptées Berlusconi en décidant, à la fin de 1993, de créer un nouveau parti en vue des législatives à venir. En reprenant à son compte la critique du régime, en se présentant en homme «neuf» contraint à se «sacrifier» pour l'intérêt général du pays, en mettant en avant ses compétences d'entrepreneur (opposées

43. Pour une analyse détaillée de la crise politique italienne, *cf.* Hervé Rayner, *Sociologie des scandales politiques. «Tangentopoli» et le basculement du jeu politique italien*, thèse de doctorat en science politique, Université Paris-X, 2001.

à l'inefficacité supposée des politiciens professionnels qui ont édifié une « Italie politisée, étatisée, corrompue »), en en appelant à une « autre politique, une politique propre »[44], il se proposait d'occuper une position qui avait été érigée dans les mois précédents en solution possible à la crise[45]. Cette position lui sera reconnue au fur et à mesure des ralliements à la coalition qu'il a bâtie en janvier et février 1994 et qui est devenue une option envisageable pour empêcher la victoire, jusqu'alors probable, de la gauche progressiste. Des accords étaient passés avec la Ligue et le MSI, mais aussi avec des groupes issus de la DC, pour présenter des candidats communs. L'entrée en scène de Berlusconi ainsi que la nouvelle loi électorale[46] poussaient à de tels accords. Le risque qu'une part de leur électorat s'oriente vers Forza Italia a incité Fini, et plus encore Bossi, à s'associer dans un même regroupement, malgré leurs différends. D'autres, notamment parmi les élus des anciens partis de gouvernement, se sont saisis d'une opportunité dont ils faisaient le pari qu'elle leur permettrait de continuer à participer au jeu politique. Dans tous les cas, il s'est agi aussi de bénéficier des ressources considérables dont disposait le propriétaire de la *Fininvest* et qu'il pouvait utiliser à des fins politiques : moyens financiers, contrôle de plusieurs médias, compétences techniques dans les domaines du marketing et de la communication, mobilisation des moyens humains et organisationnels de ses sociétés, etc.

Le choix tactique de Berlusconi impliquait un renversement des stratégies d'alliances autrefois envisageables – et il s'est du reste imposé à lui au fur et à mesure que plusieurs leaders centristes ont rejeté les offres d'accord électoral que leur proposait Forza Italia. Parce qu'il demeurait subversif – et était jugé comme tel par ceux qui le contestaient ou pensaient sa réussite peu probable – ce choix supposait, pour être justifié, une redéfinition des enjeux de la lutte politique. Le thème de la « rénovation » de la République, minée par les affaires, a été utilisé pour ce faire, associé au registre de l'anticommunisme. Ce

44. « Per il mio paese », déclaration de Berlusconi annonçant à la télévision sa « descente sur le terrain politique », 26 janvier 1994, *in* Silvio Berlusconi, *L'Italia che ho in mente, op. cit.*, p. 289-292.

45. Selon une logique comparable à celle mise en évidence dans un tout autre contexte (celui de la chute de la quatrième République française) par Brigitte Gaïti, *De Gaulle, prophète de la cinquième République*, Presses de Sciences Po, Paris, 1998.

46. Rappelons que, selon la loi électorale votée en 1993 (et qui est encore en vigueur aujourd'hui), les trois quarts des parlementaires sont élus selon un scrutin majoritaire à un tour et le quart restant à la proportionnelle (circonscriptions régionales).

dernier a été employé par Berlusconi pour présenter ses adversaires en héritiers « recyclés » d'un modèle de société prônant « la haine de classe » et refusant les valeurs de « toutes les grandes démocraties occidentales »[47]. Il a servi dans le même temps à redéfinir les projets et les identités politiques de ses partenaires, qui devenaient alors des auxiliaires légitimes de la lutte contre les prétentions hégémoniques d'une gauche par nature et par tradition « illibérale ».

En consacrant le succès de l'entreprise berlusconienne, les élections de 1994 ont transformé profondément les conditions de la concurrence politique. La marginalisation du centre catholique, qui s'était présenté seul au scrutin[48], a obligé ses responsables à reconsidérer leurs stratégies en s'alliant soit à la coalition progressiste (qui deviendra en 1996 « L'Olivier ») soit à celle rassemblée sous l'égide de Berlusconi. Il en a été de même dans le cas des petits partis laïcs qui avaient soutenu la DC durant la première République et que la chute de celle-ci condamnait à la disparition. Ainsi, la nouvelle droite italienne a peu à peu absorbé des segments importants de l'ancienne classe dirigeante, locale et nationale, pour lesquels le réalignement partisan a été un moyen d'assurer leur survie politique.[49] Comme l'écrit Ilvo Diamanti, Forza Italia « s'est développée sur le territoire en puisant dans le bassin d'une classe politique qui s'était formée à travers les partis autrefois dominants » et qui l'a utilisée comme « canal de mobilité nouvelle et de légitimation politique »[50]. Une enquête réalisée en 1997 auprès des élus locaux « forzistes » indique que la moitié d'entre eux provenaient des anciens partis de gouvernement (dont 25 % de la DC et 12,5 % du Parti socialiste), au sein desquels la plupart avaient exercé des charges de même nature ou des fonctions administratives.[51] Dans plusieurs régions, Forza Italia a favorisé le « recyclage » d'une partie des élites politico-administratives de la première République – en Sicile notamment, comme

47. Les termes sont ceux de la déclaration télévisée de Silvio Berlusconi citée ci-dessus.

48. Les formations héritières de l'ancienne DC ne recueillent, au scrutin proportionnel, que 7,3 % des voix, contre 43 % pour la coalition dirigée par Berlusconi et 32 % pour la gauche progressiste.

49. C'est surtout dans Forza Italia que s'est opéré un tel reclassement, la Ligue et l'Alliance nationale disposant déjà, avant 1994, d'un personnel professionnalisé et attaché en propre à l'organisation partisane (élus, militants, etc.).

50. Ilvo Diamanti, *Bianco, rosso, verde… e azzurro. Mappe e colori dell'Italia politica*, Il Mulino, Bologne, 2003, p. 127.

51. Alessandro Tonarelli, « Gli amministratori locali di Forza Italia », *Rivista italiana di scienza politica*, n° 1, avril 1999, p. 89-119.

en Lombardie, en Vénétie ou en Ligurie. Le phénomène a valu aussi pour les parlementaires : la proportion de députés de Forza Italia originaires de la DC est passée de 12,4 % (soit un chiffre absolu de 14) en 1994, à 18 % (22) en 1996 et 29 % (51) en 2001 ; ceux issus des partis laïcs représentaient aux mêmes dates respectives 15,2 % (17), 17,9 % (21) et 18,5 % (33) de ces mêmes députés.[52]

Il serait néanmoins abusif de voir en Forza Italia une « nouvelle DC », ainsi que le font certains de ses détracteurs. La formation de Berlusconi a été certes un lieu de recomposition d'anciens réseaux partisans affaiblis par la crise de la première République. Mais elle s'est structurée selon d'autres logiques, en modelant par exemple son organisation sur celle des entreprises possédées par son leader, en mobilisant les cadres de ces entreprises pour composer le noyau dirigeant du parti – tant aux échelons locaux que nationaux – ou élaborer ses stratégies de communication en direction des électeurs.[53] Le contrôle des télévisions commerciales a également pesé, celles-ci contribuant sans doute à modifier – dans une mesure qu'il est cependant difficile d'évaluer – les « imaginaires sociaux » susceptibles d'influer sur les choix politiques des citoyens.

Ce n'est pas sur ces aspects, très souvent commentés, du phénomène Berlusconi que je voudrais conclure. S'il manifeste une rupture par rapport à l'ordre politique constitué durant la première République, c'est bien évidemment parce que ce phénomène a participé à la diffusion de nouveaux modèles d'identification partisane, de nouvelles technologies de mobilisation de l'électorat, de nouvelles représentations du leadership, etc. Mais c'est aussi parce qu'il a conduit à une reconfiguration du jeu politique italien, laquelle s'est traduite par l'affirmation d'acteurs auparavant illégitimes, exclus des alliances partisanes admissibles et dont les discours et les programmes ont longtemps été disqualifiés du fait de leur radicalité ou de leur « indignité ». Pour accéder au gouvernement, Berlusconi a brisé, en s'associant à l'extrême droite néofasciste et à la Ligue, l'un des interdits qui pesait sur les élites de la première République. La réussite de cette entreprise a ensuite changé la situation de la compétition politique, incitant certains de ses protagonistes à rejoindre leurs adversaires d'hier, à nouer avec eux des alliances durables, à participer à leurs côtés

52. Orazio Lanza et Giani Piazza, « Il parlamentari di Forza Italia : un gruppo a sostegno di una leadership ? », article cité.

53. Sur tous ces points, voir l'analyse détaillée d'Emmuela Poli, *Forza Italia. Strutture, leadership e radicamento territoriale*, Il Mulino, Bologne, 2001.

à la gestion des affaires publiques, dans les collectivités locales ou dans l'appareil d'État. La légitimation de la nouvelle droite italienne doit beaucoup à ces dynamiques, qui relèvent du fonctionnement régulier de la concurrence politique – des stratégies déployées par des acteurs spécialisés pour entrer dans le jeu politique ou s'y maintenir, pour accéder aux postes et aux « trophées » qui y sont dispensés.

Tous ces phénomènes se sont déroulés sans que le cadre démocratique de la lutte politique (pluralisme, liberté de la presse, contrôles institutionnels, etc.) ne soit, au moins formellement, remis en cause. De nombreux commentateurs en ont conclu à une « normalisation » de la politique italienne. Son « enracinement progressif dans le jeu politique » aurait amené Forza Italia à « se rapprocher des partis de cadres libéraux existant dans plusieurs pays occidentaux » de la même manière que « l'acquisition d'une influence et d'une place significatives dans le système politique » aurait favorisé la transformation d'Alliance nationale en une « formation conservatrice assez classique » similaire à d'autres partis de la droite européenne.[54] Pierre Milza, de son côté, argumente dans le même sens : « Alliance nationale n'appartient pas à la constellation des organisations d'extrême droite. Son ralliement au système, son souci de se positionner au centre-droit, en concurrence avec le mouvement de Silvio Berlusconi, son rejet de toute forme de totalitarisme et de racisme, ses positions en faveur de l'Europe communautaire la situent dans une autre configuration. »[55]

En s'en tenant à une logique classificatoire, qui consiste à assigner à des mouvements politiques un label déterminé (dans le cas présent, le label démocratique), une telle perspective se détourne d'une analyse des processus concrets d'affirmation de la nouvelle droite italienne au profit du seul constat de la continuité démocratique des institutions. Ce faisant, elle esquive plusieurs faits essentiels. En premier lieu, elle s'empêche de saisir en quoi cette affirmation a modifié l'espace public italien, les enjeux qui y ont émergé et les manières dont ces enjeux ont été formulés et traités. Elle néglige par exemple le fait que la question de l'immigration y est aujourd'hui communément posée dans les termes de la « menace étrangère », que le contrôle de légalité exercé par la magistrature peut être qualifié par le chef du gouvernement lui-même de « danger » pour la démocratie,

54. Yves Mény et Yves Surel, *Pour le peuple, par le peuple…*, *op. cit.*, p. 261-263.

55. Pierre Milza, *L'Europe en chemise noire. Les extrêmes droites européennes de 1945 à nos jours*, Fayard, Paris, 2002, p. 278.

que les versions « révisées » de l'histoire du fascisme – qui visent à le présenter comme une dictature « bénigne », voire à justifier l'action de Mussolini au nom de la nécessaire lutte contre le communisme – sont de plus en plus répandues dans les milieux intellectuels et politiques comme dans certains médias. En second lieu, elle occulte ce que l'irruption puis l'implantation sur la scène politique des partis qui composent la « Maison des libertés » doit à la contribution active des élites traditionnelles, confrontées à la nécessité de préserver leurs positions de pouvoir ou tentées d'exploiter les opportunités offertes par la conjoncture politique. Un tel phénomène ne peut se comprendre qu'au regard des particularités de l'histoire récente de l'Italie. Mais rien n'interdit de penser qu'il puisse devenir, dans d'autres contextes et en fonction de vicissitudes de la lutte politique, une option envisageable pour des fractions des élites dirigeantes et un horizon des possibles pour des démocraties jusqu'ici en partie préservées des dangers du « populisme ».

Table des matières

Troisième partie
Populisme : une notion écran

Achevé d'imprimer en Avril 2005
sur système Variquik
par l'imprimerie SAGIM-CANALE,
à Courtry (77181)
France

Dépot légal : Avril 2005
N° d'impression : 8328